国家社科基金（高校思政课研究专项）（证书号：2024JXSZ063）成果

高校思政课历史观教育的演进历程及基本经验

周　艺◎著

GAOXIAO SIZHENGKE LISHIGUAN JIAOYU DE
YANJIN LICHENG JI JIBEN JINGYAN

安徽师范大学出版社
ANHUI NORMAL UNIVERSITY PRESS
·芜湖·

图书在版编目(CIP)数据

高校思政课历史观教育的演进历程及基本经验 / 周艺著．

芜湖 : 安徽师范大学出版社, 2024.9.

ISBN 978-7-5676-7040-2

Ⅰ．G641

中国国家版本馆 CIP 数据核字第 2024RU2906 号

高校思政课历史观教育的演进历程及基本经验　　　　　　周　艺◎著

责任编辑 : 蒋　璐　　　　　　责任校对 : 李慧芳

装帧设计 : 张　玲　汤彬彬　　责任印制 : 桑国磊

出版发行 : 安徽师范大学出版社

　　　　　芜湖市北京中路2号安徽师范大学赭山校区

网　　　址 : http://www.ahnupress.com/

发 行 部 : 0553-3883578　5910327　5910310(传真)

印　　　刷 : 苏州市古得堡数码印刷有限公司

版　　　次 : 2024年9月第1版

印　　　次 : 2024年9月第1次印刷

规　　　格 : 700 mm × 1000 mm　1/16

印　　　张 : 15.75

字　　　数 : 235千字

书　　　号 : 978-7-5676-7040-2

定　　　价 : 55.00元

目　录

绪　论

　　历史观是社会历史领域的认识和实践的方法论。在阶级社会中，历史观是从特定阶级立场和意识形态出发所作的价值判断。在一定程度上说，历史观问题是关乎"举什么旗、走什么路、由谁领导"等党和国家前途命运的问题，这体现了历史观教育的重要性以及意识形态功能。历史观教育是社会主义大学思想政治理论课一以贯之的重要内容。系统回顾新中国成立以来高校思想政治理论课历史观教育的演进历程及基本经验，对新时代推进高校思想政治理论课教育具有重要借鉴和启迪作用。

一、研究背景及研究意义

（一）研究背景

　　唯物主义历史观是马克思主义的重要理论基石，是马克思主义立场、观点、方法在历史领域中的科学应用。运用科学的历史观方法论认识和把握历史，使历史成为观照现实、展望将来的真正的"宝鉴"。"为谁培养人""培养什么样的人"的问题是历史观教育的本质属性和根本宗旨，是特定历史时代的国家意志和社会理性的反映。所以，唯物史观作为科学的历史观，是高校思想政治理论课"守正创新"的理论基础。高校的历史观教育旨在教育和引导学生将唯物史观的基本观点和认识转化为清醒的理论自觉、坚定的政治信念、科学的思维方法。高校思想政治理论课是历史观教育的主阵地和主渠道。新中国成立后，在党的领导下，高校逐步建立了完备的思想政治理论课程体系进行历史观教育，并取得了一定的成就。根据2005年中共中央宣传部、教育部《关于进一步加强和改进高等学校思想政治理论课的意见》，高校思想政治理论课设置"马克思主义基本原理""毛泽东思想、邓小平理论和'三个代表'重要思想概论""中国近现代史纲要""思想道德修养与法律基础"四门必修课程。其中，"中国近现代史纲要"的教学目标之一是紧密结合中国近现代的历史实际，通过对有关历史进程、事件和人物的分析，帮助高校学生"提高运用科学的历史观方法论分析问题和解决问题的能力，明确中国近现代历史的主题主线、主流本质，警惕和反对历史虚无主义"[①]。2008年，马克思主义理论一级学科下增设二级学科"中国近现代史基本问题研究"，为"中国近现代史纲要"课程提供理论支撑，其重要研究任务是进行"科学的历史观教育研究"[②]。可见，"中国近现代史纲要"是明确把历史观教育作为课程教学和学术研究重要目标和任务的高校思想政治理论课程，是高校历史观教育的主要载体和渠道。

当然，"中国近现代史纲要"并不是高校思想政治理论课程中唯一的历史观教育渠道，其他高校思想政治理论课程从不同的角度承担了历史观教育的任务："马克思主义基本原理"，"着重讲授马克思主义的世界观和方法论，帮助学生从整体上把握马克思主义，正确认识人类社会发展的基本规律"[③]，即对科学的历史观进行基本理论的教育；"毛泽东思想、邓小平理论和'三个代表'重要思想概论"（2008年调整为"毛泽东思想和中国特色社会主义理论体系概论"），"着重讲授中国共产党把马克思主义基

①《中国近现代史纲要（2023年版）》编写组：《中国近现代史纲要（2023年版）》，高等教育出版社2023年版，第13页。

② 教育部社会科学司组编：《普通高校思想政治理论课文献选编（1949—2008）》，中国人民大学出版社2008年版，第248—250页。

③ 教育部社会科学司组编：《普通高校思想政治理论课文献选编（1949—2008）》，中国人民大学出版社2008年版，第219页。

本原理与中国实际相结合的历史进程，充分反映马克思主义中国化的三大理论成果，帮助学生系统掌握毛泽东思想、邓小平理论和'三个代表'重要思想基本原理，坚定在党的领导下走中国特色社会主义道路的理想信念"[①]，即在科学的历史观指导下对中国革命、建设和改革的理论创新教育（2020年，"习近平新时代中国特色社会主义思想概论"课首先在全国重点马克思主义学院开设）；"思想道德修养与法律基础"（2021年，调整为"思想道德与法治"），"主要进行社会主义道德教育和法制教育，帮助学生增强社会主义法制观念，提高思想道德素质，解决成长成才过程中遇到的实际问题"[②]，即立足无产阶级立场，进行道德和法制教育。所以，各门高校思想政治理论课本应通过不同层次不同角度的历史观教育，形成历史观教育体系，实现对学生全方位的科学的历史观教育，但在实际的高校思想政治理论课教学过程中，教师和学生都不同程度地认为历史观问题是不言自明的。

从高校师生的思想现状来看，历史观教育还有努力和提升的空间。一直有别有用心的人，打着重评或改写旗号，通过一些碎片化的事实或历史细节，对中国近现代史、中共党史和中华人民共和国史上的重大问题进行所谓重新认识"还原历史"，得出与党和国家、与高校思想政治理论课主流观点相异的"新结论"，引起学生困惑，动摇学生信念，甚至产生严重的政治后果。高校的部分学生甚至部分教师不能准确辨明和理性分析包括历史虚无主义在内的种种社会思潮的实质，不能正确看待近代以来中国的一些问题，反而被这些问题拖入思想混乱的泥潭。这表明高校思想政治理论课的历史观教育需要总结和反思。

十八大以来，党中央高度重视历史观的重要作用，积极推动历史观的教育活动。2013年12月中共中央政治局第十一次集体学习中，中共中央

① 教育部社会科学司组编：《普通高校思想政治理论课文献选编（1949—2008）》，中国人民大学出版社2008年版，第219页。

② 教育部社会科学司组编：《普通高校思想政治理论课文献选编（1949—2008）》，中国人民大学出版社2008年版，第219页。

总书记习近平在主持学习时强调，推动全党学习历史唯物主义基本原理和方法论。党的十九大报告指出：要"加强爱国主义、集体主义、社会主义教育，引导人们树立正确的历史观、民族观、国家观、文化观"①。把历史观摆在"四观"之首，突出了历史观问题的重要性。"以正确的历史观了解和把握党和国家历史上的重大事件和重要人物，才能确保中国共产党始终成为中国特色社会主义事业的坚强领导核心，才能确保党和国家事业根基永固、优势永存、先进永葆、血脉永续。"②"帮助青年人树立正确的世界观、价值观和人生观，就要让历史为他们架起一个'坐标系'，了解这个国家从哪里来，弄懂这个国家今天为什么会是这样而不是那样，并理清这个国家未来会往哪里去而不会往哪里去。"③这实际上是党对新时代的高校思想政治理论课历史观教育提出了更高的期待和要求。

要开展好历史观教育，要以其历史的考察和经验的总结为依据。梳理新中国成立以来高校思想政治理论课历史观教育的历程和总结经验教训，既有利于丰富和推进高校思想政治教育史、马克思主义理论教育史的研究，为马克思主义理论学科提供学术支撑，也可以为推进"中国近现代史纲要"等思想政治理论课程建设、构建科学合理的历史观教育体系和坚持意识形态领域的斗争提供历史借鉴。

（二）研究意义

1.学术意义

（1）有助于完善高校思想政治教育史研究。新中国成立后，历史观教育成为高校思想政治教育的重要内容，科学的历史观教育在坚持党的领导、马克思主义指导、社会主义方向和实现中华民族伟大复兴等方面起到了至关重要的作用。本书以历史观教育为主线，纵向考察新中国成立以来

---

① 习近平：《决胜全面建成小康社会 夺取新时代中国特色社会主义伟大胜利——在中国共产党第十九次全国代表大会上的报告》，人民出版社2017年版，第43页。

② 中国历史研究院：《用正确历史观看百年党史》，《求是》2021年第3期。

③ 李蕉：《重构"历史坐标系"：中共党史教育的新时代演进》，《中共党史研究》2020年第1期。

不同历史时期高校思想政治理论课的历史观教育，从一个侧面动态展现新中国成立以来高校思想政治理论课的演进历程，总结历史观教育的基本经验。对新中国成立以来高校思想政治理论课历史观教育的具体历程展开研究，有助于完善高校思想政治教育史的整体研究。

（2）有助于加强高校马克思主义理论教育史研究。科学的历史观教育研究是马克思主义理论研究的重要内容，总结新中国成立以来高校思想政治理论课历史观教育的演进历程和基本经验，有助于加强高校马克思主义理论教育史研究。

2.应用意义

（1）为高校思想政治教育的整体性建设研究提供现实思路。以历史观教育为主线，整体探讨高校思想政治理论课教学内容和教育规律，有助于推进高校思想政治理论课程建设由单一的具体课程建设向整体性课程建设转变。以历史观教育为视角，整合研究新中国成立以来高校以思想政治理论课为主、多方面协同配合的历史观教育体系，有助于推进高校思想政治教育由孤立的课堂教育向全方位的整体性教育转变。

（2）为高校思想政治理论课建设和马克思主义学科建设提供支撑。"科学的历史观"是马克思主义理论的重要内容，"科学的历史观教育"既是高校思想政治理论课"中国近现代史纲要"的重要教学目标和"中国近现代史基本问题研究"的重要研究任务，也是所有高校思想政治理论课程和马克思主义理论学科的重要研究任务。加强对"科学的历史观教育"的研究，可以为高校思想政治理论课和马克思主义理论学科建设提供学术支撑和学科支撑。

（3）为正确回答重大理论和现实问题提供思想武器。当前高校意识形态领域斗争复杂，社会上兴起的历史虚无主义等错误思潮涌入大学校园，他们以反思历史为旗，根据自己的政治意图，随意剪裁和拼凑历史资料，企图通过改写历史、重写历史、歪曲历史甚至是取消历史，混淆高校师生的思想乃至动摇师生理想信念。历史虚无主义等错误思潮的实质就是唯心主义。要正确认识历史虚无主义等错误思潮的本来面目，就要认真学习和掌握科学的历史观这一"思想武器"。新中国成立以来高校思想政治理论课历史观教育的历程是对各种唯心史观进行斗争的历程，对其历史的梳理和经验的总结，能为当前应对高校意识形态领域的斗争、识别各种唯心主义观点、抵御历史虚无主义等谬论提供历史借鉴。

二、相关研究综述

（一）对新中国成立以来唯物史观教育的相关研究

对新中国成立初期唯物史观教育历史的回顾和总结。曹光章、曾会、谭彩玲等对新中国成立初期的唯物史观教育进行了梳理，肯定其在配合党的政治任务、意识形态领域及政治教育体系建立等方面的重要贡献①。

对新中国成立初期以历史唯物论—社会发展史为主要内容的马克思列宁主义理论学习运动的历史考察。陈占安、王寿林、张亚、王先俊等从总体回顾、以《学习》杂志为视角的个案和对新政权的思想塑造作用方面，探讨了新中国成立初期社会发展史的学习②。

新中国成立后唯物史观教育的过程研究。马蓥伯简要回顾了新中国成立初历史唯物论—社会发展史学习和20世纪50年代前期的几次学术讨论

---

① 曹光章：《建国初期的历史唯物主义教育》，《当代中国成功发展的历史经验——第五届国史学术年会论文集》，2005年；曾会：《新中国建国初期唯物史观教育研究》，武汉工程大学2013年硕士学位论文；谭彩玲：《新中国初期中国共产党的唯物史观宣传教育研究——以〈人民日报〉为视角》，海南大学2019年硕士学位论文。

② 陈占安：《建国之初的理论学习活动与马克思主义大众化》，《学校党建与思想教育》2009年第28期；王寿林：《转型时代的思想塑造——建国前后学习社会发展史运动研究》，福建师范大学2010年硕士学位论文；王寿林：《新政权的思想塑造：新中国成立前后的学习社会发展史运动》，《中共党史研究》2009年第10期；王寿林：《艾思奇与两次理论学习运动——纪念艾思奇诞辰100周年》，《党史研究与教学》2010年第2期；张亚：《新中国成立初期的马克思主义学习运动——以〈学习〉杂志为视角》，《中共党史研究》2013年第7期；张新刚：《新中国成立初期的马克思主义学习运动研究——以〈新建设〉杂志为视角》，广西师范大学2014年硕士学位论文；王先俊：《新中国成立初期的马克思主义宣传教育工作》，《当代中国史研究》2011年第2期；王先俊：《新中国成立初期的马克思主义学习运动》，《中国浦东干部学院学报》2011年第2期。

和批判、60 年代对现代修正主义所张扬的资产阶级人性论的批判、70 年代初对唯心主义先验论的批判、80 年代关于人道主义和异化问题的争论等新中国成立五十年来重要的唯物史观教育的过程，总结五十年来唯物史观教育的经验：要进行马克思主义基本原理的启蒙教育，要注意加强理论观点的完整性和准确性，要在批判唯心史观中学习和掌握唯物史观①。

反对历史虚无主义视阈下的唯物史观教育探析。王越芬、李国庆鉴于历史虚无主义思潮对高校学生历史观的影响，提出坚持唯物史观原理视域下的对策，包括：加强党在意识形态领域的政治领导，做好宣传思想工作；积极正确引导网络舆论，强化高校的实践和教学职能；充分利用历史博物馆进行唯物史观教育，反对历史虚无主义②。

（二）对新中国成立以来高校历史观教育的相关研究

新中国成立初期高校政治运动中的历史观教育研究。牟德刚认为，对知识分子进行马克思主义理论教育主要有两个重点：一是进行马克思主义世界观方法论的教育，批判唯心主义思想，使知识分子改变世界观和学术立场，通过生动具体的思想斗争使知识分子自觉认识唯心主义思想的反动性，学会鉴别唯心主义思想，从而较深切地认识唯物主义思想的正确性；二是通过马克思主义的阶级观点教育，使广大知识分子逐渐转变在政治上敌我不分的思想倾向：逐渐转变脱离工农、脱离群众、脱离实际的倾向，逐渐转变个人主义、自由主义的倾向，等等③。

"中国近现代史纲要"课程与高校历史观教育研究。"中国近现代史纲要"由于有"科学的历史观教育"的教学研究要求，成为四门高校思想政治理论课最关注历史观教育的课程。顾晓静、黄方红等提出加强大学生马克思主义历史观，必须从"中国近现代史纲要"课程教学中历史观教育的

---

① 马鍪伯：《唯物史观教育五十年回眸》，《马克思主义研究》2000 年第 2 期。

② 王越芬、李国庆：《反对历史虚无主义视阈下的唯物史观教育探析》，《湖北函授大学学报》2018 第 13 期。

③ 牟德刚：《建国初期的马克思主义理论教育及其启示》，《东岳论丛》2007 年第 6 期。

重要地位和作用、现状和问题着手，改革和完善教学内容、教学主体、教学手段、教学管理等方面①。由于历史观教育对高校师生抵御各种社会思潮具有的重要作用，杨军认为高校师生受历史虚无主义影响是由历史虚无主义思潮的迷惑性、中国近现代历史教学存在不足、社会思想氛围和社会现实问题等多方面因素共同导致的结果，而加强和改进"中国近现代史纲要"课程教学是抵制历史虚无主义思潮影响的有效对策②。

高校思想政治理论课中历史观教育的研究。李松林、王秀刚提出要从历史理论的"毛泽东思想和中国特色社会主义理论体系概论"课和理论历史的"中国近现代史纲要"课的角度拓宽大学生的历史观视野③。杨彦京、杜莹认为高校唯物史观教育主要以马克思主义唯物史观的基本原理为主要内容，相关课程包括"马克思主义基本原理概论"和"中国近现代史纲要"等思想政治理论课程④。何俞汶、何景春提出高校的四门思想政治理论课中进行科学历史观教育可以形成"一体四翼"的体系，即以"原理"为立足点，"纲要"为史实支撑，"概论"为拓展平台，"思修"为辅助实施科学历史观教育的理论教育⑤。田克勤、郑自立提出将"四史"教育融入高校思想政治理论课教学体系的思考，在历史与理论的贯通中增强思想和行动自觉⑥。曲洪波、陈珊珊提出将习近平唯物史观新发展融入"原理"课教学中，主要将习近平总书记关于社会主要矛盾思想、以人民为中心的发展思想以及对社会主义发展规律探索思想的融入，以帮助大学生树立马

---

① 顾晓静、黄方红：《"中国近现代史纲要"教育教学与唯物史观培养》，《沈阳大学学报》2011年第6期。

② 杨军：《历史虚无主义思潮影响高校师生的现状、原因和对策》，《思想理论教育导刊》2011年第11期。

③ 李松林、王秀刚：《简论加强大学生历史观教育思想教育研究》，《思想教育研究》2012年第6期。

④ 杨彦京、杜莹：《高校唯物史观教育教学存在的问题及对策》，《河北师范大学学报（教育科学版）》2018年第2期。

⑤ 何俞汶、何景春：《论高校四门思想政治理论课中的科学历史观教育》，《湘潮（下半月）》2015年第4期。

⑥ 田克勤、郑自立：《在历史与理论的贯通中增强思想和行动自觉——深入理解习近平总书记关于学好"四史"的论述》，《思想理论教育》2020年第7期。

克思主义的科学信念，深入学习习近平新时代中国特色社会主义思想①。孙耀胜、李晓雨提出"思想道德修养与法律基础"课渗透科学历史观教育研究，认为在当前历史虚无主义思潮沉渣泛起、出现新的变化并影响着大学生思想的背景下，"思想道德修养与法律基础"课应该修正过去传统的教学目标，以科学历史观教育为主线，在教学中广泛渗透思想观、道德观和法治观教育②。马冬、王倩、谌凤萍提出，高校形势与政策教育需要紧密结合中国社会主义建设，尤其是改革开放以来的中国特色社会主义的发展进程；党的理论、路线、方针、政策教育，需要紧密结合马克思主义中国化的历史进程，尤其是中国化马克思主义的形成、发展进程；社会主义、爱国主义和集体主义人生观、价值观教育，更需要以中国近现代史，尤其是中国近现代革命发展史为基础，帮助大学生认识中国特色社会主义道路的抉择过程。大学生历史观教育，构成了高校形势与政策教育的理论基础③。

新时代历史观教育的相关研究。聚焦新时代大学生历史观教育出现的新问题和相应对策研究，吕其镁、张嘉娣从马克思主义历史观教育的重要性、马克思主义历史观有关知识的实际运用能力、不良社会思潮的冲击影响方面分析历史观教育存在的问题，从教学内容、教学主体、教学手段、教学管理、网络平台等方面提出了加强马克思主义历史观教育的策略④。王晓虹、何燕、王佩、唐虹等认为，新时代大学生历史观教育整体态势向好，同时也存在部分大学生历史认知水平较低、历史观教育实效性不强等问题，这是由于错误思潮的侵袭、互联网大环境的挑战、历史观教育主阵地作用未能充分发挥、部分大学生自身历史素养不足等原因造成的。新时

---

① 曲洪波、陈珊珊：《习近平唯物史观新发展融入"原理课"研究》，《大庆师范学院学报》2018年第5期。

② 孙耀胜、李晓雨：《"思想道德修养与法律基础"课渗透科学历史观教育研究》，《黑龙江教育（高教研究与评估）》2018年第11期。

③ 马冬、王倩、谌凤萍：《浅析高校"形势与政策"课与大学生历史观教育》，《北京教育（德育）》2012年第3期。

④ 吕其镁、张嘉娣：《加强大学生马克思主义历史观教育论析》，《思想理论教育导刊》2017年第1期。

代大学生历史观教育加强的路径必须从社会、高校、大学生自我教育等方面考虑①。对于新时代历史观教育的内容和重点，王宪明强调"四史"学习教育中正确的历史观必须是立足于中华民族与中国人民的立场，坚持以马克思主义为指导的②。倪邦文、李一冉提出要帮助青年深刻理解我们党的初心使命与奋斗历程的政治逻辑，就要以中国共产党的奋斗目标、组织性质和价值追求解释"中国共产党为什么能"，以中国走社会主义道路的必然性以及社会主义发展的成就阐释"中国特色社会主义为什么好"，以马克思主义的真理性、我们党不断进行理论创新推动党和人民事业实现新的发展来诠释"归根到底是马克思主义行，是中国化时代化的马克思主义行"③。魏文刚提出对大学生进行马克思主义历史观教育应主要集中在马克思主义历史观基本观点教育，人类社会发展历史与规律的教育，资本主义必然灭亡、社会主义必然胜利的教育，坚持中国历史文化、坚定不移走中国特色社会主义道路的思想和意识形态的教育等方面④。

国际学术界对新中国成立以来高校历史观教育的研究散见于通史研究或意识形态斗争领域研究中，没有专题的研究。

综上，学界对新中国成立以来高校历史观教育保持关注并取得一定的成果，但在深化、细化研究的历史考察和比较研究等方面存在提升的基础和空间，表现在：（1）研究重心不平衡。新中国成立初期唯物史观教育历史的研究、新时代"四史"教育和大学生的历史观教育受到重视，其他历史时期的历史观教育研究相对不足；高校思想政治理论课中，"中国近现代史纲要"的历史观教育研究较多，其他高校思想政治理论课历史观教育的研究相对薄弱。（2）缺乏新中国成立以来高校思想政治理论课历史观教

① 王晓虹：《"两个大局"视域下大学生历史观教育研究》，江西财经大学2023年硕士学位论文；何燕：《新时代大学生马克思主义历史观教育研究》，广西师范大学2022年硕士学位论文；王佩：《历史虚无主义对大学生历史观的冲击及对策研究》，东北师范大学2020年硕士学位论文；唐虹：《大学生历史观教育研究》，上海交通大学2018年硕士学位论文。

② 王宪明：《"四史"学习教育需要树立什么样的历史观》，《思想理论教育导刊》2021年第2期。

③ 倪邦文、李一冉：《青年历史观教育的政治逻辑》，《马克思主义与现实》2023年第5期。

④ 魏文刚：《大学生马克思主义历史观教育研究》，辽宁大学2019年博士学位论文。

育的细化研究。围绕新中国成立以来各个历史时期党和国家的中心任务、社会思想的主要问题，考察高校历史观中思想政治理论课的课程设置、内容确立、教学方法变化和经验总结，这一方面还没有充分展开探讨。（3）研究资料来源有待拓展。当前以党的政策、文件作为主要依据的研究，不足以全面探讨高校思想政治理论课历史观教育深层的社会原因和客观评价成效和正确总结经验教训，因此，进一步挖掘档案资料，剖析高校思想政治理论课教材，是深化研究高校思想政治理论课历史观教育的客观要求。

总的来说，新中国成立以来，不同历史阶段高校思想政治理论课历史观教育发生了怎样的变化，历史观教育演变与社会历史背景关系怎样，对当今高校思想政治理论课教学历史观教育有什么经验启示，如何通过高校思想政治课历史观教育反对各种社会思潮等问题，需要进一步的研究。

三、基本概念界定

（一）历史观

历史观，亦称"社会历史观"，《哲学辞典》定义为"关于人类社会的起源、本质和发展规律等基本问题的根本见解。与'自然观'既相区别，又相联系，是世界观的两个主要组成部分"[1]。历史观的基本问题是社会存在与社会意识的关系问题，这是哲学基本问题在社会历史领域的延伸。对历史观基本问题的不同回答，形成两种根本对立的历史观：唯物主义历史观和唯心主义历史观。唯物主义历史观认为，社会存在决定社会意识，社会意识又能动地反作用于社会存在；社会历史是客观的合乎规律的辩证发展过程，社会基本矛盾是一切社会发展的动力，生产力是社会发展的最初源泉；在阶级社会，阶级斗争是社会发展的直接动力；人民群众是推动历史发展的主要力量。唯物主义历史观简称"唯物史观"，亦称"历史唯物主义"。"历史唯物主义"是无产阶级的历史观，也是唯一科学的历史

---

[1] 余源培等编著：《哲学辞典》，上海辞书出版社2009年版，第4页。

观①。所以书中出现的"唯物主义历史观""马克思主义历史观""科学历史观""科学的历史观""唯物史观""历史唯物主义""历史唯物论",如无特别说明,都是指"唯物史观"。

历史观属于社会科学中的最高层面,是对人、对历史、对人类社会基本矛盾及其展开、运动的规定。由于历史的要素集合于现实社会矛盾中,所以历史观包含的内容不仅是已成为过去的历史,更重要的是对现实社会矛盾的分析,在历史观中体现着历史和现实的逻辑统一,是各门社会科学的理论基础和方法论。

本书中的历史观可以从两个层面理解:哲学层面的历史观即是对人类社会发展规律的一般的认识;历史学层面的历史观是在历史观的指导下,以历史事实为基础,宏观把握整个历史发展,定位具体的历史事件或人物,对历史问题得出的科学结论。

(二)历史观教育

历史观不仅是解释世界的工具,更是改变世界的武器。历史观从哲学的自在阶段上升到个人的自为阶段需要教育。在阶级社会,历史观教育服务于其代表的阶级。历史观教育具有阶级性,不同阶级教育主体所开展的历史观教育代表了不同阶级的利益和历史观,传授的历史观也是为特定的阶级和政治力量服务的,是符合统治阶级利益的价值观念和评价标准,具有鲜明的意识形态性。历史观教育的目标是教育、引导人们树立和形成系统、完整的社会历史价值观体系,为人们提供实践活动中的思想导向和精神动力。正确的社会政治理想和信念的确立是以关于社会历史发展必然规律的科学历史观为前提和基础的。

具体而言,本书的历史观教育,既包括马克思主义历史观教育即对唯物史观的基本原理及核心理论的教育,又涵盖以唯物史观指导下的历史教育,是基于大学生群体的特点和社会发展的需要,有组织、有目的、有计划的教育实践活动,旨在帮助大学生正确认知历史,提升大学生分析和评

---

① 余源培等编著:《哲学辞典》,上海辞书出版社2009年版,第4页。

价历史的能力，最终引导大学生树立科学的历史观。

（三）高校思想政治理论课

从课程发展史看，高校思想政治理论课概念的形成经历了一个历史过程。新中国成立以来，该课程先后使用"马列主义、毛泽东思想课程""共同政治理论课""公共必修课""政治课""政治理论课""社会主义教育课程""政治课""共同政治理论课""政治理论课""马列主义理论课""马列主义课""思想品德和政治理论课""马克思主义理论课（公共课）""马克思主义理论和思想品德课""两课""思想政治理论课"等名称。2004年8月26日，《中共中央　国务院关于进一步加强和改进大学生思想政治教育的意见》提出"高等学校思想政治理论课是大学生思想政治教育的主渠道"[①]。2005年3月9日，中共中央宣传部、教育部关于印发《〈中共中央宣传部、教育部关于进一步加强和改进高等学校思想政治理论课的意见〉实施方案》的通知，即"05方案"，"05方案"由此而直接使用"思想政治理论课"（简称"思政课"）的称谓。此后，关于高校思想政治理论课的提法在学界逐渐固定了下来。

高校思想政治理论课的内涵十分丰富。教育部印发的《新时代高校思想政治理论课教学工作基本要求》（下文简称《基本要求》）指出，"思想政治理论课承担着对大学生进行系统的马克思主义理论教育的任务，是巩固马克思主义在高校意识形态领域指导地位、坚持社会主义办学方向的重要阵地，是全面贯彻党的教育方针、落实立德树人根本任务的主干渠道和核心课程，是加强和改进高校思想政治工作、实现高等教育内涵式发展的灵魂课程"。文件在对课程已达成的"主渠道""主阵地"定位基础上，深化了对课程落实立德树人根本任务作用的认识，凸显了课程在高等教育中的领航作用与特殊地位。2019年3月8日，习近平总书记在学校思想政治理论课教师座谈会上强调："思想政治理论课是落实立德树人根本任务的

---

① 教育部思想政治工作司组编：《加强和改进大学生思想政治教育重要文献选编（1978—2014）》，知识产权出版社2015年版，第266页。

（二）突出特色

研究视角集中。相对系统、完整地梳理了新中国成立以来不同历史时期高校思想政治理论课的历史观教育，思路清晰，层次分明。

研究资料丰富。以党的文件、资料为基础，结合高校教学大纲、教材，发掘高校校史、档案、报刊资料，全方位考察新中国成立以来高校思想政治理论课历史观教育的历史，客观评析效果和总结经验教训，呈现了较为丰富详实的数据资料和案例。

提出了富有启发性和实用性的思想和观点。提升高校思政课历史观教育质量需要强化政治意识、融合意识、主导意识、谋划意识；开展高校思想政治理论课抵制历史虚无主义；新中国成立以来高校思想政治理论课历史观教育的经验表明，办好历史观教育坚持党的领导是关键，坚持政治性和学理性相统一是基本要求，科学设置思想政治理论课课程体系是有力抓手，坚持理论性和实践性相统一是重要原则，坚持批判错误思想是重要组成部分，提高高校思政课教师的素养是发挥教师在历史观教育引领作用的关键等。

（三）主要建树

历史地分析具体历史时期国内外的形势变化对中国社会思想认识产生的影响，总结了新中国成立以来高校思想政治理论课历史观教育的演进历程及基本经验。

对具体问题进行了深化研究，探究了新时代高校思政课抵制历史虚无主义的重要作用、主要问题和优化路径。

第一章　历史观教育的思想渊源

科学历史观是马克思主义理论的科学理论和方法，在马克思主义理论形成的过程中，其重要地位和作用为马克思主义经典作家和革命领袖重视。在革命实践的过程中，科学历史观思想和其教育思想不断得到丰富和发展，成为指导社会主义革命和实践的科学理论和方法。

一、马克思主义经典作家历史观教育的基本思想

马克思主义经典作家高度重视唯物史观在马克思主义理论中的重要地位，重视唯物史观教育引导无产阶级正确认识人类社会历史、正确认识自身力量和历史使命的重要作用，重视唯物史观教育对于建立工人阶级政党的重要性，强调运用唯物史观去研究实际问题，指导党的工作，服务党的中心任务，培养无产阶级接班人。

（一）马克思和恩格斯在历史观教育问题上的认识

第一，唯物史观是人类认识社会历史的科学方法。

唯物史观是以人类社会为对象的科学理论体系。马克思在《〈政治经济学批判〉序言》中以现实的人及其物质生活、生产过程作为考察社会历史的立足点，从社会存在决定社会意识的唯物主义立场出发，创立了科学历史观理论，第一次揭开了人类社会历史之谜，实现了社会历史观的根本

变革，为人们正确认识社会历史提供了科学方法。唯物史观关于人类社会本质及规律的一套全新观点，颠覆了传统的唯心史观，"在整个世界史观上实现了变革"，为正确认识社会历史提供了科学方法。恩格斯以"正像达尔文发现有机界的发展规律一样，马克思发现了人类历史的发展规律"①，肯定了唯物史观在马克思主义理论体系的地位和唯物史观的科学性。列宁认为："马克思的历史唯物主义是科学思想中的最大成果。过去在历史观和政治观方面占支配地位的那种混乱和随意性，被一种极其完整严密的科学理论所代替，这种科学理论说明，由于生产力的发展，如何从一种社会生活结构中发展出另一种更高级的结构，例如从农奴制中生长出资本主义。"②

第二，唯物史观教育是革命的教育。

马克思主义经典作家视野中的唯物史观和唯物史观教育，对历史、社会变革和未来有着自己独特的见解、解释和预见性，体现出一种革命的教育，成为无产阶级思想政治教育中的重要内容。

唯物史观教育是无产阶级阶级意识觉醒和认清历史使命的要求。阶级社会中，教育作为培养人的社会活动，具有鲜明的阶级性。阶级是经济利益关系的派生物，阶级的分化也表现在意识形态的观念对立上。马克思提出："一个阶级是社会上占统治地位的物质力量，同时也是社会上占统治地位的精神力量。"③马克思、恩格斯驳斥资产阶级所谓教育可以脱离政治的谎言，强调"共产党人并没有发明社会对教育的作用；他们仅仅是要改变这种作用的性质，要使教育摆脱统治阶级的影响"④。唯物史观教育在

---

① 中共中央马克思恩格斯列宁斯大林著作编译局编：《马克思恩格斯选集》（第三卷），人民出版社1995年版，第776页。

② 中共中央马克思恩格斯列宁斯大林著作编译局编译：《列宁选集》（第二卷），人民出版社1995年版，第311页。

③ 中共中央马克思恩格斯列宁斯大林著作编译局编：《马克思恩格斯选集》（第一卷），人民出版社1995年版，第98页。

④ 中共中央马克思恩格斯列宁斯大林著作编译局编：《马克思恩格斯选集》（第一卷），人民出版社1995年版，第290页。

促进人的全面发展的过程中扮演着重要的角色，"哲学把无产阶级当作自己的物质武器，同样，无产阶级也把哲学当作自己的精神武器；思想的闪电一旦彻底击中这块素朴的人民园地，德国人就会解放成为人"①。所以，马克思强调，共产党必须通过教育使工人"明确地意识到资产阶级和无产阶级的敌对的对立"②，无产阶级只有正确认识自己的历史地位，形成自觉的阶级意识，才能坚决开展推翻资产阶级统治的斗争。

无产阶级的解放需要自己的意识形态。无产阶级在自身的解放事业中，需要有自己的理论。因为"工人比起资产阶级来，说的是另一种习惯语，有另一套思想和观念，另一套习俗和道德原则，另一种宗教和政治"③。无产阶级作为一个阶级的整体意识觉醒，是无产阶级政党成熟的标志和不断推动革命前进的必要思想基础，而阶级意识的觉醒则主要是通过唯物史观教育和具体的工人运动相结合来完成的。

唯物史观教育是无产阶级和广大群众投身反对资本主义的革命斗争的重要途径和内容。"显而易见，社会成员中受过教育的人会比愚昧无知的没有文化的人给社会带来更多的好处。如果说无产阶级在受了教育之后必然不愿再忍受现代无产阶级所受的那种压迫，那末从另一方面来看，和平改造社会时所必需的那种冷静和慎重只有受过教育的工人阶级才能具有。"④马克思、恩格斯始终把唯物史观教育作为无产阶级革命和建设时期提高工人阶级认识水平的重要方法和内容。

唯物史观教育能造就无产阶级自己的知识分子。有的无产阶级知识分子由于缺乏唯物史观教育，缺乏明确的阶级和政治立场，"不知道它自己

---

① 中共中央马克思恩格斯列宁斯大林著作编译局编：《马克思恩格斯选集》（第一卷），人民出版社1995年版，第15—16页。

② 中共中央马克思恩格斯列宁斯大林著作编译局编：《马克思恩格斯选集》（第一卷），人民出版社1995年版，第306页。

③ 中共中央马克思恩格斯列宁斯大林著作编译局编译：《马克思恩格斯全集》（第二卷），人民出版社1957年版，第410页。

④ 中共中央马克思恩格斯列宁斯大林著作编译局编译：《马克思恩格斯全集》（第二卷），人民出版社1957年版，第614页。

应该扮演的历史角色"，其中的绝大多数"起初不得不充当资产阶级先进的极左翼的角色"①。同时，造就自己的知识分子队伍，即"脑力劳动无产阶级"是极为重要的，知识分子"负有使命同自己从事体力劳动的工人兄弟在一个队伍里肩并肩地在即将来临的革命中发挥重要作用"②。因此，无产阶级政党应该通过革命意识形态的宣传教育，使得社会中有较高专业技能的知识分子充分认识资本主义社会制度的弊病，认同革命和社会主义，在思想上联合他们，将他们吸收到革命队伍中，这对于共产主义事业具有深远的影响。

第三，唯物史观教育的方法与原则。

灌输理论是进行唯物史观教育的重要方法。早在1844年马克思在《〈黑格尔法哲学批判〉导言》中就指出，先进的理论不会自发产生，所以必须对工人阶级加强思想理论灌输。灌输教育才能促进无产阶级实现自身阶级意识的觉醒，在实践基础之上的自我教育能使无产阶级的阶级意识实现从自发到自觉的彻底转变。

理论的灌输与自我体验、自我教育相结合才能达到良好的效果。马克思指出，"正确的理论必须结合具体情况并根据现存条件加以阐明和发挥"③，否则就会脱离实际，就会向唯心主义方向转变。如果无产阶级政党不积极主动地在工人群众中开展宣传教育工作，理论最终也只能停留在书斋里，不可能成为推动历史前进的物质力量。通过理论的教育和指引才能真正激发无产阶级的主观能动性，让其在改造客观世界的同时实现对自身主观世界的改造，只有这样，才能实现灌输教育与自我教育两者之间的互补作用。而理论教育中的自我教育是在无产阶级自身的社会实践过程中实现的，正如恩格斯所说："越少从外面把这种理论硬灌输给美国人，而

---

① 中共中央马克思恩格斯列宁斯大林著作编译局编：《马克思恩格斯选集》(第四卷)，人民出版社1995年版，第182页。

② 中共中央马克思恩格斯列宁斯大林著作编译局编：《马克思恩格斯选集》(第四卷)，人民出版社1995年版，第435页。

③ 中共中央马克思恩格斯列宁斯大林著作编译局编译：《马克思恩格斯全集》(第四十七卷)，人民出版社2004年版，第35页。

越多由他们通过自己亲身的经验（在德国人的帮助下）去检验它，它就越会深入他们的心坎。"①

实践是认识社会的最好途径，是唯物史观的理论品格。通过有目的的社会实践，使受教育者把理论灌输中得到的理论知识与现实的社会生活联系起来，以亲身体验，加深对理论的理解和把握，即"人应该在实践中证明自己思维的真理性"②。在马克思看来，实践是认识社会最好的途径，"一个不了解社会现状的人，更不会了解力求推翻这种社会现状的运动和这个革命运动在文献上的表现"③。只有通过社会实践才能正确认识社会，才能树立正确的社会斗争目标，站稳正确的政治立场，"保证他们的体力和智力获得充分的自由的发展和运用"④。

唯物史观教育与满足人们物质利益相统一的原则。人的思想行为由社会生活中的物质利益所决定和反映，这是唯物史观的基本前提。马克思、恩格斯在领导全世界无产阶级进行斗争时，总是和无产阶级的物质利益紧密结合起来，因为"人们为之奋斗的一切，都同他们的利益有关"⑤，而"政治权力不过是用来实现经济利益的手段"⑥。把唯物史观教育同群众的利益结合起来，教育才能收到预期的效果。

（二）列宁和斯大林在唯物史观教育理论和实践上的贡献

第一，列宁在唯物史观教育理论和实践上的贡献。

① 中共中央马克思恩格斯列宁斯大林著作编译局编：《马克思恩格斯选集》（第四卷），人民出版社1995年版，第681页。

② 中共中央马克思恩格斯列宁斯大林著作编译局编：《马克思恩格斯选集》（第一卷），人民出版社1995年版，第55页。

③ 中共中央马克思恩格斯列宁斯大林著作编译局编：《马克思恩格斯选集》（第四卷），人民出版社1995年版，第541页。

④ 中共中央马克思恩格斯列宁斯大林著作编译局编：《马克思恩格斯选集》（第三卷），人民出版社1995年版，第633页。

⑤ 中共中央马克思恩格斯列宁斯大林著作编译局编译：《马克思恩格斯全集》（第一卷），人民出版社1995年版，第187页。

⑥ 中共中央马克思恩格斯列宁斯大林著作编译局编：《马克思恩格斯选集》（第四卷），人民出版社1995年版，第250页。

列宁所处的时代是自由资本主义进入垄断资本主义即帝国主义阶段，无产阶级革命由准备进入行动，社会主义由科学理论变为现实实践的时期，处于无产阶级在俄国夺取政权和巩固政权，从资本主义向社会主义过渡的历史时期。他对唯物史观教育理论与实践的贡献，在新的历史条件下有了一系列的发展。

马克思主义世界观和历史观是正确的世界观和历史观。列宁认为"只有马克思主义的世界观才正确地反映了革命无产阶级的利益、观点和文化"①。列宁充分肯定唯物主义作为马克思主义的基本理论，"即把社会生活领域也包括在内的彻底的唯物主义、作为最全面最深刻的发展学说的辩证法，以及关于阶级斗争和共产主义新社会创造者无产阶级肩负的世界历史性的革命使命的理论"②。因此要想学习和运用马克思主义指导革命和实践，就必须首先学习和运用马克思主义的历史观来认识和指导革命和实践。

教育具有鲜明的阶级性，唯物史观是无产阶级的科学的历史观。在列宁看来，意识形态与党性原则是密不可分的，无论是资产阶级还是无产阶级都有自己的意识形态，他们之间是对立和斗争的，不存在中立的和超阶级的思想体系，资产阶级的思想体系和社会主义的思想体系之间是没有东西的，"对社会主义思想体系的任何轻视和任何脱离，都意味着资产阶级思想体系的加强"③。正是由于教育具有鲜明的政治性，在教育工作中，任何"教育不问政治""教育工作不联系政治"④的旧观点都是错误的。唯物史观具有鲜明的科学性和阶级性，是指导教育的科学的历史观。

---

① 中共中央马克思恩格斯列宁斯大林著作编译局编：《列宁选集》（第四卷），人民出版社1995年版，第299页。

② 中共中央马克思恩格斯列宁斯大林著作编译局编：《列宁选集》（第二卷），人民出版社1995年版，第416页。

③ 中共中央马克思恩格斯列宁斯大林著作编译局编：《列宁选集》（第一卷），人民出版社1995年版，第327页。

④ 中共中央马克思恩格斯列宁斯大林著作编译局编：《列宁选集》（第四卷），人民出版社1995年版，第302页。

教育必须同现实政治相联系，只有在唯物史观指导下，才能坚持正确
的社会主义政治方向。苏维埃国家的学校，苏维埃国家的教育制度，都是
顺利实现无产阶级专政目的的工具。学校的教学活动不可避免地同苏维埃
国家的现实政治相联系，不可避免地要无条件地为现实政治服务。列宁在
《俄共（布）党纲草案》中规定了党在改造国民教育方面的任务，"把学校
由资产阶级的阶级统治工具变为摧毁这种统治和完全消灭社会阶级划分的
工具"，学校作为无产阶级专政的工具，"应当传播一般共产主义原则"，
"而且应当对劳动群众中的半无产者和非无产者的阶层"传播无产阶级在
思想、组织、教育等方面的影响"①，以利于彻底镇压剥削者的反抗和实
现共产主义制度。可见，列宁要求教育在肩负起为经济发展服务的重任的
同时，还必须肩负起传播真理、教育人民群众，让人民正确把握社会历史
发展的趋势的职能，成为维护无产阶级专政的强大工具。

无产阶级教育目标是培养真正的共产主义者。列宁高度重视对青年的
唯物史观教育。唯物史观教育的目的是"培养真正的共产主义者"，"使他
们有本领战胜谎言和偏见，能够帮助劳动群众战胜旧秩序，建设一个没有
资本家、没有剥削者、没有地主的国家"②。推翻资产阶级的统治容易，
要清除旧社会遗留的思想便要难百倍。因为在建设新社会的时候工人阶级
还没有能够完全清除旧社会的影响，他们"还没有变成新人，没有清除掉
旧世界的污泥，他还站在这种没膝的污泥里面"③。因此，无产阶级夺取
政权后，唯物史观教育的任务，是帮助"培养和教育劳动群众，使他们克
服旧制度遗留下来的旧习惯、旧风气，那些在群众中根深蒂固的私有者的

---

① 中共中央马克思恩格斯列宁斯大林著作编译局编：《列宁选集》（第三卷），人民出版社1995年
版，第725—726页。

② 中共中央马克思恩格斯列宁斯大林著作编译局编：《列宁选集》（第四卷），人民出版社1995年
版，第306页。

③ 中共中央马克思恩格斯列宁斯大林著作编译局编译：《列宁全集》（第三十五卷），人民出版社
2017年版，第438页。

习惯和风气"①。为了巩固新政权,为了社会主义建设的顺利进行,必须宣传科学的世界观,宣传无产阶级专政,使广大人民群众充分"认识到无产阶级专政的必要性"②。

重视人民教师的教育,要在斗争中培养一支具有共产主义思想的教育大军。在任何学校里,课程的思想政治方向是由教学人员来决定的。"学校的真正的性质和方向并不由地方组织的良好愿望决定,不由学生'委员会'的决议决定,也不由'教学大纲'等等决定,而是由教学人员决定的。"③所以列宁要求教师要走出自己狭隘的生活圈子,从学校走出来,到广阔的天地里去,深入基层、深入群众,宣传社会主义,并和群众一道建设社会主义。列宁指出:"教师应该和一切战斗着的劳动群众打成一片。新教育学的任务是要把教师活动同建立社会主义社会的任务联系起来。"④只有正确认识社会发展规律,和人民群众结合起来,具有共产主义思想的教师,才能真正成为人民的教师。

第二,斯大林在唯物史观教育和实践上的认识发展。

斯大林进一步阐述和发挥了列宁的灌输原理,强调科学历史观的极端重要性,强调必须把政治工作提到一定的高度,把政治教育作为首要任务去抓,要认清资本主义的本质,清楚国际资本主义的根源,认识资本主义的策略和手段,只有通过科学历史观的教育和学习,了解社会发展的一般规律,才能正确认识社会发展未来趋势,才能正确分辨现今资本主义。

斯大林强调要用马克思列宁主义的科学社会历史理论来教育和武装全党。只有把握社会发展规律,正确认识帝国主义的本质,才能提高政治觉

---

① 中共中央马克思恩格斯列宁斯大林著作编译局编:《列宁选集》(第四卷),人民出版社1995年版,第303页。

② 中共中央马克思恩格斯列宁斯大林著作编译局编:《列宁选集》(第四卷),人民出版社1958年版,第251页。

③ 中共中央马克思恩格斯列宁斯大林著作编译局编译:《列宁全集》(第四十五卷),人民出版社2017年版,第244—245页。

④ 中共中央马克思恩格斯列宁斯大林著作编译局编译:《列宁全集》(第三十四卷),人民出版社2017年版,第392页。

悟。斯大林强调，列宁之所以能够得出社会主义可以在一个国家内获得胜利的结论，就在于他没有把马克思主义当作教条，而是当作行动的指南，抓住了社会发展的一般规律。斯大林指出社会是不断发展的："马克思主义在自己的发展中不能不以新的经验、新的知识丰富起来，——因此，它的个别公式和结论不能不随着时间的推移而改变，不能不被适应于新的历史任务的新公式和新结论所代替。马克思主义不承认绝对适应于一切时代和时期的不变的结论和公式。"①

斯大林与列宁一样，强调应该把学校由资产阶级的阶级统治工具变为破坏这一统治的工具，变为教育新一代、实现共产主义的工具，他说："教育是一种武器，其效果是取决于谁把它掌握在手中，用这个武器去打击谁。"②

斯大林强调用社会主义和共产主义精神教育工人、农民和知识分子。在社会主义建设时期，斯大林反复强调，必须有效地同资本主义思想作斗争。因为人的意识总是落后于社会经济的发展，虽然资产阶级的统治被推翻，但是"资本主义的包围仍然存在"，"这种资本主义的包围力图复活和支持苏联经济中和人们意识中的资本主义残余"，斯大林提醒布尔什维克"对这种资本主义的包围必须时刻戒备"③，他严厉批评那些"放下武器，高枕而卧，等待无阶级社会的降临"的主张，指出这种主张会涣散党，使党被解除武装④。

斯大林继承和发展了列宁关于"把青年培养成共产主义者"的思想。斯大林提出要竭力使无产阶级大学生成为社会主义经济和社会主义文化的

---

① 中共中央马克思恩格斯列宁斯大林著作编译局编：《斯大林选集》(下卷)，人民出版社1979年版，第538页。

② 中共中央马克思恩格斯列宁斯大林著作编译局编：《斯大林选集》(下卷)，人民出版社1979年版，第364页。

③ 中共中央马克思恩格斯列宁斯大林著作编译局编：《斯大林选集》(下卷)，人民出版社1979年版，第331页。

④ 中共中央马克思恩格斯列宁斯大林著作编译局编：《斯大林选集》(下卷)，人民出版社1979年版，第332页。

自觉的建设者，因为"青年应当举起我们的旗帜直到胜利的终点"①。所以，斯大林强调要用列宁主义精神教育工农青年和大学生，要求大学生要努力"掌握科学"，"善于把政治工作和掌握科学的事业结合起来"②，青年如果愿意成为新生活的建设者和老近卫军的真正的接班人就必须占领科学这座堡垒。

马克思、恩格斯、列宁、斯大林等马克思主义经典作家关于唯物史观教育的思想内容极其丰富，这些内容也成为中国共产党教育中国人民，认识中国社会，指导中国革命的思想理论根据。

二、中国传统历史教育的思想资源

唯物史观之所以能在中国社会扎根，和"中国文化中本有悠久的唯物论、无神论、辩证法的传统，有民主主义、人道主义思想的传统，有许多历史唯物主义的思想因素，有大同的社会理想"③有着密切的关系。

（一）中国朴素唯物主义、辩证法和认识论

中国传统思想文化中含有丰富的朴素唯物主义和辩证法思想。早在殷周时代，《尚书·洪范》就提出世界是由五种物质元素组成的"五行"思想，从而开创了中国朴素唯物主义的先河。中国古代尚未形成科学的物质概念，但是有"天""气"等一系列的以客观实在为最高范畴，都是涉及世界的本原问题。东汉时期，王充提出"元气自然"的宇宙观。南北朝时期范缜提出"神灭论"。盛唐时期，柳宗元、刘禹锡等人用唯物主义的观点解释"天"的含义，认为事物的发展有其规律和必然趋势，并初步猜测到物质运动的源泉在于其固有的矛盾。明末清初，杰出的唯物主义哲学家

---

① 中共中央马克思恩格斯列宁斯大林著作编译局编：《斯大林选集》（下卷），人民出版社1979年版，第325页。

② 中共中央马克思恩格斯列宁斯大林著作编译局编：《斯大林选集》（上卷），人民出版社1979年版，第319页。

③ 张岱年、程宜山：《中国文化与文化论争》，中国人民大学出版社1990年版，第186页。

王夫之坚持元气论唯物主义，将中国古代朴素唯物主义发展到最高峰。

中国古代辩证法是一种原始的、自发的朴素辩证法。先秦时期典籍中有相当多的辩证观点。例如，五行学说描述了由于"五行"之间相生相克使得整个世界处在生生不息的变化之中，表现出朴素而深刻的辩证法思想。《周易》的"一阴一阳之谓道"的统一由两个对立面组成的思想，《老子》的"有无相生，难易相成"的矛盾双方互相依存的思想，《庄子》中所记载的"一尺之棰，日取其半，万世不竭"的无限可分思想，《韩非子》中"矛盾"概念所表达的事物双方互相排斥，在一定条件下可以互相转化的思想等。进入封建社会，中国朴素辩证法思想有了进一步的发展。北宋张载提出"一物两体"的辩证法命题和"动非自外"思想。明清之际王夫之说明"气"变化日新的辩证性质，还提出"静即含动，动不舍静"的辩证思想。朴素辩证法丰富的思想成为以后辩证法思想的历史源泉。

在朴素唯物主义和辩证法的基础上，中国古代的思想家提出了唯物主义的认识论。春秋时期的墨子反对孔子的"生而知之"的先验论，提出了判断言论是非真伪的"三表"或"三法"，主张以"古者圣王之事""百姓耳目之实"和"国家百姓人民之利"作为检验认识的真理性标准。战国时期的荀子建立了比较系统的朴素唯物主义认识论体系，指出感觉经验是认识的来源，感觉经验只有经过思维的加工才能成为知识。东汉王充提出了朴素唯物主义反映思想论，强调用实际经验检验客观真理。明清之际的王夫之作为古代朴素唯物主义认识论的集大成者，他将朴素辩证法运用于认识论，强调行在认识中的决定作用。

（二）中国传统社会历史观

中国自古就有重视社会历史研究的传统，西汉著名史学家司马迁提出历史研究的目的是"究天人之际，通古今之变"，这种"通古今之变"实际上就是中国思想家对社会历史变迁的考察和把握。这种把"唯物主义贯彻和推广运用于社会现象领域"①的探究,在某种程度上也可以看作"历史唯物主义的萌芽"。

中国古代关注民富,强调经济因素在社会生活中的基础地位,重视"食货"等物质生活资料对于社会稳定和发展的重要作用,认为"仁义"等道德因素是依附在物质利益基础之上的,道德行为是和人民的物质生活条件相联系的。《尚书·洪范》的"八政"里,以"食""货"为首,将其看作是万物之所始,人事之所本。春秋时期,管子提出"仓廪实,则知礼节;衣食足,则知荣辱"。儒家创始人孔子论治国之道时,强调应该按照"庶之、富之、教之"的顺序,即先解决经济问题再行教化,肯定物质生活是精神生活的基础。

中国古代思想家不同程度地看到了人民群众在社会历史发展中的重要地位和作用,他们提出的"惟天地万物父母,惟人万物之灵""民之所欲,天必从之""民惟邦本,本固邦宁"的思想鲜明地彰显了"以人为本"的政治见解。他们强调人民群众在历史发展中的主体作用,认为"民为贵,社稷次之,君为轻。是故得乎丘民而为天子"。民心向背是国家和君主的安危存亡之所系,是政治成败的决定性因素。明清两朝作为中国古代民本思想发展的最高峰,他们批判秦汉以来的专制君主,认为其在根本上违背了天下为公的原则。黄宗羲在《明夷待访录》中说:"此无他,古者以天下为主,君为客,凡君之所毕世而经营者,为天下也。今也以君为主,天下为客,凡天下之无地而得安宁者,为君也。"

在社会历史发展的规律方面,进步思想家已经认识到历史的发展、社会的治乱有着一种不以人的意志为转移的趋势,在与认为历史发展是"一治一乱"治乱相承的历史循环,或认为"道之大原出于天,天不变,道亦不变,是以禹继舜,舜继尧,三圣相受而守一道"的"奉天""法古"的历史退化论的斗争中,他们用天命、天道、数、势、理的概念来表达对社会历史发展必然性的认识。例如,战国时期荀子说:"天行有常,不为

①中共中央马克思恩格斯列宁斯大林著作编译局编:《列宁选集》(第二卷),人民出版社1995年版,第425页。

尧存，不为桀亡。应之以治则吉，应之以乱则凶。"汉代王充反对谶纬神学的天命史观，认为"昌衰兴废，皆天时也"。唐代柳宗元以人类历史发展的客观必然之"势"来解释历史现象，否定了天命、"圣人之意"等唯心主义的东西。明清之际王夫之提出理势合一的历史观。

在历史观核心问题上，也就是历史发展方向上，进步思想家批评"今不如昔"的复古主义和"奉天""法古"的历史退化论。《易传》早就提出世界是一个不断运动、发展变化的世界，所以才会形成"穷则变，变则通，通则久"的"惟变所适"的中国传统文化精神。近代面临国力式微，强敌环伺，"三千年未有之大变局"，龚自珍重新提出"公羊三世"说试图探索历史演变的规律，太平天国提出以强调变易的历史观为基础的政治主张，康有为把春秋"公羊三世"说与《礼运》讲的"大同""小康"联系起来，认为人类社会进化的普遍规律是从据乱世—升平世—太平世的发展。维新运动的代表性人物如谭嗣同、严复都以进化论来反对天命史观，实际上历史观上都主张唯物论为自然观的进化论。这些都为"中国人接受唯物史观吹起了前奏曲"①。

中国古代思想家在结合自己的生活和实践、反思现实和历史的过程中，形成了关于未来社会发展目标。《礼记·礼运》中的"大同"理想，集中体现了儒家对理想社会的认识和向往："大道之行也，天下为公，选贤与能，讲信修睦。故人不独亲其亲，不独子其子……是故谋闭而不兴，盗窃乱贼而不作，故外户而不闭，是谓大同。""大同"的社会理想，对后来的进步思想家、社会改革家，如对洪秀全的"太平天国"、康有为的"大同说"、孙中山的"三民主义"等都产生了巨大影响。吴玉章曾经深有体会地评价说："社会主义书籍中所描绘的人人平等、消灭贫富的远大理想大大地鼓舞了我，使我联想起孙中山先生倡导的三民主义和中国古代世界大同的学说。所有这些东西，在我脑子里交织成一幅未来社会的美丽远景。"②

① 冯契主编：《中国近代哲学史》（上册），生活·读书·新知三联书店2014年版，第11页。
② 吴玉章：《吴玉章回忆录》，中国青年出版社1978年版，第105页。

（三）经世致用的品格

中国传统文化中重视功利的思想传统，尽管受到宋明理学的冲击和排斥，但是生命力依然顽强，于明末清初形成了重视"经世致用"的强大思想潮流。

晚清，由于列强入侵、国势衰微，龚自珍、魏源大力提倡"经世致用"，要求恢复明末清初的学术研究和社会政治密切结合的学风，反对乾嘉以来专事考据的汉学和空谈心性的宋学，提出"一代之治，即一代之学"①的口号，要求学者能够充当社会改革大任的先锋。他们在哲学思想上，注意对历史发展规律的探讨，试图从古今历史的发展演变中探索治世之道，并且相信历史总是向前发展的。在认识论方面，他们强调发挥人的主观能动性，摆脱天命论的束缚，把心物（知行）问题的探讨，紧密地同国家富强、民族解放联系起来，积极主张睁开眼睛看世界，"师夷长技以制夷"。20世纪初，中国先进分子在各种外来主义的比较选择中，选择了作为科学理论和社会理想的马克思主义，其历史观理论的革命性和实践性是打动他们的重要原因。

唯物史观重视实践的作用，要求理论和实际相结合，这些品质与中国传统文化中"实用理性"思维方式有着天然的亲和性，这也使中国先进分子在传统思维方式的基础上，顺利地接受了唯物史观。

（四）中国的道德教化传统

"教化"，是中国古代统治者通过学校及各种手段教育和指导民众，向民众灌输其（主要指儒家文化中蕴含的）政治价值、思想理念和道德规范等，塑造合乎君主政治统治需要的臣民，保证政治秩序的稳定。

在中国古代社会，政治道德教化受到历朝历代统治者的高度重视，对稳定社会秩序、提高民众政治道德等发挥了巨大作用。"政教合一"制度是古代中国最基本的政治和教育制度，统治者既为政治首领，又是思想和

---

① 龚自珍：《龚自珍全集》，上海人民出版社1975年版，第4页。

教育领袖，通过对知识的垄断，设定教育目的，塑造整个社会意识形态，他们的政治地位决定教育思想、目的和内容，通过政治的力量强力推行教育。汉代董仲舒就明确说明了学校的作用，说古代君主"以教化为大务"，"立太学以教于国，设庠序以化于邑，渐民以仁，摩民以谊，节民以礼，故其刑罚甚轻而禁不犯者，教化行而习俗美也"。统治者在学校设定官方教材，以传承和合法化统治阶级意识。传统政治文化的价值体系通过受到专门培育的士人群体传播到社会的各个层面，包括科举制度在内的各种传统社会的"政治录用"机制同样具有政治社会化的引导功能。这些多层次全方位的政治社会化方式影响着广大民众的政治价值观，形成符合统治阶级需要的传统政治文化。

总的来说，中国的思想家在对社会历史变迁的考察中，试图将历史现象联系贯通，探究了在变化无常的历史现象背后的规律，提出了"理""势""数"等范畴用来表达历史演进规律，提出"今胜于古""因时变革"的历史进化思想，探究了物质经济因素和思想道德等精神现象之间的关系，关注了"人为神主""民为邦本"等思想中人的历史作用，描绘了"大同"的未来理想社会。尽管对社会现象背后的物质力量的探讨，还是存在"用人们的意识去说明社会存在"的历史局限，但是为中国先进分子在探索国家出路过程中提供了丰富的思想资源。

三、新民主主义革命时期中国共产党对历史观教育问题的认识和实践

"十月革命一声炮响，给我们送来了马克思列宁主义。十月革命帮助了全世界的也帮助了中国的先进分子，用无产阶级的宇宙观作为观察国家命运的工具，重新考虑自己的问题。"[1]马克思列宁主义给正在探索国家命运的中国先进分子提供了认识世界和改造世界的先进世界观。

---

① 《毛泽东选集》(第四卷)，人民出版社1991年版，第1471页。

（一）中国共产党历史观问题的基本认识

1840年爆发的第一次鸦片战争，揭开了中国近代历史的序幕。西方资本主义殖民势力的强势入侵，打断了中国历史的自然进程。在被强行推出"中世纪"的过程中，面对侵略性极强的西方资本主义工业文明，生长在农耕文明中的变易或治乱的传统历史观，无法给中国人提供足够的思想文化资源去应对全新的危机。救亡图存的需求成为压倒一切的头等大事。先进的中国人开始向西方学习和寻求真理。中国现实的民族危机和国家困境，使得知识分子在构建新的历史观时非常重视经世致用功能。既要在中国传统文化资源中吸收有益成分，又要集西方知识体系之大成；既要能分析和解决中国面临的现实民族危机，又要充分结合中国的基本国情；既要符合中国人的历史期待，又要满足中国人的未来想象，这些成为中国先进分子在选择指导认识社会历史理论的过程中，成为必须具备的条件。

十月革命一声炮响，具有强大革命精神和实践品质的唯物史观进入中国人的视野中。俄国十月革命取得胜利，让中国先进分子从向西方寻求真理的过程中，看到一条来自西方却不是传统西方的弱肉强食历史发展道路的道路。中国先进分子在选择马克思主义作为思想信仰的过程中，完成了世界观、历史观的转变。中国社会的变革由于接受了马克思主义思想的指导探索出了一条崭新的发展道路。中国先进分子对唯物史观的认识集中呈现出以下特点：

第一，揭示出马克思主义的鲜明阶级属性。俄国十月革命的示范，中国工人力量的壮大和中国工人运动的兴起，使早期中国共产党人从阶级分析出发，在思想属性上明确了马克思主义的无产阶级利益代表性。第二，阐述了唯物史观与马克思主义哲学基础的关系。中国先进分子认为唯物史观是马克思主义思想体系的理论基础，"离了他的特有的史观，去考他的社会主义，简直的是不可能"①。第三，强调阶级斗争学说在马克思主义思想中的核心地位。"一切过去社会底历史都是阶级争斗底历史"，"阶级

---

① 中国李大钊研究会编注：《李大钊全集》（第三卷），人民出版社2006年版，第18页。

之成立和争斗崩坏都是经济发展之必然结果"①。第四，明确了马克思主义的国家观和无产阶级专政的思想。早期中国共产党人通过十月革命的实践榜样，认识到国家是阶级统治的工具，"俄式系诸路皆走不通了新发明的一条路，只此方法较之别的改造方法所含可能的性质为多"，所以"激烈方法的共产主义，即所谓劳农主义，用阶级专政的方法，是可以预计效果的，故最宜采用"②。

大革命失败后，中国共产党开始在武装斗争和建立革命根据地的实践中探索中国革命道路，总结中国革命规律，逐渐形成了新民主主义革命理论，形成了马克思主义与中国革命实际相结合的理论结晶——毛泽东思想。中国共产党在领导新民主主义革命时期对唯物史观的认识主要集中在以下方面：

第一，人民是社会发展的动力。中国共产党人在民主革命过程中，将唯物史观的人民群众是历史的创造者原理与中国的具体国情和革命实际相结合，创造性地运用唯物史观的立场、原则和方法，解决中国革命过程中面临的主要问题，经过艰苦摸索，分清了敌我，找到了中国革命的主力军、同盟军。人民群众是推翻旧制度旧社会的根本决定力量，也是解放自己的最终决定力量。

第二，重视阶级分析方法。中国共产党认为人类"几千年的文明史"就是"阶级斗争"的历史，"拿这个观点解释历史的就叫做历史的唯物主义，站在这个观点的反面的是历史的唯心主义"③，充分肯定阶级斗争在中国历史上的推动作用。通过对中国社会进行阶级分析，解决敌我友这一革命的首要问题，确定阶级阵线，制订正确的阶级斗争策略，逐渐演成和完善新民主主义革命的总路线，即"无产阶级领导的，人民大众的，反对帝国主义、封建主义和官僚资本主义的革命"④。革命是阶级斗争的一种

①《陈独秀文章选编》（中），生活·读书·新知三联书店1984年版，第195页。

② 中共中央文献研究室编：《毛泽东文集》（第一卷），人民出版社1993年版，第1—2页。

③《毛泽东选集》（第四卷），人民出版社1991年版，第1487页。

④《毛泽东选集》（第四卷），人民出版社1991年版，第1316—1317页。

特殊表现，"革命是暴动，是一个阶级推翻另一个阶级的暴烈的行动"①。"阶级立场"在一定程度上实质是"人民大众"的立场。"共产党员无论何时何地都不应以个人利益放在第一位，而应以个人利益服从于民族的和人民群众的利益"②。

第三，肯定革命观点。唯物史观认为社会革命的根源在于社会基本矛盾，即生产力与生产关系、经济基础与上层建筑之间的矛盾运动。变革不适应生产力发展的上层建筑和生产关系的手段，就是社会革命。中国共产党人在民主革命实践中，旗帜鲜明地指出：革命是"为了使中华民族得到解放，为了实现人民的统治，为了使人民得到经济的幸福"③。中国革命分两步走，第一步即新民主主义革命的根本目的是解放和发展生产力，为进入社会主义社会做准备。这些矛盾的斗争及尖锐化，就不能不造成日益发展的革命运动。从马克思主义暴力革命的原则出发，在对中国国情的认识、农民在革命中的地位的判定以及敌我力量的分析中，中国共产党强调武装斗争是中国革命的唯一形式，而建立农村革命根据地则是党领导革命武装斗争的基本道路。

第四，正确界定中国社会性质、革命阶段和革命目标。中国共产党根据马克思主义的社会形态发展理论，系统阐明中国半殖民地半封建社会这种特殊的社会形态，分析了中国革命由于无产阶级的领导而产生的新旧资产阶级民主革命的性质的不同，并由新民主主义革命的特质引出了革命前途、国家发展方向的变化；强调中国共产党领导的民主革命既不同于旧式民主主义的革命，又不同于社会主义革命的特殊性，要把握新民主主义革命和社会主义革命之间的辩证关系。

第五，国家学说和无产阶级专政。无产阶级建立国家，是无产阶级革命的巨大成功。在中国建立起来的人民民主专政的国家，是保护人民的。有了人民的国家，用民主的方法，教育自己和改造自己，使自己脱离内外

①《毛泽东选集》（第一卷），人民出版社1991年版，第17页。
②《毛泽东选集》（第二卷），人民出版社1991年版，第522页。
③中共中央文献研究室编：《毛泽东文集》（第一卷），人民出版社1993年版，第21页。

反动派的影响，以向着社会主义社会和共产主义社会前进。

第六，理论结合实践的方法论意义。回答"中国向何处去"的问题，实质就是一个唯物史观与中国革命具体实践相结合的问题，是以唯物史观理论为指导，认识中国社会，形成适合中国国情的革命理论，来指导革命实践的问题。中国共产党人不可能直接从马克思主义原著中找到有关中国国情、中国革命性质和任务、中国革命发展规律和道路的具体答案，要解决这些事关中国革命成败的重大问题，还需要从中国的实际情况出发，将唯物史观一般原理与中国革命具体实际相结合，在实践中不断探索符合中国具体国情，具有中国特色的革命道路和革命路线。

（二）新民主主义革命时期中国共产党领导的高校[①]历史观教育实践

中国共产党成立后，在第一次国内革命战争、第二次国内革命战争、抗日战争，以及解放战争时期等不同的历史时期曾经创办不同的革命大学，培养革命干部，历史观的教育始终是马克思主义教育的重要内容。

第一，中国共产党创建时期和第一次国内革命战争时期的高校历史观教育。

中国共产党成立后，为了广泛宣传马克思主义、培养更多的革命干部，许多共产党人投身革命教育活动，创办革命大学。1921年8月，毛泽东与何叔衡、易礼容等人创办湖南自修大学，这是中国共产党在早期创办的一所专门以传播马克思主义学说、培养革命干部为目的的革命大学。湖南自修大学严格规定学生入学条件，希望通过了解他们的出身成分、经济状况、人生观和社会政治观等更有针对性地培养革命干部[②]。1922年中国共产党领导设立培养革命干部的上海大学以及1925年吴玉章等人在重庆创办的、共产党领导的中法学校等，学校开设有"社会发展史""共产主义ABC"等课程。

---

① 新民主主义革命时期，中国共产党由个人、党组织或根据地政府创办了一些名为"大学"的学校，但它们并不是严格意义上的高校，更多的是干部学校、培训学校等类高校性质的学校。

② 曲士培：《中国大学教育发展史》，山西教育出版社1993年版，第417页。

第二章 1949—1952年高校政治理论课的
历史观教育及其经验

    1949—1952年是新中国成立初期，也是中国共产党执政初期，还是新中国实现政局稳定、整顿社会秩序、恢复经济的关键时期。通过设置高校政治理论课，以科学的历史观教育为切入口和重点内容，对高校师生进行思想改造，是中国共产党稳定政局、凝聚人心，打造新民主主义建设人才队伍的重要环节。对此，学术界从高校政治理论课[①]、政治学习运动和思想改造等不同视角进行了研究，如姚春林从新中国初期的社会变迁角度分析了高校思想政治教育的历史背景，总体考察了新中国教育方针、高校政治理论课课程设置、加强师资队伍建设、确立马克思主义在意识形态的指导地位、加强共产主义理想信念教育等方面的举措。刘辉、耿化敏、许冲等通过研究新中国成立初期高校"新民主主义论""中国革命史"课程的开设、"中国革命史"课程的创设与停开和"联共（布）党史"课程设置始末等，对新中国成立初期高校政治理论课程开设情况的历史进行了梳理，显示了中国社会的发展变化尤其是党的中心工作的转移对高校政治理论课设置带来的影响。部分学者对新中国成立前后的包括学习社会发展史

[①] 新中国成立初期,高校政治理论课经历了"马列主义思想政治教育课""公共必修课""公共政治课""政治课""理论课""马列主义课程"等称谓,1951年教育部提出政治课的性质与其他业务课程一样,都要进行系统理论学习,应成为大学课程整体的一个组成部分,应由专门教师担任教学任务,取消"政治课"的称谓,改称"政治理论课"。

运动、学习毛泽东"两论"政治学习运动进行了探讨，如陈占安从"思想领域的解放战争"的重要性角度分析了理论学习的背景，研究了历史唯物论—社会发展史从头学起的内容，考察了对大学生进行系统理论教育的高校政治课"社会发展史""中国革命史"，总结了理论工作者在推动马克思主义大众化中发挥的重要作用；王寿林从新政权的思想塑造视角考察了新中国成立前后的学习社会发展史运动；张亚以《学习》杂志为视角考察了新中国成立初期的马克思主义学习运动[①]。学术界的研究对于高校政治理论课的重要内容和方法论——历史观教育虽有涉及，但对新中国成立初期高校政治理论课历史观教育在课程的安排、教学的设计、其成效及经验等方面仍有待细化研究。研究新中国成立初期高校政治理论课的历史观教育，既有助于丰富新中国成立以来思想政治教育史研究，又可以为新时代历史观教育提供借鉴。

一、新中国成立初期高校政治理论课推进历史观教育的必要性

新民主主义革命胜利后，中国共产党要确立马克思主义指导地位、引

[①] 部分学者对新中国初期思想政治教育进行了探讨，如姚春林的《建国初期高校思想政治教育改革探析(1949—1952)》[《武汉理工大学学报(社会科学版)》2014年第6期]，周良书的《从北师大马克思主义教学看新中国成立初期党的思想理论教育》(《北京党史》2011年第3期)，鲁双、袁奋光的《新中国成立初期高校思想政治教育的经验与启示》(《思想政治教育研究》2012年第6期)。部分学者对新中国成立初期高校政治理论课程开设情况进行了回顾，如刘辉的《中国人民大学与建国初高校"新民主主义论""中国革命史"课程的开设》(《教学与研究》2008年第11期)、耿化敏的《中国人民大学与高校中国革命史课程的创设与停开(1950—1957)》(《党史研究与教学》2012年第6期)、许冲的《新中国成立后高校"联共(布)党史"课程设置始末》(《中国延安干部学院学报》2013年第2期)。部分学者对新中国成立前后的包括学习社会发展史运动、学习毛泽东"两论"政治学习运动进行了探讨，如陈占安的《建国之初的理论学习活动与马克思主义大众化》(《学校党建与思想教育》2009年第28期)、王寿林的《新政权的思想塑造：新中国成立前后的学习社会发展史运动》(《中共党史研究》2009年第10期)、张亚的《新中国成立初期的马克思主义学习运动——以〈学习〉杂志为视角》(《中共党史研究》2013年第7期)、王先俊的《新中国成立初期的马克思主义宣传教育工作》(《当代中国史研究》2011年第2期)、周艺的《新中国成立初期高校政治学习运动中的唯物史观教育研究》(《学校党建与思想教育》2021年第9期)。

导高校师生正确认识和认同人民政权的合法性，就需要解决历史和社会领域的一系列问题。

（一）新中国成立初期社会意识形态领域存在的问题需要解决

首先，新中国成立初期，社会意识形态领域存在诸多问题。对新解放区的大多数人民而言，由于国民党政权的打压和欺骗，对马克思主义和中国共产党缺乏正确的认识。在国民党统治时期，高校学生对马克思主义的学习"只能秘密的走私的在园内'地下'进行"①。共产党人的形象则被肆意抹黑，并被描绘成"杀人放火，奸淫抢掠，不要历史，不要文化，不要祖国，不孝父母，不敬师长，不讲道理，共产公妻，人海战术，总之是一群青面獠牙，十恶不赦的人"②。因此，科学的学习和教育是正确认识马克思主义和中国共产党的迫切需要。其次，思想文化领域各种思想共存，当时除了占据领导地位的马克思主义思想之外，资产阶级思想、小资产阶级思想、帝国主义思想和封建主义思想残余等非马克思主义的思想也同时存在，而且"只要各个阶级存在，他们的不同立场就会存在"③。而新中国成立初期的广大党外知识分子，甚至是已经参加革命队伍的知识分子头脑中，"还保存着资产阶级的思想和小资产阶级的思想。这个东西，如果不破除，让它发展下去，那是相当危险的"④。再次，社会剧变急需科学理论的合理解释。新中国的成立是新旧制度的嬗代，大地主大资产阶级独裁的国民党政权为人民当家作主的人民政权所取代。为正确认识和巩固新生政权，中国共产党迫切需要用马克思主义的科学思想进行宣传，教育人民，以说明人民政权建立的历史必然性和合理性。最后，新中国成立后面临紧迫的社会经济建设任务需要集聚人心、共同奋斗。"我们从旧中国接受下来的是一个烂摊子，工业几乎等于零，粮食也不够吃，通货恶性

---

① 清华大学校史研究室编：《清华大学史料选编》第五卷（上），清华大学出版社2005年版，第192页。

②《毛泽东选集》（第四卷），人民出版社1991年版，第1485页。

③《周恩来选集》（下卷），人民出版社1984年版，第65页。

④ 中共中央文献研究室编：《毛泽东文集》（第二卷），人民出版社1999年版，第427页。

膨胀，经济十分混乱。"①国民经济恢复的迫切任务要求全国人民同心同德，尽快结束中国社会思想文化领域错综复杂的情况，增强马克思主义意识形态的影响力和吸引力，建立共同的理想目标，为实现国家的稳定和经济的好转努力。因此，为正确地完成今天的历史任务，必须了解过去的社会基础、当下的历史阶段、将来的前途，才能决定革命的纲领及其历史任务。宣传唯物主义的思想，反对唯心主义的思想，使人民脱离资产阶级思想的影响，提高建设社会主义社会的觉悟程度，以便形成以马克思列宁主义为基础的政治上和思想上的一致②。所以，开展科学的历史观学习和教育，凝聚政治共识迫在眉睫。

（二）高校师生存在的唯心观点和守旧习气需要改造

培养合格的无产阶级建设者和接班人，是党领导人民巩固新生人民政权、恢复凋敝的国民经济、实现社会主义奋斗目标的重要条件。但是以前培养出来的知识分子显然无法胜任新社会建设的要求。由于以前的教育需要较大经济投入，那些能够负担起子女教育，甚至出国留学的家庭多拥有一定的经济实力，其中部分家庭还属于社会中上层。例如，上海私立大同大学学生出身于工商业者和职员家庭分别占总人数的44.46%和33.97%，而工人和农民家庭出身的仅占2.78%和0.84%，贫雇农家庭出身的学生非常少③。厦门大学1951年、1952年、1953年的学生工农成分比例仅为25.70%、28.42%、26.62%④。京津地区是高校较集中的地区。1950年初，中央教育部了解和掌握1949年前后京津地区两地学生家庭"多出身于小资

① 邓小平：《邓小平文选》(第三卷)，人民出版社1993年版，第63页。

② 中共中央文献研究室编：《建国以来重要文献选编》(第六册)，中央文献出版社1993年版，第64页。

③ 陈红：《一九四九年至一九五二年上海地区高校思想政治教学研究》，《中共党史研究》2012年第3期。

④ 厦门大学校史编委会：《厦门大学校史资料》(第三辑)，厦门大学出版社1989年版，第535—537页。

产阶级、资产阶级、地主阶级的家庭"①。高校教师的情况与学生相似。辅仁大学校长、历史学家陈垣曾坦言:"从前能有机会上学的总是地主阶级或资产阶级,工农阶级绝少。……现在大学的教师中要找出真正工人农民出身的,一定也极少。"②总的来说,新中国成立初期,"高级学校的学生在全国范围讲,绝大多数还是城市小资产阶级以上的子女"③。京津解放前后,中共中央分析京津两地学生的明显特点:由于地主阶级、资产阶级、小资产阶级的家庭出身,以及受到欧美资产阶级的教育熏陶和国民党反动派宣传的影响,学生思想上多少沾染了唯心观点和守旧习气,如知识分子优越感,轻视劳动和工农,怀疑无产阶级领导;超阶级、超政治的纯技术观点;狭隘的民族主义思想,对社会主义和人民民主国家与帝国主义国家殖民地国家的不同缺乏根本认识;等等④。这导致部分高校师生不了解国际国内的现状,甚至存在错误或反动的看法;不善于领会中国革命的纲领政策,甚至在各种问题上持怀疑态度;在个人生活、前途方面有诸多问题想不通⑤。所以"从政治学习分辨敌友,分辨是非,分辨新兴的与走向死亡的力量的对比,分辨奴役国内外劳动人民的强暴世界主义和联合团结一切劳动人民的友爱的国际主义的区别,是非常必要的"⑥。通过科学的历史观教育,推动高校师生改造旧的、错误的思想,树立正确的历史观,站稳人民立场,这是决定他们能否在新的历史条件下为革命和建设服务的前提条件。

---

① 段忠桥主编:《建国以来普通高校马克思主义理论课和思想品德课课程设置及教学内容历史沿革资料汇编》(上编),高等教育出版社2004年版,第62页。

② 陈垣:《祝教师学习成功》,《人民日报》1951年10月27日第3版。

③《钱副部长在学联执委扩大会议报告 改革旧教育建设新教育》,《人民日报》1950年2月26日第3版。

④ 段忠桥主编:《建国以来普通高校马克思主义理论课和思想品德课课程设置及教学内容历史沿革资料汇编》(上编),高等教育出版社2004年版,第62页。

⑤ 艾思奇:《从头学起》,《学习》1949年第1期。

⑥ 厦门大学档案馆、厦门大学校史研究室编:《厦门大学校史(1949—1991)》(第二卷),厦门大学出版社2006年版,第15页。

（三）改革旧教育，建立新民主主义高等教育的必然要求

随着解放战争的节节胜利，国内形势发生根本性的变化，中国共产党要争取胜利、争取民心、争取未来国家建设的人才，就需要向包括高校师生在内的知识分子等未来建设的重要力量说明中国共产党的政策、中国革命的前途和中国社会未来的发展。为争取、团结、改造和培养知识分子，1948年10月18日，中共中央中原局发布指示，强调从政治上认识知识分子工作的重要性，利用各种机会和形式，宣传共产党对知识分子的政策方针，消除知识分子的顾虑和争取知识分子；开设各种短期的学校或训练班，向知识分子说明时事问题、中国革命基本问题及党的基本政策；各级民主政府召开不同形式和层次的知识分子座谈会，通过时事与政策的报告讨论，了解国民党必败，共产党必胜的原因，选定他们所应该走的道路[①]。建立正规的、持续的渠道，对师生历史和社会认识问题进行教育，成为高校的重要任务。

但是，新中国成立初期，旧式教育下的学校所占比例很大，国民党控制下的很多高校带有明显的党化教育痕迹。其中"公民课""党义"等旧课程充满着唯心论、机械论，以致封建的、买办的、法西斯的思想长期毒害广大青年学生，其糊涂或是反动的世界观、社会观和错误的方法论在青年中造成严重后果，部分学生徒有改革社会的善良愿望但找不到实现的正确途径，部分学生受错误、腐朽、反动思想的影响，走上腐化堕落的道路，广大青年不满和反抗这种情形，他们强烈地要求革命理论的指导[②]。"用无产阶级思想去克服非无产阶级思想，先得要知道什么是无产阶级思想和什么是非无产阶级思想。"[③]同时，旧式教育下的学校受欧美教育影响巨大，原国民党统治区高校的教授、教员大多数有留学欧美的经历。

---

① 《中共中原局发布指示　争取团结改造培养知识分子》，《人民日报》1948年10月21日第2版。

② 《认真实施文法学院的新课程》，《人民日报》1949年10月14日第1版。

③ 清华大学校史研究室编：《清华大学史料选编》第五卷（上册），清华大学出版社2005年版，第190页。

1941—1947年国民政府教育部对全国专科以上学校教员进行资格审定，其中1941年2月至1944年3月审查合格的教授、副教授为2448人，其中留学国外的占78.6%①。部分高校教师不但慑服于欧美文明和科学技术，也膺服于欧美的意识形态。例如山东大学时任化学系主任的刘椽说："我的书架上，不管新版旧版，中文书一本都没有，全是美国书。……我手里拿着英文课本，口里讲着英文。"地矿系副主任胡伦积说：自己"主导思想仍然是资产阶级的"，教学设备"一味向美国资产阶级大学的物资设备看齐，把美国的规格标准拿了出来。更严重的是对祖国的工业产品不相信，对外国货盲目崇拜竟到了迷信的程度"②。所以，新中国成立后，全国教育的制度，各级学校的课程、教材、教学方法、师资等，都要求一个彻底的，同时是有计划有步骤的变革和解决③。

总之，新中国成立后，将中国共产党的意识形态纳入高等教育体系，根据党的要求和中心工作制订高等教育路线方针政策，彻底改造旧式教育，培养新型知识分子，成为高等教育发展的必然趋势。设置高校政治理论课既是建立新民主主义高等教育的必然要求，也是改造高校师生思想领域问题的现实需要。新中国成立初期，党的中心任务和高校师生历史观等思想领域存在的问题，决定了高校政治理论课历史观教育的中心工作是进行唯物史观的宣传和教育，反对唯心主义的思想，使高校师生学会在马克思主义唯物史观的指导下，正确看待中国历史、社会和中国革命，站稳人民立场，认同中国共产党的领导，提高师生为建设社会主义社会而奋斗的觉悟，最终形成"以马克思列宁主义为基础的政治上和思想上的一致"④。

---

① 卫道治：《中外教育交流史》，湖南教育出版社1998年版，第180页。

② 田稼、丁巨波等：《山东大学教师对于资产阶级教育思想的自我检讨（摘要）》，《文史哲》1952年第7期。

③ 马叙伦：《第一次全国高等教育会议开幕词》，《人民教育》1950年第3期。

④ 中共中央文献研究室编：《建国以来重要文献选编》（第六册），中央文献出版社1993年版，第64页。

二、新中国成立初期高校政治理论课历史观教育的开展

新中国成立初期，为肃清高校师生旧的、错误的思想，树立唯物史观的基本观点，党中央采取多种措施，创设高校政治理论课程，开展历史观教育。

（一）新中国成立初期高校历史观教育课程的开设

新中国成立初期，高校政治理论课教学的基本目标和首要任务是"解决为谁服务、拥护谁的问题"的基本立场问题，即政治方向问题。

为帮助高校师生解决政治方向问题，1948年随着解放战争胜利的推进，在华北解放区，中国共产党开始成立华北大学等一批以培养政治干部为目标的新型大学，开设政治理论课程，以唯物史观为中心，讲授马列主义和毛泽东思想、中国共产党的建国方略及各项政策，阐明党领导新民主主义革命胜利的必然性和合理性，培养共产党的干部。平津解放后，1949年3月17日，中共中央指示北平市委，抓紧对北平高等学校文学院的思想领导，组织党员和进步人士在大学演讲关于唯物史观、新民主主义的内容[①]。清华、北大等北平高校纷纷举办以唯物史观、新民主主义为主要内容的学术演讲，以说明中国共产党的政策措施、引导高校师生正确认识中国社会变化和发展。这可以说是开设高校政治理论课的开端，有的甚至成为高校政治思想教育课的一部分，例如何干之在北京大学关于社会发展史的演讲[②]，最后实际上开设成了北大的一门公共必修的政治课。

1949年，在学习老解放区政治理论课程教育经验并借鉴苏联教育经验的基础上，在中共中央和各地政府的直接指导下，各地高校就开设政治理论课达成共识。1949年8月10日，召开华北高教会第三次常委会，规定马

---

① 中共北京市委党史研究室、北京市档案馆编：《北平的和平接管》，北京出版社1993年版，第404—406页。

②《北平各大学　热心学习理论》，《人民日报》1949年5月27日第2版。

列主义思想政治教育课为各高校的共同必修课，其中辩证唯物论与历史唯物论（包括社会发展简史）为全校文理学生必修的高校马列主义思想政治教育课程的第一门课①。1949年9月10日，华北高教会举行辩证唯物论与历史唯物论座谈会，会上同意辩证唯物论与历史唯物论的教学目的是："要使同学从教学中初步领会并开始建立无产阶级的立场、观点、方法，特别着重培养劳动观点、群众观点、阶级斗争的观点、分析与处理矛盾与实事求是、调查研究的方法与作风。"②这为辩证唯物主义与历史唯物主义课程的顺利开设提供了具体的指导。

1949年10月8日《华北专科以上学校一九四九年度公共必修课过渡时期实施暂行办法》要求把"辩证唯物论与历史唯物论"（包括社会发展史）、"新民主主义论"（包括近代中国革命运动史）、"政治经济学"（本年度文、法、教育或师范学院毕业班学生必修，其他年级学生除特殊情况外，暂不修习）等三门课，作为1949年度过渡时期的公共必修课③。1949年11月，新成立的教育部强调加强政治课学习是课程改革的中心环节④，向全国推广华北地区大专院校开设政治公共理论课程的经验。1950年《教育部关于实施高等学校课程改革的决定》把对学生进行革命的思想政治教育列为高等学校的首要任务。

为指导高校政治理论课历史观教育，各级教育部门结合实际，持续提出改善的意见和建议。1950年学期华北高教部要求华北区各高校将政治思想教育的方针与学习社会发展史的目的相结合，强调社会发展史学习目的是通过社会发展规律的学习，树立劳动观点、群众观点和阶级观点以改造

---

① 《华北高教会常委会第三次会议讨论改革大学课程订定辩证唯物论与历史唯物论、新民主主义论为各大学必修课》，《人民日报》1949年8月12日第2版。

② 《华北高教委会召集平津各大学教授研究辩证历史唯物论教学方法教材内容及教学方法都有具体决定选出艾思奇等组成委员会领导教学》，《人民日报》1949年9月12日第2版。

③ 教育部社会科学司组编：《普通高校思想政治理论课文献选编（1949—2008）》，中国人民大学出版社2008年版，第2页。

④ 中央教育科学研究所编：《中华人民共和国教育大事记（1949—1982）》，教育科学出版社1984年版，第6页。

思想，首先是肃清封建的、买办的、法西斯主义的思想，树立为人民服务的思想①。1950年2月，教育部组织召开首次"新民主主义论"教学讨论会，成立总教学委员会，制订课程的讲授大纲、教学组织和方法原则以及教学进度表，提出"新民主主义论讲授提纲"共分六讲②。1950年7月召开的全国高校暑期政治课教学讨论会，从第一讲"中国新民主主义革命史"中分出了"中国革命的主要经验"作为第三讲③。1950年10月4日，教育部下发《关于全国高等学校暑期政治课教学讨论会情况及下学期政治课应注意事项的通报》，重申高校政治思想教育的方针和任务是"肃清封建的、买办的、法西斯主义的思想"；拟订社会发展史的内容重点：（1）引论——社会发展史学习的目的、内容和方法；（2）劳动创造人类世界；（3）五种生产方式——阶级斗争；（4）国家与政治；（5）社会思想意识。新民主主义论的内容重点：（1）中国革命的历史特点；（2）中国新民主主义革命史；（3）中国革命的主要经验；（4）新民主主义的政治；（5）新民主主义的经济；（6）新民主主义的文化；（7）中国革命的前途④。

　　1950年，教育部颁布了"辩证唯物主义与历史唯物主义教学纲目""新民主主义论讲授提纲""政治经济学讲授提纲"，三门课的教学提纲成为全国高校政治理论课历史观教育的主要依据。

　　1956年《中华人民共和国高等教育部关于高等学校政治理论课的规定（试行方案）》详细地规定全国各类型高校政治理论课程"新民主主义论"（1953年改为"中国革命史"）、"辩证唯物论与历史唯物论"、"政治经济学"三门（"马克思列宁主义基础"1953年开设）的开设门数、学时、顺序等⑤。至此，反映新民主主义政权性质的政治理论课成为法定课程，正

---

　　① 高等教育部办公厅：《高等教育文献法令汇编（1949年—1952年）》，1958年印行，第75页。

　　② 刘辉：《中国人民大学与建国初高校"新民主主义论""中国革命史"课程的开设》，《教学与研究》2008年第11期。

　　③ 何东昌主编：《中华人民共和国重要教育文献（1949—1975）》，海南出版社1998年版，第60页。

　　④ 高等教育部办公厅：《高等教育文献法令汇编（1949年—1952年）》，1958年印行，第77页。

　　⑤ 段忠桥主编：《建国以来普通高校马克思主义理论课和思想品德课课程设置及教学内容历史沿革资料汇编》（上编），高等教育出版社2004年版，第11—14页。

式进入大学课程体系。

（二）新中国成立初期高校思政课历史观教育的内容安排

1.以改造旧的、错误的思想为直接教学目的

新中国成立初期，人民政府文化教育工作的主要任务是"提高人民文化水平，培养国家建设人才，肃清封建的、买办的、法西斯主义的思想，发展为人民服务的思想"[①]。为培养无产阶级建设者和接班人，高校三门政治理论课的学习，旨在改造旧思想，树立革命的人生观，同时也为其他一切改革工作创造条件。掌握人类历史发展规律、社会主义发展规律、中国革命发展规律，学习和运用科学的历史观方法论，是认识和改造旧思想的基本要求，因此"辩证唯物主义与历史唯物主义"的教育，"是为要使我们能够掌握马列主义的立场、观点、方法，要掌握一种研究自然现象和人类社会历史现象的最完备的科学观点和科学方法。这也就是为了使我们能正确地认识自然、认识社会，使我们有可能正确地解决研究工作和革命工作中的各种实际问题"[②]。"新民主主义论"的阐述和侧重，更为强调新民主主义革命必须由无产阶级领导，着重批判否认共产党领导的历史偏见和所谓"正统观念"；强调人民民主专政的本质以及专政与民主的辩证关系，着重批判自由主义思想；批判否认国营经济领导的过右思想以及不要私人资本主义的过"左"思想；更明确地提出学习苏联的社会主义建设经验；等等[③]。"政治经济学"要求通过生产方式的解析，暴露出阶级剥削的关系和剥削的深度；由资本主义社会以交换作为分配手段的缺陷的说明，揭示出不合理的无政府生产状态；由资本生产关系下连续表现的内部矛盾、恐慌、战争与革命条件的分析，论证出资本主义经济为社会主义经济

[①]《中国人民政治协商会议共同纲领》，人民出版社1952年版，第14—15页。

[②] 段忠桥主编：《建国以来普通高校马克思主义理论课和思想品德课课程设置及教学内容历史沿革资料汇编》（上编），高等教育出版社2004年版，第53页。

[③] 刘辉：《中国人民大学与建国初高校"新民主主义论""中国革命史"课程的开设》，《教学与研究》2008年第11期。

所代替的必然趋势①。三门课程都不单是具有一般科学的提供知识的功用，它同时还能从根部清理我们的思想，改造我们的思想，从而确立起我们的新社会观、人生观。

2.突出唯物史观教育的教学重点

为了保证思想改造目的的实现，三门高校政治理论课在内容安排上向唯物史观教育倾斜。1950年教育部颁布"辩证唯物主义与历史唯物主义教学纲目""新民主主义论讲授提纲""政治经济学讲授提纲"等三个教学提纲，就明确规定唯物史观教育作为教学重点。其中，"辩证唯物主义与历史唯物主义教学纲目"在教学编排中把认识中国社会和革命、改造个人思想的武器——历史唯物论与社会发展史教学纲目放在教学内容的第一部分。历史唯物论与社会发展史纲目围绕历史唯物论的"劳动创造世界，劳动群众是历史发展的基本动力""阶级斗争，阶级分析""国家是阶级压迫和阶级统治的工具"②等观点作专题讲授和讨论。"新民主主义论讲授提纲"将"中国革命的历史特点"和"中国新民主主义革命的历史"作为第一个和第二个题目，第一个题目"中国革命的历史特点"包括中国社会性质、中国革命的对象与任务、中国革命的动力、中国革命的性质、从新民主主义社会过渡到社会主义社会等内容，第二个题目"中国新民主主义革命的历史"包括四个历史时期、中国新民主主义革命历史的基本内容、中国新民主主义革命的主要经验等内容③。"政治经济学讲授提纲"强调，马列主义政治经济学是"站在无产阶级立场上，以唯物主义观点、辩证方法来确定社会经济发展规律的科学"④，要求深刻揭露旧社会政治经济的腐

---

　　① 段忠桥主编：《建国以来普通高校马克思主义理论课和思想品德课课程设置及教学内容历史沿革资料汇编(上编)》，高等教育出版社2004年版，第66页。

　　② 段忠桥主编：《建国以来普通高校马克思主义理论课和思想品德课课程设置及教学内容历史沿革资料汇编》(上编)，高等教育出版社2004年版，第53页。

　　③ 段忠桥主编：《建国以来普通高校马克思主义理论课和思想品德课课程设置及教学内容历史沿革资料汇编》(上编)，高等教育出版社2004年版，第35—44页。

　　④ 段忠桥主编：《建国以来普通高校马克思主义理论课和思想品德课课程设置及教学内容历史沿革资料汇编》(上编)，高等教育出版社2004年版，第67页。

朽性。总之，三门政治理论课在历史观教育上各有侧重，"历史唯物论（社会发展史）"为认识和改造社会提供了基本理论框架和认知标准，"新民主主义论"呈现的是唯物史观指导下中国近代历史和中国革命的具体结论，"政治经济学"从经济的角度说明了资本主义必然灭亡和社会主义必然胜利的历史必然性。三门课程的历史观教育均服务于高校师生尽快确立马克思主义的指导地位，站稳人民立场，改造旧思想的需要。

3.向唯物史观教学倾斜的学习计划

为了保证高校政治理论课的历史观教育，1950年三门课的教学大纲在教学计划上对历史观教育有一定程度的倾斜。"辩证唯物主义与历史唯物主义教学纲目"建议学习先由历史唯物论开始，然后再依次学唯物论、辩证法。为了把学习目标集中在马列主义最主要的重点方面，使历史唯物论部分有较充分的时间进行学习，教学纲目提出："可以酌量把辩证法唯物论部分时间缩短，少则二周，多则五周，可由各校自己斟酌情形决定之。"[①]"新民主主义论讲授提纲"强调要从"了解中国社会发展的规律，来了解中国革命发展的规律"，必须"通过对于最近三十年生动的历史事实的讲解，来澄清存在于一部分青年头脑中的错误的历史偏见，旧的正统观念，中间路线思想等反动阶级所散播的错误思想以及糊涂观念"[②]，相应将"中国革命的历史特点"和"中国新民主主义革命的历史"作为教学的第一个和第二个题目安排在课程的开始。"政治经济学讲授提纲"要求用一学年三分之二的时间讲授资本主义经济，从人类社会经济社会发展的角度特别是资本主义经济的本质出发揭露资本主义的罪恶。简而言之，必须在有限的教学时间里，尽量说明唯物史观的基本观点，推动高校师生学习和运用科学的历史观方法论去分析和解决问题，为思想改造提供依据。

---

① 段忠桥主编：《建国以来普通高校马克思主义理论课和思想品德课课程设置及教学内容历史沿革资料汇编》（上编），高等教育出版社2004年版，第56页。

② 段忠桥主编：《建国以来普通高校马克思主义理论课和思想品德课课程设置及教学内容历史沿革资料汇编》（上编），高等教育出版社2004年版，第39页。

（三）新中国成立初期高校政治理论课历史观教育的主要方法

1.通过课堂讲授普及唯物史观基本理论观点

新中国成立初期，高校政治理论课师资队伍存在数量匮乏和质量不高的情况，于是创造出"教员和学生共同参加，互助相长，来改造自己的教育工作"——政治大课[1]。如北京大学政治大课，担任课程的教员定期出席高教会"辩证唯物论与历史唯物论"教学委员会主办的教学座谈会；各班教员根据华北高教会辩证唯物论与历史唯物论教学委员会拟定的教学提纲与重点，作启发报告。大课的目的在于使高校师生明了并认同当时的新民主主义社会和将来的社会主义社会是历史发展的必然结果，是不以人的意志为转移的客观规律，弄清"历史发展的方向"，找到"做人做事的正确方向"，懂得"从发展中去看问题和解决问题"[2]，从而达到让高校师生接受马列主义、毛泽东思想的目的。

新中国成立初期，高校政治大课主讲人多为高校著名马列专家、知名教授或党政军负责人。具有丰富理论素养和革命经验的他们讲授的政治大课，既立足马克思主义，又围绕社会的主要问题和师生的思想问题。如1950年4月到7月的山东大学政治大课由著名的马克思主义理论家华岗主讲社会发展史。华岗讲授的社会发展史政治大课共分七讲，分别是：学习社会发展史导言、原始共产社会学习提纲、奴隶社会史学习提纲、封建社会史学习提纲、资本主义社会史学习提纲、社会主义社会史学习提纲、新民主主义社会学习提纲。华岗除了讲授一般的社会发展史知识之外，还突出两个重点：在学习资本主义社会阶段上，将政治经济学的基本内容包含在内；在学习社会主义社会阶段上，将苏联革命史的斗争理论与策略包含在内。他讲授时着重一般社会发展规律系统理论知识的学习，同时防止教条主义的偏向，密切结合当时社会现实和思想实际，达到改造思想的目

---

[1] 清华大学校史研究室编：《清华大学史料选编》第五卷（上册），清华大学出版社2005年版，第222页。

[2] 《关于两年来政治思想教学工作报告》，山东大学档案馆馆藏档案，卷宗号：WSDB19511003。

的。通过社会发展史的讲授，使师生在理论上明白并接受劳动观点、阶级观点、群众观点，认识社会主义国家和帝国主义国家的本质区别，认识新民主主义社会的历史地位①。1950年9月开学后，向山东大学二、三、四年级学生及全体教职工讲授新民主主义论的是军代表罗竹风。罗竹风讲授的新民主主义论，包括学习的目的与意义、中国社会性质与革命性质、新民主主义历程等内容，目的在于使师生明了中国革命的基本规律，提高师生对新民主主义革命的总路线、总政策的认识，认识到毛泽东思想是中国革命从胜利走向胜利的指导思想，也是建设新中国的强大理论保障②。

政治大课立足马克思主义理论指导，把党的政策同马列主义唯物史观的理论结合起来阐述，分析高校师生现实思想，批判错误思想。这种教学方法既接触思想，又解决问题，还满足高校师生思想建设的需要。这对高校师生进一步认识马克思主义的指导、中国共产党的领导和社会主义道路的选择的历史必然性，促使其最终靠拢中国共产党、迈进新的时代起了重要作用。

2.课堂讨论着重培养学生运用唯物史观基本观点和方法分析问题的能力

在政治理论课教学中，课堂讨论被认为是理论结合实际的重要方法之一，是实现改造思想的重要环节，是培养学生学习和运用科学的历史观方法论分析和解决问题能力的重要环节。1952年9月，华北区高等学校"新民主主义论"课程教学讨论会上，高教部向各校推荐"天津大学试行课堂讨论"作为课堂讨论实践的参考。天津大学试行课堂讨论中采取三个步骤：从理论上认识问题的实质；结合思想；讨论问题所应接受的教育③。如，第三次国内革命战争的讨论题目"对于国民党反动派于其灭亡前夕所进行的'和平'阴谋，我们怎样认识其反动的实质？"提出从理论上认识问题的实质包括："（1）是敌人向革命进行斗争的方式之一———垂死挣

---

① 孙宜山：《华岗学术思想研究——革命语境下的求真探索》，山东大学2014年博士学位论文，第104页。

②《山东大学两年来思想政治教学工作总结（一九四九年七月——一九五一年九月）》，《文史哲》1952年第1期。

③ 高等教育部办公厅：《高等教育文献法令汇编（1949年—1952年）》，1958年印行，第90页。

扎，以图死灰复燃，（2）分化与动摇革命阵营力量，（3）等待美帝支援。"要求结合思想包括："（1）联系自己在当时（或正确认识之前）的看法，（2）为什么有这种看法，思想根源是什么？（3）这种看法对革命的影响是什么？"通过问题讨论所应接受的教育包括："（1）对敌斗争，要从实质上认识，不要为外形所惑，（2）加强对敌人的警惕性。"①总之天津大学课堂讨论强调"提高政治思想，解决政治思想"的目的。

高教部同时推荐中国人民大学的"习明纳尔"。中国人民大学的"习明纳尔"主要运用"问答与讲解相结合"的方法解决问题提高认识。即由教员提出讨论题目，同学发言讨论，教员在此基础上进一步提问再讨论，如此反复，最后教员根据答案的基本精神，结合同学的发言，作出明确的结论②。

课堂讨论给学生机会实际运用马克思列宁主义立场、观点和方法分析问题，同时给学生机会来检查各自自学的程度和掌握马克思列宁主义的程度。因此，课堂讨论的教学形式最能使学生相信他们所学的马克思列宁主义科学对他们的巨大实践意义。

3.问题解答澄清学生历史观领域的思想疑惑

高校政治理论课运用理论与实际一致的教学方法，启发学生分析思想，搜集、整理以及研究问题，而后有的放矢地以系统知识有重点地解决主要问题，使理论学习成为改造思想的武器，使改造思想成为理论学习的目的③。

例如，1950年春，京津各高校均按照"新民主主义论讲授提纲"授课。自学过程中，学生提出了中国革命为何分两步走，如何认识无产阶级领导权及人民民主专政，如何理解统一战线，如何评价五四时期的胡适，如何评价国民党、蒋介石，尤其是抗战时期的蒋介石等问题④。这些问题

① 高等教育部办公厅:《高等教育文献法令汇编(1949年—1952年)》,1958年印行,第91页。

② 刘经宇:《中国人民大学的"习明纳尔"》,《人民教育》1951年第5期。

③ 高等教育部办公厅:《高等教育文献法令汇编(1949年—1952年)》,1958年印行,第79页。

④ 刘辉:《中国人民大学与建国初高校"新民主主义论""中国革命史"课程的开设》,《教学与研究》2008年第11期。

实际上就是如何正确看待中国近代以来的历史、新民主主义革命胜利和中国共产党领导的问题。

高校在每单元教学结束后，汇集学生提出的问题，由高教部召开总教学委员会进行讨论和解答，确定对全市广播讲座的内容。如在第二单元"中国新民主主义革命的历史"中，围绕学生对中国革命领导权的疑问。高教部安排胡华分两次进行广播解答。例如谁领导了大革命？到底是资产阶级还是无产阶级的问题，胡华解答：第一，何为领导；第二，何人在政治上领导了中国第一次大革命；第三，何人在大革命的实际运动中起了领导作用；第四，中国共产党为何要帮助国民党建党；第五，陈独秀放弃革命领导权，是否说明第一次大革命不是无产阶级领导的。胡华指出领导是参加革命的各阶级、党派，能够在这个革命运动中提出一整套的理论、纲领与战略，在运动的各时期提出正确的口号、方针、斗争形式与组织形式，指明革命的方向，引导运动走向胜利。由此，胡华最终得出大革命是由无产阶级领导的结论①。

从新民主主义论问题的解答看，教学指导委员会是根据学生实际困惑，有针对性地解决思想疑问，引导高校师生根据唯物史观的基本原理去观察和思考中国问题。在解答中强调中国革命的必然性、中国新民主主义革命的正义性和中国共产党的先进性。

4.学习总结强化唯物史观基本观点的认识

学习总结或思想小结是新中国成立初期检查高校师生政治学习效果的重要方法之一。由于思想改造是高校政治理论课的直接目的，课程教学学期结束时，学生无论是写思想小结还是写学习心得，其中关键还是看运用科学的历史观方法论分析思想、认识问题的能力。例如，中国政法大学"社会发展史"小结，基于学生尚在学习掌握唯物史观的基本观点、立场和方法的打基础阶段，主要是检查学生是否掌握劳动观点、群众观点、阶级观点、组织观点、唯物观点等，对自己的各种观点，应找出其家庭、社

① 刘辉：《中国人民大学与建国初高校"新民主主义论""中国革命史"课程的开设》，《教学与研究》2008年第11期。

会教育等的根源，同时要用现在的认识去分析批判①。清华大学"新民主主义论"学习心得写作的时候，学生已经有了"辩证唯物主义与历史唯物主义"的基础，所以要求在唯物史观指导下正确认识中国革命的基本规律，以这半年来学习的"劳动观点、群众观点、阶级观点、国家理论与国际主义等"的马列主义理论和观点为武器、来检讨批评思想中还残存着的小资产阶级的个人自由主义、享乐主义、英雄主义、超阶级观念、技术观念、温情主义、剥削意识、狭隘的民族主义、知识分子的优越感、轻视劳动、看不起群众等。事实上，思想总结和学习心得在本质上是相同的，就是以唯物史观的理论联系自己的思想，纠正自己以往错误的看法，或批判或反省学习的主要收获。

总之，新中国成立初期政治理论课是通过"自学为主，集体学习为辅"来推动历史观教育的，特别是通过理论讲授、课堂讨论、解答问题、学习小结等方法，有重点地学习唯物史观基本观点，并运用其解决高校师生的思想问题，实现思想改造。

三、新中国成立初期高校政治理论课历史观教育的特点成效

新中国成立初期高校师生通过三门政治理论课，学习了唯物史观的基本原理、观点和方法，在改造世界观、人生观和历史观等方面呈现出鲜明的特点，也取得了相当的成效。

（一）新中国成立初期高校政治理论课历史观教育的特点

第一，强调说理。高校师生作为讲道理重论据的脑力劳动者，理论上的说服力是解决高校师生思想问题的关键。新中国成立初期，高校师生思想表现形式不一，把实际问题上升到理论，集中表现在世界观上唯心论和唯物论的矛盾，在政治上进步与落后的矛盾，以及在人生观上个人主义和

①《中国政法大学关于社会发展史教学总结、计划草案即三部干部对社会发展史教学的意见和学习小结、汇报、总结、报告等》，三部办公室1950年2月，北京市档案馆，档案号：028-001-00020。

为人民服务思想的矛盾。同时师生不少思想问题是牵涉立场与观点的基本问题，这都需要运用马克思主义理论、观点进行说明和解决。政治学习运动以唯物史观教育为中心，从本质上抓住高校师生思想问题根本。唯物史观（社会发展史）、中国革命基本问题等课程内容之所以带有说服力，"是因为它们是从历史上说明问题的。知道世界从那里来到那里去，中国革命从那里来到那里去，自己要走什么路子，就得到较明确的暗示"①。通过理论教育，从理论上分析具体问题，充分发挥理论的作用，推动高校师生的思想转变。

第二，重视实效。马克思主义唯物史观的理论讲授是政治学习的基础。新中国成立初期，由于师资匮乏、时间紧迫和内容丰富，必须根据"少而精"的原则，针对师生历史观领域的主要问题，学习重要的唯物史观基本观点，为改造高校师生思想提供"理论工具""理论武器"，以尽快弄清问题的实质。在掌握唯物史观基本观点的基础上，通过自习消化和深化理论内容；通过解答与讨论深入领会唯物史观理论；通过思想总结，拿学到的唯物史观观点方法对照自己的思想进行清算和总结；通过面向现实和联系实际的参观、实习和生产劳动等社会实践，来接受劳动观点、群众观点、阶级意识等新思想。政治学习通过"讲授—自学—问答—实践—反思"的学习机制，促使高校师生逐渐学习和掌握马克思主义立场、观点和方法，逐渐改造唯心史观和守旧习气。

第三，贯彻民主。高校政治学习过程，是高校师生改造思想的过程，也是马克思主义的思想观点对唯心观点、非阶级观点或超阶级观点的斗争和克服过程。为启发高校师生的思想，就要充分发挥党、政、校和师生员工等各方力量，发扬学校的教学民主和教学中的群众路线，把所有高校师生尽可能吸纳进革命的大熔炉中，形成积极热情的学习氛围，感染和推动高校师生勇于自我再认识，自觉地经过思想斗争，达到改造自己思想的目的。只有激发师生们的自觉性，才能使他们在重新认识自己的过程中，勇

---

① 萧云:《关于改造高级知识分子的经验——根据西北人民革命大学第一部第一期情况写》，《人民教育》1950年第3期。

于同自己过去不正确的思想观念划清界限。

（二）新中国成立初期高校政治理论课历史观教育的成效

第一，开始树立唯物史观的基本观点，逐步接受马克思主义的指导。

新中国成立前，许多高校师生对马克思主义持拒斥态度。毛泽东判断，约80%知识分子属于接受社会主义制度，但世界观还未彻底转变的人。经过新中国成立初期的政治理论课学习，高校师生的世界观与历史观发生了巨大的转变，现在已认识到马列主义是改造自己、建设祖国的一把钥匙，深刻体会到阶级立场和为人民服务的观点是改造社会的先决条件，通过随时准备深挖自己的思想，改造自己的资产阶级思想，真正树立无产阶级思想，"进一步接受马克思列宁主义理论，依靠党的领导，把有生之年，更有效地贡献给党的事业"[1]。许多人由用唯心主义的观点对待历史事物，改变为用唯物主义观点来处理实际问题，承认有阶级的社会的历史是阶级斗争的历史，劳动人民是历史的主人。总之，通过新中国高校政治理论课的历史观教育，师生开始树立唯物史观的基本观点，肃清封建的、买办的、法西斯主义的思想，初步掌握社会发展规律，思想上开始接受马克思主义的指导。

第二，开始正确认识新旧制度的转变，逐步确立对中国共产党领导的认同。

新中国成立初期，为巩固新政权，提高与增强高校师生对新政权的支持度和认同感，党和政府以唯物史观教育为切入口，展开了强大的政治攻势。通过社会发展史、新民主主义论（包括中国革命史）、政治经济学等内容的学习，通过对近代以来晚清政府、北洋政府和南京国民政府等旧政权的腐朽、暴虐、昏庸及专制的批判，对资本主义发展到腐朽、垂死的帝国主义阶段弊病的揭示，对帝国主义在中国的罪恶行径的控诉及对腐朽资产阶级思想和生活方式的描述，结合高校师生曾经的痛苦生活，使高校师生获得了1840年鸦片战争以来中国历史的全新解释，开始认识到"只有马

---

① 陈垣：《我对知识分子问题的意见》，《人民日报》1956年1月20日第3版。

克思主义才能救中国，只有共产党才能救中国"的真理，从历史观层面为新中国的成立提供了历史合法性说明。高校师生对中国共产党领导的新政权的接纳和认同不仅体现在思想认识上，而且表现在行动上，历史观教育消除了一部分人对共产党的恐惧与怀疑，逐渐转为信任与尊敬；党员与青年团员获得了群众的信赖；要求入团入党的人逐日增多，"天津六所高等学校讲师以上教师二百九十一人，申请入党的有一百零六人，占百分之三十六点四"①。不少受民主个人主义思想影响的著名教授如刘仙洲、陈垣、金岳霖、侯仁之、冯友兰等也纷纷要求入党。争取加入中国共产党的队伍，这是高校师生历史观转变的最好注脚，也是对中国共产党领导最好的认同。

第三，开始确立为人民服务的精神，积极投身新民主主义建设伟大事业。

新中国成立初期，"培养具有共产主义觉悟和一定马列主义理论知识的、掌握先进科学和生产知识的、体魄健全的高级工业建设人才和科学研究人才"②是高校的人才培养目标。目的是解决高校师生的政治立场和政治方向的问题。科学的历史观教育使学生的政治觉悟有很大提高，不少学生基本上已分清敌我，站稳人民立场。在强大的科学历史观教育推动下，劳动光荣成为高校师生的共识。科学的历史观教育使学生能认清社会发展规律，关心国家和社会的前途与命运，激发高校师生投身新中国建设的积极性。清华大学土木工程系主任张维说，作为新中国的一个知识分子，我感到无比的光荣和兴奋。党的教育和培养使我认识到自己工作的巨大意义，认识到自己工作同党的事业的完全一致。越是认识到了我国社会主义事业的美好前途，我在工作中就更加有信心有力量。因此，我愿意在这个伟大的、划时代的社会主义建设事业中拿出自己的一切力量，贡献给党，贡献给人民③。1950年7月19日，清华大学毕业生给毛主席写了题为《认

①《周恩来选集》(下卷)，人民出版社1980年版，第179—180页。

②广西大学校史编写组编：《广西大学校史》，广西大学学报编辑部1988年版，第194页。

③张维：《在新形势下看知识分子问题》，《人民日报》1956年1月18日第3版。

清知识分子的道路结合工农为人民立功》的信，信中说："经过形势的教育，经过政治课的教育以及共产党与青年团组织的教育，我们初步建立了为人民服务的人生观。四百〇八人中已有六十七位共产党员和二百二十三位共青团员。……敬爱的毛主席，在您的教导下，我们认清了知识分子与工农结合的道路，我们看见了祖国光辉的前途。我们兴奋地接受建设祖国的任务。"①科学的历史观教育，使人们生活有目标、有理想，没有精神空虚、思想苦闷，让高校师生对新民主主义中国的未来充满了希望，并愿意为之奋斗。

四、新中国成立初期高校政治理论课历史观教育的基本经验

新中国成立初期，高校通过政治理论课进行的历史观教育，对高校师生的世界观、人生观和历史观的转变起到了重要作用，在实施革命历史观教育的过程中，形成一系列的经验。

（一）加强党的领导作为保证历史观教育正确方向的关键

中国共产党以马克思主义为指导思想。新中国成立后，用无产阶级的世界观、历史观占领思想阵地，是实现无产阶级领导的题中应有之义。公开设置政治理论课是社会主义大学的根本标志，是在学校实现党的领导，贯彻党的精神，执行党的教育方针，进行系统革命政治教育的重要阵地。在党的领导下，高校从贯彻"革命的政治教育"②，到"废除政治上的反动课程，开设新民主主义的革命的政治课程"③，再到把寓历史观教育于其中的思想政治教育正式列为高等学校培养目标的重要组成部分。高校政治理论课的设置是党的领导在高校确立的标志之一，同时党的指导思

---

① 清华大学校史研究室编：《清华大学史料选编》第五卷（下册），清华大学出版社2005年版，第984—986页。

② 教育部社会科学司组编：《普通高校思想政治理论课文献选编（1949—2008）》，中国人民大学出版社2008年版，第1页。

③ 高等教育部办公厅：《高等教育文献法令汇编（1949年—1952年）》，1958年印行，第59页。

想——马克思主义也得以通过政治理论课向学生广泛传播。

党的组织领导机构设置是无产阶级领导和马克思主义指导的重要体现，也是高校政治理论课开设和规范的重要条件，是保证高校开展历史观教育的必要条件。新中国成立初期，为具体领导高校政治理论课的教学工作，在党的指导下，高校先后成立了"政治课教学委员会""政治理论课教学研究指导组""政治辅导处"。为了确保包括历史观教育在内的政治思想教育的正确方向，党中央规定各高校校长和副校长中有一人领导马列主义教研组的工作，要求指定各中央局、分局及有关的地方党委的宣传部部长或副部长经常领导各个地区培养政治理论师资和学校政治教育工作①。通过组织机构设置，在一定程度上克服了新中国成立初期高校党的领导、马克思主义理论基础和师资力量薄弱的问题，从而保证了高校政治理论课历史观教育的开展。

党根据形势和教学的需要，确定和完善高校政治理论课历史观教学的方针和重点，引领高校政治理论课历史观教育的正确方向。如，1951年9月教育部指示各地在"辩证唯物论与历史唯物论""新民主主义论""政治经济学"课程的讲授中，"应着重于讲授系统的马克思列宁主义、毛泽东思想，并应尽可能地联系中国的革命实际、建设实际和学生的思想实际，防止教条主义的偏向"②。1952年10月7日，教育部发出《关于全国高等学校马克思列宁主义、毛泽东思想课程的指示》强调，"在讲授'新民主主义论'前两周或三周应增加关于'新民主主义论教学目的'的学习，以端正学生的学习态度"③。新中国成立初期，党坚持马克思主义的指导，贯彻新民主主义教育方针和任务，结合高校政治理论课程教学的实际情况，提出历史观教育的方针和重点，为高校政治理论课程的开设和历史观

---

① 教育部社会科学司组编：《普通高校思想政治理论课文献选编（1949—2008）》，中国人民大学出版社2008年版，第11页。

② 教育部社会科学司组编：《普通高校思想政治理论课文献选编（1949—2008）》，中国人民大学出版社2008年版，第9页。

③ 教育部社会科学司组编：《普通高校思想政治理论课文献选编（1949—2008）》，中国人民大学出版社2008年版，第13页。

教育的顺利推进指明了正确的方向。

（二）构建高校政治理论课程体系作为开展历史观教育的基本保证

课程设置是教育方针和目的的表达，课程设置和教学内容的安排直接影响学生世界观和历史观的塑造。高校政治理论课程体系的建构是开展历史观教育的基本保证。新中国成立初期将"加强革命的政治课学习"作为高等教育课程改革的中心环节，高校政治理论课是高校传播马克思主义理论的基本途径。唯物史观是马克思主义科学体系的核心内容。唯物史观对于认识和研究人类历史的重要性，"同能量转化定律对于自然科学具有同样的意义"[①]。学习马克思主义必须学习唯物史观。唯物史观是新民主主义革命胜利和巩固新生人民政权的理论依据。"离开了唯物史观的学说，离开了对中国社会的阶级分析，我们在新民主主义革命阶段中的各项政策和对国内外时局的说明，就成了没有依据的东西。"[②]设置高校政治理论课，"对知识分子进行思想改造建立革命人生观，'历史唯物论'与'新民主主义论'的学习完全必要。而这两门课的衔接顺序也完全恰当：只有先建立了马列主义的基本观点，才能对马列主义普遍真理与中国革命具体实践相结合的毛泽东思想有深入的了解"[③]。唯物史观（社会发展史）、中国革命基本问题等课程内容之所以带有说服力，"是因为它们是从历史上说明问题的。知道世界从那里来到那里去，中国革命从那里来到那里去，自己要走什么路子，就得到较明确的暗示"[④]。

1949年10月11日，华北高教会公布的《各大学专科学校文法学院各

---

① 中共中央马克思恩格斯列宁斯大林著作编译局编译：《马克思恩格斯选集》（第一卷），人民出版社1995年版，第583页。

② 《进行唯物史观的教育是当前职工教育中的首要政治任务》，《人民日报》1949年5月1日第5版。

③ 胡建华：《现代中国大学制度的原点：50年代初期的大学改革》，南京师范大学出版社2001年版，第131—132页。

④ 萧云：《关于改造高级知识分子的经验——根据西北人民革命大学第一部第一期情况写》，《人民教育》1950年第3期。

系课程暂行规定》第一次建立了一个相对完整的高校政治理论课历史观教育体系。此后高校政治思想教育课的设置和变动，基本上是以华北高教会建立的课程体系为蓝本，涵盖有哲学性质课程、中国近现代历史性质课程、政治经济学性质课程，这也成为高校政治理论课历史观教育的基本体系。

（三）贯彻"少而精"原则作为解决历史观领域基本问题的重要原则

新中国成立初期高校政治理论课历史观教育的目的在于改造思想，培养革命观点、群众观点与劳动观点，确立革命的人生观，坚定与工农结合、为人民群众服务决心。新中国成立初期，在师资力量和系统教材都暂时匮乏的情况下，高校政治理论课贯彻"少而精"原则，以有限的时间，集中力量解决一些历史观领域最基本的立场、观点问题，是必要的。因为"在如此短促的时间内要改造成分与思想都极为复杂的旧知识分子，必须把一切教育力量集中起来，环绕改造思想的中心任务。而改造思想的基本关键，就在于确立革命的人生观"[1]。所以在教学内容上强调"不要分散力量，不要忙于去讲政策（政策教育最好放在工作部门中去讲），或平列许多政治课程，以免面面俱到、先后倒置、失去中心、多走弯路"[2]。以科学的历史观方法论为重点，进行思想改造，如劳动观点针对剥削观点、知识分子优越感等敌对思想；阶级观点针对超阶级思想、中间路线等敌对思想；等等[3]。事实证明，"用系统的历史唯物主义的理论，作为改造思想的武器，较有系统地建立几个马克思主义根本观念：劳动创造世界的思想，阶级斗争的思想，马克思主义国家学说等。掌握了这些基本观点就能批判青年学生们思想上存在的一些反历史唯物主义的小资产阶级的观点，

---

① 中共中央文献研究室、中央档案馆编：《建党以来重要文献选编（一九二一——一九四九）》（第二十六册），中央文献出版社2011年版，第619—620页。

② 中共中央文献研究室、中央档案馆编：《建党以来重要文献选编（一九二一——一九四九）》（第二十六册），中央文献出版社2011年版，第619—620页。

③ 舒文：《建国初期清华大学政治课研究》，《长春工业大学学报（社会科学版）》2008年第1期。

使许多不了解和想不通的问题迎刃而解，这种集中力量，少而求精的学习步骤，对改造大学生是有效果的"[1]。

（四）理论联系实际作为提升高校师生历史观改造的基本方法

理论联系实际是高校政治理论课教学的基本方法。唯物史观强调社会实践活动，特别是革命实践活动对人的思想教育和人的全面发展的重要作用。"人的思维是否具有客观的真理性，这并不是一个理论的问题，而是一个实践的问题。人应该在实践中证明自己思维的真理性，即自己思维的现实性和力量，亦即自己思维的此岸性。"[2]旧知识分子因为具有根深蒂固的唯心史观和守旧习气，而且深受封建阶级和资产阶级教育中那种理论与实际根本脱节的毒害。因此，对于旧知识分子的教育改造，不仅要从理论上给他们讲清道理，使他们心服口服，而更重要的应该是指导他们如何面向现实和联系实际[3]。

新中国成立初期高校政治理论课的历史观教育作为思想武器，解决高校师生思想领域的实际问题。在实施教育过程中，理论联系实际主要采取以下方式：一是联系理论本身实际。唯物史观本身是历史实践的综合，通过联系产生这一科学理论的历史实际去说明这一科学理论的内容，教育会显得更有说服力。二是联系当前革命实际。进行科学历史观教育的目的在于运用科学历史观方法论去指导和认识革命实际，只有联系当前革命实际，才能使学生理解科学历史观的真理性，并达到改造思想的目的。例如，为让高校师生全面了解新中国社会发展变化的客观事实，中共中央有计划地组织安排高校师生参加土地改革、镇压反革命、抗美援朝、"三反"

---

① 段忠桥主编：《建国以来普通高校马克思主义理论课和思想品德课课程设置及教学内容历史沿革资料汇编》(上编)，高等教育出版社2004年版，第64页。

② 中共中央马克思恩格斯列宁斯大林著作编译局编译：《马克思恩格斯选集》(第一卷)，人民出版社1972年版，第16页。

③《山东大学两年来思想政治教学工作总结(一九四九年七月——一九五一年九月)》，《文史哲》1952年第1期。

"五反"的斗争，参观工厂和农村，访问苏联，参加各种国际活动①，让师生在社会实践中了解中国共产党的政策，在现实感受的基础上加深对社会变革的认识，让高校师生在思想上起了巨大的变化，纷纷放弃唯心主义思想，接受唯物主义思想，让他们在实际斗争中受到教育和锻炼，实现感性认识与理论知识相印证。三是联系师生思想实际。通过针对师生有关无产阶级立场、中国共产党的领导地位、马克思主义指导地位等思想问题，学会运用科学历史观方法论加以分析和解决。总的来说，理论联系实际的方法对推动高校师生的思想转变，起到了广泛和直接的作用，是对高校师生进行历史观教育有效的方法之一。

（五）提高政治理论课教师素质是保证高校历史观教育的关键环节

教师是教育环节中重要的一环。"无论有什么样的规程和教学大纲，无论学校设有什么样的机构，不管有考虑得多么周密的方法，也不能代替教师在教育工作中的作用。"②新中国成立初期，高校政治理论课教师在培养新民主主义建设的高素质人才上起着关键作用。高校政治理论课教师在教育教学工作中发挥高度的政治性和思想性，在教育教学工作中贯彻教育为政治服务、科学为国家建设服务的方针，是马克思列宁主义的基本要求，是新中国成立后人民政权的基本要求。

高校政治理论课教师要保证高校历史观教育的正确实施，首先要提高政治理论课教师的思想素养，正如毛泽东所强调的，"因为他们是教育者，是当先生的，他们就有一个先受教育的任务。在这个社会制度大变动的时期，尤其要先受教育"③。"教育改革是长期的，是斗争的过程，相当复杂，不要走形式主义，自己骗自己。譬如高教会今天也可以命令一律教唯物论，但教的人还是唯心论者，这样唯物论的招牌，唯心论的内容，就是

---

①《周恩来选集》(下卷)，人民出版社1984年版，第162页。

②［苏联］康斯坦丁诺夫主编，邵鹤亭、叶文雄、赵冕等译：《世界教育史纲》(第一册)，人民教育出版社1954年版，第333页。

③中共中央文献研究室编：《毛泽东文集》(第七卷)，人民出版社1999年版，第270—271页。

自己骗自己。"①只有坚持对包括政治理论课教师在内的全体教职员工持续进行政治教育，提高教师总体认识，才能用真理的力量和人格的魅力满足学生求知和发展的需要，带动学生的转变和进步。其次为保证政治理论课历史观教育的科学性与政治性，解决政治理论课教师数量不足和质量不高的问题，必须提高政治理论课教师的理论与业务水平。党中央多方采取措施培养政治理论课师资，如中央和地方既委托中国人民大学开设马克思列宁主义研究班，1950年聘请来华的苏联马列主义专家讲授课程"马列主义基础"②。中央还抽调具有一定理论基础的干部到高等学校任课或兼职，指示高校从学校党员教师中挑选具有一定马列主义理论知识的人去担任政治理论辅导，从高校助教和优秀党团员学生中选拔和培养政治助教等，这些举措对提升新中国政治师资起到了重要作用。最后是根据党和政府的指导成立教研室，通过教研室的教师互助，高校政治理论课教师改进教育内容和方法，教研组的学习提高了水平，减少了指导原则上犯错误的程度，也培养锻炼了基层干部。政治理论课教师水平和素养的提升，为保证新中国成立初期高校政治理论课的顺利实施，为保证政治理论课历史观教育的正确政治方向，为新中国成立初期高校师生思想转变提供了前提。

结　语

新中国成立初期高校政治理论课历史观的基本目标和首要任务，是解决学生的基本立场问题即政治方向问题。新中国成立后，在党的领导和马克思主义的指导下，高校开始对课程进行改造，废除"党义"等国民党旧大学课程，开设了"辩证唯物论与历史唯物论""新民主主义论""政治经济学"等政治理论课，初步建构了高校政治理论课历史观教育体系：通过"辩证唯物论与历史唯物论"，进行唯物史观基本原理、观点教育，为正确认识历史提供理论框架和认知标准；通过"新民主主义论"，了解唯物史

① 钱俊瑞：《高教政策报告摘要》，北京市档案馆，档案号：100-003-00003。

② 何醒编：《北大哲学系1952年》，商务印书馆2012年版，第213—214页。

观指导下的中国近代历史与中国革命的进程与规律，站稳人民立场，坚持党的领导；通过"政治经济学"，从生产关系角度出发学习经济社会的发展规律。这一高校政治理论课历史观教育体系在此后的70多年中，尽管政治风云变幻，政治理论课的名称及部分内容也几经变革，但历史观教育体系始终存在，甚至初设时所开创的教学方法、模式，也都没有发生多少实质性的变化。通过高校政治理论课历史观教育，并结合政治运动和思想改造，高校师生的历史观出现根本转变，"劳动创造人""劳动创造世界""劳动光荣""剥削可耻""资本主义必亡，社会主义必胜"等观念开始深入人心，为新中国高校师生树立科学的世界观、历史观和革命的人生观打下了初步的也是牢靠的基础。

第三章　1953—1956年高校政治理论课的历史观教育及其经验

1953—1956年是中国由新民主主义社会向社会主义社会过渡的时期。在一个人口众多、地域辽阔、成分复杂的新民主主义社会，要顺利完成向社会主义社会的过渡，需要正确认识和把握人类社会发展规律、中国革命发展规律等问题。研究社会主义过渡时期高校如何通过政治理论课程体系的调整和完善，进行科学的历史观教育，从而使学生在唯物史观指导下正确认识中国历史的变化，顺应社会发展潮流，激励学生为中国共产党过渡时期的总路线、总任务服务，这不仅具有理论意义，也具有现实意义。

一、社会主义过渡时期高校政治理论课推进历史观教育的必然性

随着民主革命遗留任务的完成和国民经济的恢复，国内阶级关系、主要矛盾和社会经济成分也发生了变化，中国共产党开始考虑提前向社会主义过渡的问题。形势的变化必然推动高校政治理论课历史观教育的转变。

（一）社会主义过渡时期的总任务对历史观教育提出的新要求

向社会主义过渡是中国共产党既定的目标。1945年3月七届二中全会为新中国描绘的蓝图中，中国共产党就确定了"解决建立独立的完整的工

业体系问题"，实现从落后的农业国向先进的工业国转变的总任务和"由新民主主义社会发展到将来的社会主义社会"发展路径。新中国成立后，党领导全国人民经过三年的努力，实现了民主革命遗留任务基本完成和国民经济基本恢复，国家进入有计划的建设时期。1953年中国共产党提出"逐步实现国家的社会主义工业化，并逐步实现国家对农业、对手工业和对资本主义工商业的社会主义改造"①的总路线。过渡时期总路线提出要发展社会主义的生产力，消灭剥削制度和剥削阶级，确立社会主义公有制在生产关系领域的主体地位，这是中国历史上社会制度的伟大变革。社会制度的空前变革也将带来社会思想的深刻变革，社会的空前变革同时也将带来社会思想的深刻变革。就如同列宁所说的"旧社会灭亡的时候，它的死尸是不能装进棺材、埋入坟墓的。它在我们中间腐烂发臭并且毒害我们"，逐步实现社会主义工业化，逐步确立马克思主义在意识形态领域的指导地位，需要长期的努力。社会主义工业化和社会主义改造过程中遇到的复杂问题也需要理论的指导。所以"为完成社会主义改造，为在新中国建设社会主义，党中央认为需要在全国进行社会主义思想教育，使社会主义思想在全国居于主导地位，在群众中占优势，借以动员全国人民积极参加社会主义革命和社会主义建设的伟大事业，发挥他们为这一事业的胜利而艰苦奋斗的积极性和创造性"②。

社会主义建设和社会主义改造需要大量的技术干部。"仅建设工程和交通运输两项就需要39.5万人，而高等学校和中等技术学校的毕业生只有28.6万人，人才严重不足"③。为实现国家工业化这一全国人民最根本最长远的利益，必须团结青年，为国家工业化的伟大历史任务贡献自己最大的力量。必须用党的思想武装青年，"在实践斗争中经常地教育青年认识社会发展的规律、国家前进的道路，善于把自己的工作与伟大的祖国事业

---

① 中共中央文献研究室编：《毛泽东文集》(第六卷)，人民出版社1999年版，第316页。

② 黄连元：《过渡时期大学生思想政治教育的理论与实践》，《安庆师范学院学报(社会科学版)》2013年第2期。

③ 何沁主编：《中华人民共和国史》(第2版)，高等教育出版社1999年版，第97页。

联系起来，并在实践斗争中培养青年新的道德品质"[1]。

（二）社会主义过渡时期的总任务对高等教育教学提出的新要求

中国共产党依据列宁的过渡时期学说提出了过渡时期总路线。苏联作为世界上第一个社会主义国家，其建设社会主义的经验对中国具有直接借鉴意义。毛泽东指出，党领导人民进行伟大的五年计划建设，工作很艰苦，经验又不够，因此要学习苏联的先进经验，学习苏联的所有长处，包括马克思列宁主义的理论[2]。过渡时期总路线确定后，高等教育的方针任务必须服务国家总路线总任务，高校政治理论课教学需要跟上形势发展，"以苏为师"，调整内容和方法。1953年1月22日，《人民日报》社论《高等学校的教学改革应当稳步前进》指出，高等学校的任务是为国家大规模经济建设培养足够数量且合乎标准的高级科学技术人才，因此必须根据当前实际需要，改革旧的教学制度、内容和方法。社论强调教学改革的榜样就是苏联，因为苏联已经走过的道路正是我们要走的道路，因为苏联科学技术是世界上最先进的，我们的新工厂、新矿山都要按照苏联的技术标准来建设，我们所最需要的科学技术人才，必须真正掌握最先进的科学技术社论提出要在教学改革中充分地学习苏联经验，要以苏联的标准来建设我们的高校课程体系，培养社会主义需要的各类专门人才[3]。这一时期高校的课程不仅强调培养掌握专业技术的人才，还着重指出必须是服务于社会主义工业化建设和社会主义改造，具有社会主义思想的专门人才。为此，中央文化教育委员会和教育部指示，各地特别是要加强高等学校中的政治思想教育，向学生进行国家过渡时期总路线的教育和马克思列宁主义基础知识的教育，以便为国家培养出大批的忠实于社会主义事业而又有一定科学技术知识的专门人才。事实上，对高校学生进行过渡时期总路线的教育

①　陈大白主编：《北京高等教育文献资料选编（1949年—1976年）》，首都师范大学出版社2002年版，第129页。

②　中共中央文献研究室编：《毛泽东文集》（第六卷），人民出版社1999年版，第263—264页。

③　《高等学校的教学改革应当稳步前进》，《人民日报》1953年1月22日第1版。

和马克思主义基础知识的教育，本质就是在政治理论课中以马克思主义唯物史观为科学指导进行历史观教育，引导高校学生正确认识过渡时期总路线的提出是历史发展的必然，是社会主义制度在中国落地生根、逐步确立的过程，从而使高校学生在社会制度的变迁中理性认识和科学把握人类社会发展规律，树立科学的、辩证的唯物主义历史观，进一步坚定高校学生投身社会主义改造的决心。

（三）社会主义过渡时期高校历史观领域出现的新问题

新中国成立初期，党和政府采取各种措施确立马克思主义在意识形态的指导地位。除了在高校设置政治理论课进行马克思列宁主义教育外，还组织师生参加土地改革运动、镇压反革命运动和抗美援朝运动，改变高校师生的政治认识和精神面貌，无产阶级思想开始占据意识形态领域的主体地位。随着新民主主义向社会主义过渡，阶级斗争呈现新特点：一方面，"国内那些已经被打倒的阶级决不会甘心于自己的死亡，那些将被消灭的阶级也决不会没有反抗，他们中的坚决反革命分子必然要和外国帝国主义互相勾结起来，利用每一个机会来破坏我们党和人民的事业，企图使中国革命事业归于失败，使反动统治在中国复辟"[1]；另一方面，为了破坏中国的建设事业，国内外阶级敌人采用资产阶级的腐朽思想和生活方式等种种方法，直接地、间接地影响、腐蚀和毒害青年[2]。

同时，经过几年来一系列的爱国主义运动和社会改革，特别是思想改造，大学师生已有了不同程度的进步。"进步和转变，究竟还赶不上社会基础变革的要求，而且并不巩固，有的则由于自己的资产阶级立场基本上没有改变，所以依然跳不出唯心论和形而上学的圈子。甚至现在还有个别教员公然反对马克思列宁主义，反对学习苏联，虽然这是个别现象……在学生里面，出身资产阶级家庭的，还占相当比重，其中有些经过改造，已

---

[1] 《中国共产党七届中央委员会第四次全体会议的公报》，《人民日报》1954年2月18日第1版。

[2] 教育部社会科学司组编：《普通高校思想政治理论课文献选编（1949—2008）》，中国人民大学出版社2008年版，第20页。

有进步，同时也还存在着不少资产阶级思想和作风。"①

此外，部分高校师生认为经过三年的学习，思想改造已经完成，不再需要政治思想学习，在学习总路线时，暴露出对过渡时期阶级斗争的模糊认识，如认为"阶级斗争日趋缓和""主要矛盾是生产力落后"②等。高校对出现严重危害性的警惕性不够，"放松了政治思想教育工作，对学生所受资产阶级思想的影响和侵蚀未能经常进行严肃的教育和批判，对学生不问政治倾向未能及时予以教育改正，对极少数学生的道德败坏行为和反革命破坏活动缺乏有效的防止和严肃的处理，再加上对学生政治理论教育缺乏足够的重视和有力的领导，从而削弱了学生对资产阶级腐朽思想的抵抗能力"③。

总之，进入社会主义过渡时期，为服务于社会主义过渡时期总路线和总任务，提高学生的社会主义觉悟，高校政治理论课的历史观教育主要任务是帮助青年学生学习和掌握科学的历史观方法论，结合中国和苏联的革命历程和内在规律的学习，认识社会发展的规律、国家前进的道路，认识社会主义过渡的历史必然，坚持在党的领导下，与资产阶级腐朽思想作坚决斗争，积极为党的过渡时期总路线、总任务服务。

二、社会主义过渡时期高校政治理论课程历史观教育的主要内容

为更好地服务于社会主义工业化建设和社会主义改造事业，加强社会主义过渡时期总路线宣传，批判唯心主义观点和资产阶级腐朽思想，高校政治理论课进行适时调整和改革。根据1952年的《教育部关于全国高等学

---

① 王肇新：《国家总路线和大学教育》，《文史哲》1954年第2期。

② 陈大白主编：《北京高等教育文献资料选编（1949年—1976年）》，首都师范大学出版社2002年版，第183页。

③ 教育部社会科学司组编：《普通高校思想政治理论课文献选编（1949—2008）》，中国人民大学出版社2008年版，第20页。

校马克思列宁主义、毛泽东思想课程的指示》①、1953年的《中央人民政府高等教育部关于确定马列主义基础自1953年度起为各类型高等学校及专修科（二年以上）二年级必修课程的通知》②和《中央人民政府高等教育部关于改"新民主主义论"为"中国革命史"及"中国革命史"的教学目的和重点的通知》③、1954年的《中央人民政府高等教育部关于工、农、医二年制专修科二年级开设政治理论课程的通知》④等一系列的通知要求，到1955年4月，全国大多数高校逐步开设了"中国革命史""马列主义基础""政治经济学"等三门课，综合大学及政法、财经、师范等院校增设"辩证唯物主义与历史唯物主义"，专修科学校设"社会主义经济建设"。由于全国性教科书没有编成，高教部于1955年、1956年陆续出台"中国革命史""辩证唯物主义与历史唯物主义""政治经济学""马克思列宁主

---

① 教育部社会科学司组编：《普通高校思想政治理论课文献选编（1949—2008）》，中国人民大学出版社2008年版，第13—14页。

② 教育部社会科学司组编：《普通高校思想政治理论课文献选编（1949—2008）》，中国人民大学出版社2008年版，第15页。

③ 教育部社会科学司组编：《普通高校思想政治理论课文献选编（1949—2008）》，中国人民大学出版社2008年版，第16—17页。

④ 教育部社会科学司组编：《普通高校思想政治理论课文献选编（1949—2008）》，中国人民大学出版社2008年版，第18页。

义基础"等课程教学大纲①。这都成为高校政治理论课围绕社会主义过渡时期总路线，进行历史观教育的基本依据。

（一）完善"辩证唯物主义与历史唯物主义""政治经济学"课历史观教育的内容

社会主义过渡时期的"辩证唯物主义与历史唯物主义"和"政治经济学"的历史观教育，既坚持了新中国成立初期"辩证唯物论与历史唯物论"和"政治经济学"历史观教育的基本经验，又结合形势的发展和现实的需要进行了规范和完善（见表1、表2）。

---

① 课程内容和方法主要以1955年和1956年的教学大纲为依据。社会主义过渡时期，高校政治理论课程教科书没有出版。"中国革命史""辩证唯物主义与历史唯物主义""政治经济学""马克思列宁主义基础"的课程教学大纲于1955年、1956年陆续出台。教学大纲都强调是"根据高等教育部指示的精神编写的"，"中国现代革命史教学大纲"（初稿）前言说明"特委托北京师范大学中国革命史教研室负责起草，北京大学、清华大学、北京农业大学、北京政法学院、北京钢铁学院、北京俄语学院等六校的中国革命史教研室（组）讨论研究，中国人民大学教授何干之同志校订"[段忠桥主编：《建国以来普通高校马克思主义理论课和思想品德课课程设置及教学内容历史沿革资料汇编》（上编），高等教育出版社2004年版，第79页]，"政治经济学教学大纲"（初稿）前言提及"中国人民大学的宋涛、胡钧、陈秋梅同志，四川大学的周春同志，中山大学的张志铮"等各校政治经济学教研室的同志主要参加编写，同时"北京市各兄弟政治经济学教研组的一些同志们在讨论中提出了许多宝贵的意见"[段忠桥主编：《建国以来普通高校马克思主义理论课和思想品德课课程设置及教学内容历史沿革资料汇编》（上编），高等教育出版社2004年版，第110页]。教学大纲通常是在党和国家有关领导部门的指导下组织专家们编写，经过党和国家有关领导部门的审查和批准后正式颁布的。高校政治理论课程教学大纲既体现马克思主义理论的最新成果，也结合党的中心任务和相关学科发展，并由全国高校相关课程教师的实践和经验整合而成。所以教学大纲既反映了相关学科最高和最新的成就，也反映了党和国家对高等学校人才培养的要求，同时也是当时高校政治理论课教学的主要依据。

表1 "历史唯物论和社会发展史"教学纲目（1950年）
和"历史唯物主义"教学大纲（1956年）①

教学大纲	目录	
"历史唯物论和社会发展史"教学纲目（1950年）	（一）从猿到人——劳动创造人、劳动创造世界	（四）国家与政治
	（二）五种生产方式——阶级斗争	（五）社会的思想意识
	（三）社会主义革命和新民主主义革命	—
"历史唯物主义"教学大纲（1956年）	第十二题 历史唯物主义是一门科学	第十七题 阶级与阶级斗争
	第十三题 社会物质生活条件	第十八题 国家与革命。无产阶级专政及其形式
	第十四题 生产力与生产关系发展的规律性	第十九题 社会意识及其形态
	第十五题 基础与上层建筑	第二十题 辩证唯物主义与历史唯物主义是共产主义的理论基础
	第十六题 人民群众是社会发展的决定力量。个人在历史上的作用	—

表2 "政治经济学"讲授提纲（1950年）和"政治经济学"教学大纲（1956年）②

教学大纲	目录	
"政治经济学"讲授提纲（1950年）	第一讲 导论	第八讲 市场问题与经济危机
	第二讲 前资本主义诸社会经济阶段	第九讲 资本主义独占阶段——帝国主义
	第三讲 商品生产及价值与价格的关系	第十讲 由资本主义经济到社会主义经济

① 段忠桥主编:《建国以来普通高校马克思主义理论课和思想品德课课程设置及教学内容历史沿革资料汇编》(上编),高等教育出版社2004年版,第54—55页、第143—155页。

② 段忠桥主编:《建国以来普通高校马克思主义理论课和思想品德课课程设置及教学内容历史沿革资料汇编》(上编),高等教育出版社2004年版,第65—78页、第110—133页。

教学大纲	目录		
"政治经济学"讲授提纲（1950年）	第四讲　资本与剩余价值		第十一讲　苏联社会主义经济的成长过程
	第五讲　工资与资本积蓄		第十二讲　社会主义经济的特点优越性及其经济法则的特质
	第六讲　剩余价值在资本家间的瓜分		第十三讲　在社会主义壮大和帝国主义崩解过程中出现的新民主主义经济
	第七讲　资本主义农业与地租		—
"政治经济学"教学大纲（1956年）	第一题　政治经济学的对象		
	第一篇　资本主义前的生产方式		第二题　原始公社的生产方式
			第三题　奴隶占有制的生产方式
			第四题　封建主义生产方式
	第二篇　资本主义的生产方式	（甲）垄断前的资本主义	第五题　商品生产。商品和货币
			第六题　资本和剩余价值。资本主义的基本经济规律
			第七题　工资
			第八题　资本积累和无产阶级贫困化
			第九题　资本的循环和周转
			第十题　平均利润和生产价格
			第十一题　商业资本和商业利润
			第十二题　借贷资本和信用
			第十三题　地租。资本主义制度下的土地关系
			第十四题　社会资本的再生产和经济危机

教学大纲	目录		
"政治经济学"教学大纲(1956年)	第二篇　资本主义的生产方式	(乙)垄断资本主义——帝国主义	第十五题　帝国主义是资本主义的最高阶段
			第十六题　帝国主义的历史地位
			第十七题　资本主义总危机
	第三篇　社会主义的生产方式	(甲)从资本主义到社会主义的过渡时期	第十八题　从资本主义到社会主义的过渡时期
		(乙)社会主义的国民经济体系	第十九题　生产资料公有制社会主义生产关系的基础
			第二十题　社会主义的基本经济规律
			第二十一题　国民经济有计划发展的规律
			第二十二题　社会主义制度下的商品生产、价值规律和货币
			第二十三题　按劳分配的经济规律。社会主义制度下的工资
			第二十四题　经济核算和赢利。成本和价格
			第二十五题　社会主义的农业体系
			第二十六题　社会主义制度下的商业
			第二十五题　社会主义的农业体系
			第二十六题　社会主义制度下的商业
			第二十七题　社会主义制度下的信用

续　表

教学大纲	目录		
"政治经济学"教学大纲（1956年）	第三篇　社会主义的生产方式	（乙）社会主义的国民经济体系	第二十八题　社会主义再生产
			第二十九题　从社会主义逐步过渡到共产主义
			第三十题　社会主义世界经济体系的形成和发展

一是遵从唯物史观的理论逻辑安排课程内容顺序。新中国成立初期，高校历史观教育主要是为解决高校师生站稳政治立场的问题，所以需要首先普及唯物史观基本理论、观点，使师生掌握科学的历史观方法论，因而1950年"辩证唯物主义与历史唯物主义"教学纲目内容安排和学习程序是先由"历史唯物论开始"①，重点学习唯物史观五个基本观点。1953年国家进入到社会主义工业建设和改造时期，形势和实践要求培养全面的、合格的社会主义建设者和接班人，要求对马克思列宁主义进行全面系统的学习。高校政治理论课历史观教育开始遵循理论本身的逻辑，规范内容和安排学习。如1956年"辩证唯物主义与历史唯物主义"教学大纲（初稿）按照马克思主义的科学逻辑将历史唯物主义的内容和学习设置在辩证唯物主义之后，以体现"历史唯物主义是辩证唯物主义推广于社会生活领域"②。1956年"政治经济学"教学大纲（初稿）按照历史发展的进程，分别对资本主义前、资本主义（垄断前的资本主义和垄断资本主义——帝国主义）及社会主义等三个阶段阐明人类社会不同发展阶段支配物质资料的生产和分配的规律③。

二是充实和完善唯物史观的内容。1956年"辩证唯物主义与历史唯物

① 段忠桥主编：《建国以来普通高校马克思主义理论课和思想品德课课程设置及教学内容历史沿革资料汇编》（上编），高等教育出版社2004年版，第54页。

② 段忠桥主编：《建国以来普通高校马克思主义理论课和思想品德课课程设置及教学内容历史沿革资料汇编》（上编），高等教育出版社2004年版，第134页

③ 段忠桥主编：《建国以来普通高校马克思主义理论课和思想品德课课程设置及教学内容历史沿革资料汇编》（上编），高等教育出版社2004年版，第110—133页。

主义"教学大纲（初稿）共二十题，1956年"政治经济学"教学大纲（初稿）共三十题，内容较之1950年提纲有大幅的增加。在具体问题上，内容得到进一步充实和丰富。如1950年"历史唯物论与社会发展史"教学纲目的内容"（一）从猿到人——劳动创造人、劳动创造世界"，细化为1956年"辩证唯物主义与历史唯物主义"教学大纲（初稿）中的第十三至十六题，包括社会物质生活条件，生产力与生产关系发展的规律性，基础与上层建筑，人民群众是社会发展的决定力量，个人在历史上的作用等。1956年"政治经济学"教学大纲（初稿）编撰不但考虑到当下所处时代还存在帝国主义，对资本主义的生产方式的说明较之资本主义前的生产方式更为详细，而且用将近一半的篇幅叙述社会主义生产方式的生产和分配的规律，"比以前来得完整，有系统，更正确地反映社会主义经济现实生活所构成的有机的联系"[1]，充分显示马克思列宁主义政治经济学的基础是运用辩证唯物主义和历史唯物主义的基本原理来研究社会的经济制度。引导正确了解社会经济形态更替的规律性，认识资本主义生产方式正是以往社会发展的必然结果，最后一定会从资本主义发展到更高级的社会——社会主义社会[2]。

三是结合过渡时期总路线教育丰富教学内容。如1956年"辩证唯物主义与历史唯物主义"教学大纲（初稿）虽然是翻译自苏联高等教育部社会科学教学司编、C.T.卡尔塔赫羌主编的"辩证唯物主义与历史唯物主义教学大纲"，但在原有基础上，增加了与过渡时期总路线相关的内容，如在第十四、十五、十七、十八题中在阐述生产力与生产关系发展的规律性，基础与上层建筑，阶级与阶级斗争，国家与革命、无产阶级专政及其形式等问题时，就结合了苏联由资本主义向社会主义、社会主义向共产主义的过渡时期进行说明。1956年"政治经济学"教学大纲（初稿）则是通过学习马克思主义的政治经济学，领会马列主义经济理论，熟悉苏联社会主义建设的理论与实践，熟悉兄弟国家的先进经验，结合中国的具体特点，为

---

[1] 陈可焜:《马克思列宁主义政治经济学教科书》,《厦门大学学报(社会科学版)》1955年第2期。

[2] 陈可焜:《马克思列宁主义政治经济学教科书》,《厦门大学学报(社会科学版)》1955年第2期。

进行社会主义工业化和社会主义改造服务①。

"辩证唯物主义与历史唯物主义"和"政治经济学"两门课程从哲学和政治经济学角度在内容逻辑、具体问题展开、结合中心任务等方面上进一步展现了唯物史观基本理论、观点和立场，为历史观教育提供了更为全面的理论框架和认知标准。

（二）加强"中国革命史"和"马克思列宁主义基础"课程历史观教育的内容

1.通过"中国革命史"深化中国革命史观教育

"新民主主义论"是1952年全国马克思列宁主义、毛泽东思想课程体系中，唯一一门要求全国各类型高校都要设置的课程。为提高学生的思想认识、端正学习态度，教育部要求在课程讲授前两周或三周增加"新民主主义论教学目的"的学习②。1953年为解决与高三"共同纲领"以及高校"政治经济学"在政策、经济等方面的课程内容重复问题，"新民主主义论"改为"中国革命史"。

鉴于中国革命史教育是科学历史观在实践角度反映中国革命实践创新的成果。通过"中国革命史"的学习，能"使学生认识中国政治的发展规律，了解中国革命的基本问题，和中国共产党的总路线总政策，领会中国共产党和毛主席的光荣、伟大、正确。借以加强爱国主义与国际主义教育，从而提高思想与政治水平，树立和巩固革命的人生观，为自觉地积极地参加祖国建设做好思想准备"③。所以必须"通过五四以来的基本史实，结合列宁、斯大林有关中国革命问题的主要著作，特别是毛泽东主席各个时期的重要著作，阐明马克思列宁主义在中国的新的胜利，系统地讲授毛

---

① 陈可焜：《马克思列宁主义政治经济学教科书》，《厦门大学学报（社会科学版）》1955年第2期。

② 段忠桥主编：《建国以来普通高校马克思主义理论课和思想品德课课程设置及教学内容历史沿革资料汇编》（上编），高等教育出版社2004年版，第6页。

③ 段忠桥主编：《建国以来普通高校马克思主义理论课和思想品德课课程设置及教学内容历史沿革资料汇编》（上编），高等教育出版社2004年版，第9页。

泽东思想的基础知识"①，这是"中国革命史"教学的基本要求。1953年6月17日中央人民政府高教部规定"中国革命史"的教学目的和重点包括一是通过反帝反封建教育，"加强学生的反帝爱国主义思想"②；二是通过国家共产主义运动教育，"引导学生将爱国主义思想和国际主义思想结合起来"③；三是通过革命英雄事迹教育，"培养学生的工人阶级感情和革命作风……自觉地发扬中国共产党的光荣革命传统"④；四是"说明中国工人阶级的壮大、中国共产党的产生和成长以及中国工人阶级的领导（通过共产党）对中国革命的决定作用"⑤；五是"说明革命统一战线问题是中国革命成败的关键问题"⑥；六是"说明中国革命的发展规律"；七是"说明人民民主制度的优越性"⑦；八是说明"新民主主义社会的过渡性，其前途必然是社会主义和共产主义"⑧。1955年出台"中国现代革命史"教学大纲（初稿）共计十六章，其中前十五章概述了从五四运动和中国共产主义运动的兴起，到中国共产党领导人民为巩固人民民主专政和恢复国民经济而斗争的历程。"中国现代革命史"教学大纲（初稿）给第十六章预留了6个学时的课堂讲授时数，并建议"暂由各校自编大纲经学校领导批

① 段忠桥主编:《建国以来普通高校马克思主义理论课和思想品德课课程设置及教学内容历史沿革资料汇编》(上编),高等教育出版社2004年版,第9页。

② 段忠桥主编:《建国以来普通高校马克思主义理论课和思想品德课课程设置及教学内容历史沿革资料汇编》(上编),高等教育出版社2004年版,第9页。

③ 段忠桥主编:《建国以来普通高校马克思主义理论课和思想品德课课程设置及教学内容历史沿革资料汇编》(上编),高等教育出版社2004年版,第9页。

④ 段忠桥主编:《建国以来普通高校马克思主义理论课和思想品德课课程设置及教学内容历史沿革资料汇编》(上编),高等教育出版社2004年版,第9—10页。

⑤ 段忠桥主编:《建国以来普通高校马克思主义理论课和思想品德课课程设置及教学内容历史沿革资料汇编》(上编),高等教育出版社2004年版,第10页。

⑥ 段忠桥主编:《建国以来普通高校马克思主义理论课和思想品德课课程设置及教学内容历史沿革资料汇编》(上编),高等教育出版社2004年版,第10页。

⑦ 段忠桥主编:《建国以来普通高校马克思主义理论课和思想品德课课程设置及教学内容历史沿革资料汇编》(上编),高等教育出版社2004年版,第10页。

⑧ 段忠桥主编:《建国以来普通高校马克思主义理论课和思想品德课课程设置及教学内容历史沿革资料汇编》(上编),高等教育出版社2004年版,第10页。

准后进行讲授"①。事实上从内容逻辑上看,第十六章应该是结合正在进行的社会主义改造进行革命前途教育(见表3)。

表3 "中国现代革命史"教学大纲(初稿)(1955年)②

目录	目录
第一章 五四运动和中国共产主义运动的兴起	第九章 全国抗日战争的发动。中国共产党坚持抗日统一战线中独立自主原则和在敌后建立抗日根据地
第二章 中国共产党的成立和中国工人运动的发展	第十章 抗日战争最困难时期。中国共产党为巩固人民解放区而斗争
第三章 革命统一战线的形成和革命运动的高涨	第十一章 解放区发动局部反攻。中国共产党第七次全国代表大会和为争取抗日战争的最后胜利而斗争
第四章 北伐战争的胜利发展	第十二章 中国共产党领导人民为争取国内和平民主而斗争
第五章 第一次国内革命战争的紧急阶段	第十三章 第三次国内革命战争战略防御阶段
第六章 中国革命的低潮。中国共产党建立红色政权而斗争	第十四章 第三次国内革命战争战略进攻阶段,中国人民革命的胜利
第七章 中国共产党领导人民为反对日本帝国主义侵略和继续粉碎国民党反动派对红色区域的围攻而斗争	第十五章 中国共产党领导人民为巩固人民民主专政和恢复国民经济而斗争
第八章 全国抗日民主运动的新高涨和中国共产党为建立抗日民族统一战线而斗争	—

"中国现代革命史"实际上就是新民主主义革命的历史,突出的历史结论:第一是突出中国共产党在中国新民主主义革命中的领导作用,强调

---

① 段忠桥主编:《建国以来普通高校马克思主义理论课和思想品德课课程设置及教学内容历史沿革资料汇编》(上编),高等教育出版社2004年版,第79页。

② 段忠桥主编:《建国以来普通高校马克思主义理论课和思想品德课课程设置及教学内容历史沿革资料汇编》(上编),高等教育出版社2004年版,第79—108页。

"没有共产党就没有新中国"。第二是宣传马列主义，特别是毛泽东思想对于中国革命的指导作用。每一章都有列宁、斯大林、毛泽东等相关理论文章作为阅读文件，以保证掌握有关中国革命基本内容和理论问题的精神实质。第三是总结中国革命的经验教训，指导社会主义革命和建设。总的来说，通过"中国革命史"的学习，学习马克思列宁主义和中国革命实践的结合，学习马克思列宁主义在中国的具体运用，学习中国革命胜利的丰富斗争经验，学习中国革命的经验教训，学习中国近代社会发展和政治斗争的规律和知识。即在历史学习中，掌握科学的历史观方法论分析和解决中国革命问题的能力。

2.通过"马克思列宁主义基础"课程强化国际共产主义运动理论与经验的学习

"马克思列宁主义基础"是中央高教部要求自1953年度起各类型高校及专修科（二年以上）二年级新增的必修课程[1]。1956年"马克思列宁主义基础"课程教学大纲（初稿）如表4所示。

"马克思列宁主义基础"的历史观教育突出体现在：第一是通过苏共党史来进行科学社会主义教育。1956年"马克思列宁主义基础"课程教学大纲（初稿）所设置十四章内容实际上就是联共（布）党的历史，课程学习的基本参考书是"联共（布）党史简明教程"。联共（布）党史，事实上就是"通过辩证唯物主义与历史唯物主义的观点，通过马克思主义者革命斗争以及反对机会主义者的斗争历史来阐明马克思主义关于党的学说、关于无产阶级革命与无产阶级专政、关于社会主义建设学说、关于无产阶级国际主义等等基本理论和经验"[2]，进行科学社会主义教育。第二，"马克思列宁主义基础"课程的具体任务是"学习国际共产主义运动的理论和经验，密切联系中国实际，提高学生的思想觉悟水平，培养他们分析批判

---

① 段忠桥主编：《建国以来普通高校马克思主义理论课和思想品德课课程设置及教学内容历史沿革资料汇编》（上编），高等教育出版社2004年版，第8页。

② 马克思列宁主义教研室：《马克思列宁主义教研室工作总结》，《教学与研究》1957年第4期。

问题的能力"①。因此，学习"马克思列宁主义基础"就必须领会其精神实质并用以改造客观世界和主观世界。"结合现代的革命与建设实践创造性地研究并运用马克思列宁主义的基本原理，结合我国的具体历史条件并创造性地运用国际工人运动的经验，特别是苏联共产党的历史经验是领会马克思主义精神实质的基本途径。"②在学习国际共产主义运动的理论与经验时，就可以密切联系中国实际，联系到中国过渡时期的问题，结合中国共产党在过渡时期的总路线③，从而提高学生的思想觉悟水平，培养他们分析批判问题的能力。

表4 "马克思列宁主义基础"课程教学大纲（初稿）（1956年）④

目录	目录
第一章 为在俄国建立社会民主工人政党而斗争（一八八三至一九○一年时期）	第八章 共产党在外国武装干涉和国内战争时期（一九一八至一九二○年时期）
第二章 俄国社会民主工人党的形成。党内布尔什维克派组织与孟什维克派组织的出现（一九○一至一九○四年时期）	第九章 共产党在过渡到恢复国民经济的和平工作时期（一九二一至一九二五年时期）
第三章 孟什维克与布尔什维克在日俄战争和第一次俄国革命时期（一九○四至一九○七年时期）	第十章 共产党为实现社会主义的国家工业化而斗争（一九二六至一九二九年时期）
第四章 孟什维克与布尔什维克在斯托雷平反动时期。布尔什维克正确形成为独立的马克思主义政党（一九○八至一九一二年时期）	第十一章 共产党为实现农业集体化而斗争（一九三○至一九三四年时期）

① 马克思列宁主义教研室：《马克思列宁主义教研室工作总结》，《教学与研究》1957年第4期。

② 中国人民大学马克思列宁主义教研室：《"马克思列宁主义基础"教学大纲（草案）》，《教学与研究》1956年第Z1期。

③ 李定坤：《在讲授"马克思列宁主义基础"课程中如何贯彻党在过渡时期总路线的教育》，《华中师范学院学报》1955年第3期。

④ 段忠桥主编：《建国以来普通高校马克思主义理论课和思想品德课程设置及教学内容历史沿革资料汇编》（上编），高等教育出版社2004年版，第156—196页。

目录	目录
第五章　布尔什维克党在第一次帝国主义大战前工人运动高涨年代（一九一二至一九一四年时期）	第十二章　共产党在战前年代中为完成社会主义社会建设并为从社会主义逐渐过渡到共产主义而斗争（一九三五至一九四一年六月时期）
第六章　布尔什维克党在帝国主义大战时期。俄国第二次革命（一九一四至一九一七年三月时期）	第十三章　共产党在苏联伟大卫国战争时期（一九四一年六月至一九四五年时期）
第七章　布尔什维克党在准备和实现十月社会主义革命的时期（一九一七年四月至一九一八年）	第十四章　苏联共产党在战后时期为完成社会主义社会的建设并为从社会主义逐渐过渡到共产主义而斗争

三、社会主义过渡时期高校政治理论课程历史观教育的主要形式

社会主义过渡时期高校政治理论课历史观教育的主要形式，既有对新中国成立初期成功教学经验的继承，也有在新形势下对苏联经验的借鉴。

（一）通过课堂讲授进行系统的历史观教育

社会主义过渡时期的高校政治理论课强调系统地讲授理论。新中国成立初期高校政治理论课进行历史观教育的过程中，由于新旧社会转变需要进行理论阐释和培养时代新人，历史观教育遵循"少而精"的原则，主要是通过向高校师生灌输国家、劳动和群众等几个观点。但经过民主革命遗留任务完成的三年学习和教育，广大人民群众已逐步具备唯物史观的基本认知，高等教育也开始步入正轨。在此基础上，唯物史观理论的系统讲授有利于深化对历史理论和理论历史的认识。如1953年教育部将"新民主主义论"改为"中国革命史"的通知中特别强调在讲授过程中，"必须着重

正面的系统理论的讲授"①。高校政治理论课越发强调理论讲授重要性的原因在于：首先，是基于理论本身的逻辑，即科学理论本身的固有体系有其系统性与连贯性，"如果割裂开来，不但常常变成不好了解的东西，而且也极易产生某种程度的片面性"；其次，是基于学生的现实状况，中国人民大学曾经分析过去本校学生以一定实际工作经验的干部居多，但理论知识较少或理论知识残缺不全，"认真的系统的读过若干本书的，还是少数。在高中毕业生中，情况就更严重，系统的理论对他们来说还是新的东西"；最后，坚持完整连续系统的理论教学是"苏联教学经验的先进部分"②。

为系统讲授理论，"53方案"对四门政治理论课程规定了明确的课堂教学时间，第一学年开设的"新民主主义论"（后为"中国革命史"）各类型高校及专修科讲课时数68学时，第二学年开设"马列主义基础"各类高校及专修科（第一年的专修科除外）讲课时数102学时，第三学年开设"政治经济学"三年以上各类高校讲课时数102学时，综合性大学及师范大学、师范学院在第三学年开设"辩证唯物主义与历史唯物主义"讲课时数68学时③。政治理论课堂讲授时间不但明确，而且讲授时间延长，其中"辩证唯物主义与历史唯物主义""新民主主义论"（后为"中国革命史"）由原先的半年延长至一年。这为系统的理论讲授提供了基本条件。

高校政治理论课理论讲授中的历史观教育主要体现在以下几方面。

一是强调叙述与分析。在讲明历史基础上阐明当时的理论、经验，结合批判错误观点，分析与研究原因，最后说明它在革命实践中的应用与发展。比如"马克思列宁主义基础"讲组织原理中的民主集中制时，要阐明当时在俄国建立统一集中的政党的客观要求，也阐明孟什维克在组织问题上的机会主义观点，论证民主集中制的内容与重要性，从而阐明党对这一

---

① 段忠桥主编：《建国以来普通高校马克思主义理论课和思想品德课课程设置及教学内容历史沿革资料汇编》（上编），高等教育出版社2004年版，第9页。

② 马克思列宁主义教研室：《马克思列宁主义教研室工作总结》，《教学与研究》1957年第4期。

③ 教育部社会科学司组编：《普通高校思想政治理论课文献选编（1949—2008）》，中国人民大学出版社2008年版，第13—15页。

原理的运用与发展，并结合批判同学中以及党内某些极端民主化及其他错误的理解与违反这一原则的行为。这种系统的教学，使学生系统地学习理论知识，学习看问题的方法，学习应用原理①。"中国革命史"讲中国共产党第三次全国代表大会确定的统一战线政策时，既要阐明这个政策的原理，也要"从中国半殖民地半封建社会的特点联系'二七'罢工的经验教训，说明在中国建立广泛的革命统一战线的可能性和必要性。对于党确定建立以国共合作为基础的革命统一战线的策略根据，要充分地讲清楚，以消除同学中可能存在的对于第一次国共合作的种种模糊和错误的认识"②。"政治经济学"的讲授分析实际问题的比例也在上升，对一些重要问题，如价值法则和社会主义基本法则在我国过渡时期的作用、过渡时期总路线等问题，也有了一定的理论分析③。"辩证唯物主义与历史唯物主义"教学方法强调，因为马克思主义的经典作家们总是以鲜明的事实和确切的科学材料来论证辩证唯物论和历史唯物论的原理，所以在教学中论证这些原理时，就必须学习这种科学的态度和方法，以充分的例证来说明导师和领袖们所提出的原理是客观真理。其目的是使教学对象从理论上和思想上巩固马克思主义的信仰④。

二是讲理论。有系统并且循序渐进、遵循历史发展逻辑的讲理论。如马克思主义"政治经济学"是一个完整的科学体系，在分析客观经济过程时，是从最简单的经济范畴逐步上升到较复杂的经济范畴，而这种逻辑的演进过程一般是和历史的发展过程一致的，只有用这种逻辑和历史相互结合的方法，才有可能在理论上对每一种社会经济制度的根本特点提供一个完整的概念，才有可能认识人类社会发展的规律性⑤。"辩证唯物主义与历史唯物主义"讲授关于哲学的基本问题，原来是在课程中间的马克思主义

① 马克思列宁主义教研室：《马克思列宁主义教研室工作总结》，《教学与研究》1957年第4期。

② 中国革命史教研室：《讲授"中国革命史"怎样贯彻理论联系实际的方针》，《教学与研究》1955年第2期。

③《政治经济学教研室上学年教学基本情况(摘要)》，《教学与研究》1954年第9期。

④ 齐一：《辩证唯物论与历史唯物论教学中的几点体会》，《教学与研究》1953年第2期。

⑤ 徐禾：《政治经济学讲授方法的基本要求》，《教学与研究》1956年第3期。

哲学唯物论才讲到，在这样的讲授系统之下，很自然地使人觉得从辩证法问题开始马克思列宁主义哲学课程的研究是不正确的。因此做出调整，即在第一个讲题里面就包括了这一点，哲学的两个基本派别——唯物论与唯心论，哲学的基本问题在序言的诸讲题中得到大致的说明，而且在课程的开端研究辩证方法问题也不会引起以前的不便之处；相反地，这样做将会帮助学生具有充分的准备来进行认识论问题的研究①。"中国革命史"在讲授五四运动和中国共产主义运动的兴起章节中，要充分说明中国工业资本主义的进一步发展，使得中国历史上最进步的阶级——工业无产阶级发展壮大起来。第一次世界大战和十月革命胜利的影响，给中国送来了马克思列宁主义。中国历史和世界历史的重大变化是中国革命由旧民主主义革命转变为新民主主义革命的条件，这个转变是历史必然的。同时，也从中国工人阶级的壮大和马克思列宁主义在中国的传播，指出中国共产党的成立不是偶然的②。"马克思列宁主义基础"在讲"共产党为实现农业集体化而斗争（一九三〇至一九三四年时期）"一章中，必须十分令人信服地指明农业集体经营的切身必要性与必然性。没有农业集体化，便不能大大发展社会主义工业；没有农业集体化，便不能巩固无产阶级专政、工农联盟，就是说，不实行农业集体化便谈不到建设共产主义社会③。

三是重点讲授，在联系理论教学的系统性和明确教学目标的基础上，弄清楚"讲授内容的精神实质所在，讲授是为了解决什么问题，关键性的问题以及同学中易于模糊的问题和带有现实意义的问题是什么"。如"中国革命史"在某些章节的开始，首先把国内外政治形势阶级关系讲清，使同学们了解中国革命在某一阶段，党是在怎样的国内外环境和阶级力量对

---

① 斯·特·卡勒塔赫其扬：《论辩证唯物论与历史唯物论课程的新提纲》，《教学与研究》1954年第11期。

② 中国革命史教研室：《讲授"中国革命史"怎样贯彻底论联系实际的方针》，《教学与研究》1955年第2期。

③ 费·谢·巴甫洛夫：《根据苏共中央和中共中央最近各项决议的精神提出"马克思列宁主义基础"讲授方法的几点一般意见》，《教学与研究》1955年第4期。

比中领导斗争的①。"马克思列宁主义基础"课程也对某些部分增加时间进行讲授。在讲到第四章第二节时，由于工学院不设有"辩证唯物主义与历史唯物主义"这一课程，所以把这一部分的讲授时间增加到十个小时，着重讲解辩证唯物主义。同学们普遍反映学习了这一个问题初步明确了许多根本问题，对今后的学习和工作都有很大帮助。"政治经济学"在讲前资本主义诸社会经济阶段时，学生往往感到头绪多，这时候需要把问题集中起来，使学生在听过课程之后能够较清楚各个生产方式发生、发展和减亡的法则。"辩证唯物主义与历史唯物主义"在讲历史唯物论时，重要的是要揭穿有关历史过程是上帝前定的宗教"理论"，揭露传教士所作的劳动群众要听天由命、消极无为的宣传。必须阐明宗教道德的阶级根源，阐明宗教把剥削制度的基础神圣化、崇拜剥削制度的国家机器的阶级根源②。

四是批判非无产阶级思想。克服一切非无产阶级思想，树立和巩固为共产主义奋斗到底的人生观，是高校政治理论课堂讲授的重要任务。因此，理论讲授既要与资产阶级思想和小资产阶级思想作斗争，也要与社会上的一切和党的路线政策相违背的思想进行不调和的斗争，还必须结合同学们中的错误思想进行批判。如"中国革命史"讲小资产阶级问题时就联系到知识分子的改造问题，适当地批判小资产阶级知识分子的错误思想与作风③。"辩证唯物主义与历史唯物主义"的教学则要坚决贯彻党性原则，使教学对象从理论上和思想上奠定和巩固工人阶级立场，肃清反动思想，反对资产阶级思想，批判小资产阶级思想④。"政治经济学"的讲授必须清醒地估计：只有不断地反对资产阶级思想体系，才能巩固和扩大社会主义思想体系的阵地。不能认为学生没有学习资产阶级的"理论"，就不可以对资产阶级的"理论"进行批判。必须了解，资产阶级思想体系是不断地

①《中国革命史教研室上学年教学基本情况（摘要）》，《教学与研究》1954年第9期。
②斯·特·卡勒塔赫其扬：《论辩证唯物论与历史唯物论课程的新提纲》，《教学与研究》1954年第11期。
③北京大学新民主主义论教研组：《北京大学新民主主义论教研组进行集体教学和培养教员的一些体会》，《人民教育》1953年第4期。
④齐一：《辩证唯物论与历史唯物论教学中的几点体会》，《教学与研究》1953年第2期。

散布它的影响的，更重要的任务在于，要把批判资产阶级思想的武器交给学生。"马克思列宁主义基础"课程，在工、农经济等系授课时，结合集体化与工业化的讲授，着重坚定学生的专业思想，以及树立艰苦朴素的作风，批判为助学金闹情绪的思想；在财政系，结合第四章第二节的学习，针对学生中存在的某些信鬼信神的现象，批判唯心主义思想[①]。

高校政治理论课系统的课堂讲授，对全面建立唯物史观的基本框架，奠定相应的理论和认知基础，起到了决定性作用。

（二）以马克思主义历史观为指导，开展课堂讨论

课堂讨论的过程是用马克思列宁主义的思想理论积极教育和培养学生的过程，对于学生科学世界观、革命人生观和正确历史观的确立和巩固，对于学生唯物史观思想体系和思想方法的形成和发展都具有重大的作用。因此高校政治理论课课堂讨论方法都有明确的历史观教育指向，如"政治经济学"课堂讨论要求：第一，要引导学生在基本问题上深入展开讨论，从政治理论教育的立场来看，使学生能够掌握和通晓马克思列宁主义政治经济学的基本原理，始终是一项最重要的任务。第二，要妥善和恰当地组织学生发言，教师强有力的领导可以使讨论始终保持正确的方向。第三，要作好结论，巩固和加深学生对问题的正确认识，使他们的错误认识能够得到必要的指正和澄清[②]。例如，经济计划统计系在"马克思列宁主义基础"课堂上讨论党的思想基础时，学生检查了本身的资产阶级与小资产阶级的思想；农业经济系在讨论党的统一时，学生检查并批判了本班党支部的宗派主义思想；等等[③]。"辩证唯物主义与历史唯物主义"对马克思列宁主义经典作家原著的课堂讨论，使学生能更加熟习经典作家的工作方法、熟习他们的思想复杂的内部结构，这种课堂讨论保证创造性地深入钻研马克思列宁主义哲学，了解革命理论与共产主义建设实践之间不可分割的联

---

① 马克思列宁主义教研室：《马克思列宁主义教研室工作总结》，《教学与研究》1957年第4期。

② 徐禾：《怎样组织和领导政治经济学的课堂讨论》，《教学与研究》1956年第5期。

③ 马克思列宁主义教研室：《马克思列宁主义教研室工作总结》，《教学与研究》1957年第4期。

系①。"中国革命史"课堂讨论中对自己的剥削阶级家庭所给予的各种错误思想加以批判，对于个人主义自满情绪提高了警惕性，对于任何破坏党的团结的现象能够进行斗争②。

1952年《教育部关于全国高等学校马克思列宁主义，毛泽东思想课程的指示》中明确规定了课程的课堂讨论时间，其中"新民主主义论"（"中国革命史"）课堂讨论时数32学时，"政治经济学"课堂讨论时数34学时，"辩证唯物主义与历史唯物主义"课堂讨论时数32学时③。

三门高校政治理论课设计的讨论题目主要包括马克思主义经典作家和党的领导人的著作和理论、党的代表大会、代表会议和中央全会的决议、党的方针政策④、中国革命的历史经验⑤、社会主义过渡⑥等。其中讨论较多的是马克思主义经典作家和党的领导人的著作和理论。如"马克思列宁主义基础"课程教学大纲（初稿）有5题⑦；"中国现代革命史"教学大纲

---

① 斯·特·卡勒塔赫其扬：《论辩证唯物论与历史唯物论课程的新提纲》，《教学与研究》1954年第11期。

② 《中国革命史教研室上学年教学基本情况(摘要)》，《教学与研究》1954年第9期。

③ 段忠桥主编：《建国以来普通高校马克思主义理论课和思想品德课程设置及教学内容历史沿革资料汇编》(上编)，高等教育出版社2004年版，第7页。

④ 如"中国现代革命史教学大纲"(初稿)中的中国共产党第二次国内革命战争时期的土地革命路线、中国共产党在第二次国内革命战争时期的军事路线、抗日战争中两条路线的斗争及其实质、抗日民族统一战线中的独立自主原则和策略总方针、中国共产党关于打败国民党反动派军事进攻的政治方针和军事方针等。

⑤ 如"中国现代革命史"教学大纲(初稿)中的第一次国内革命战争失败的原因及其经验教训、三次"左"倾路线的错误及其对革命的危害、中国共产党的整风运动和党领导下的大生产运动的重大意义、抗日战争结束后中国共产党领导中国人民为争取国内和平民主而斗争的意义、中国革命胜利的世界意义等。

⑥ 如"政治经济学"教学大纲(初稿)中的过渡时期多种经济成分的存在与利用商品货币关系的必要性、社会主义工业化的基本原理和中国的社会主义工业化、中华人民共和国农业合作化的特点、中华人民共和国对资本主义工商业进行和平改造的可能性及其形式、社会主义基本经济规律及其在社会主义经济发展中的作用、中国共产党和国家在社会主义建设中对社会主义基本经济规律的利用等。

⑦ 马克思和恩格斯的《共产党宣言》，列宁的《做什么?》《社会民主党在民主革命中的两个策略》《共产主义运动中的左派"幼稚病"》以及列宁的最后几篇论文和演说等。

（初稿）有7题①。原著讨论题目分别占"马克思列宁主义基础"课程教学大纲（初稿）、"中国现代革命史"教学大纲（初稿）全部讨论题目的四分之一以上。关于共产党的代表大会、代表会议和中央全会各项主要决议的作用的题目。如"马克思列宁主义基础"课程教学大纲（初稿）的题目中提到8次会议②，占课程讨论题目的五分之二。课堂讨论是历史观教育的有效途径。如原著课堂讨论必须以生动的历史材料为依据，而"马克思列宁主义经典著作、苏联共产党的各种决议就是这种生动的历史材料的最丰富的源泉"③。对马克思主义经典作家原著的课堂讨论，使学生能够更加熟悉马克思主义经典作家的工作方法，熟悉他们思维的复杂的内部结构。党的决议是党的集体智慧的成果，是创造性的马克思主义的典范。它集中地总结了党在各个时期斗争的经验，反映了党历年来制定的政策，因此，学习党史应着重学习党的主要决议④。关于党的方针政策和中国革命历史经验的讨论主要是在"中国革命史"教学中开展，贴合"中国革命史"内容，能深化学生对中国革命规律把握，坚持党的领导。关于社会主义过渡的讨论主要集中在"政治经济学"教学，将社会主义经济发展法则和中国实际结合，引导学生为贯彻总路线奋斗。

在课堂讨论中实施历史观教育有助于巩固和加强学生对唯物史观基本理论的掌握，深化对历史结论的认识，从各方面来培养学生独立分析问题的习惯和能力，从而巩固和扩大学生的学习成果。

---

① 有毛泽东的《中国社会各阶级的分析》《湖南农民运动考察报告》《实践论》《矛盾论》《新民主主义论》《论联合政府》《目前形势和我们的任务》等。

② 俄国社会民主工党第二次代表大会、第三次党代表大会、第八次党代表大会、第十次党代表大会、联共（布）第十四次代表大会、联共（布）第十五次代表大会、联共（布）第十八次代表大会、苏联共产党第十九次代表大会等。

③ 斯·特·卡勒塔赫其扬：《论辩证唯物论与历史唯物论课程的新提纲》，《教学与研究》1954年第11期。

④ 朱榕：《读"'马克思列宁主义基础'课程纲要"的摘记》，《教学与研究》1955年第4期。

四、社会主义过渡时期高校政治理论课历史观教育的主要成效

（一）深化了大学生对过渡时期总路线的认识

围绕过渡时期总路线开展教育活动是过渡时期思想教育工作的要求，也是这个时期高校政治理论课历史观教育的中心内容之一。1953年12月，在党中央的领导下，全国上下掀起了学习过渡时期总路线的热潮。社会主义过渡时期，高校通过完善"辩证唯物主义与历史唯物主义""政治经济学"课程的历史观教育内容，在教学中运用唯物辩证法的观点立场来看待中国社会主义改造的进程，对学生宣传逐步实现国家的社会主义工业化和逐步完成对农业、手工业和资本主义工商业的社会主义改造的方针、政策和步骤。同时在"马克思列宁主义基础"的教学过程中，坚持通过理论联系实际来贯彻在过渡时期总路线的教育。根据不同的问题和不同的现象，采取不同的方式进行联系[1]。宣传过渡时期的国家建设计划，培养学生服从国家建设计划的思想，使得过渡时期的总路线和方针深入学生心里，统一学生在三大改造上的思想认识，提升学生参与社会改造的积极性，从而促进社会主义改造的进行。教师、学生、职工在学习了总路线以后，感到自己不仅增加了许多新的认识，而且澄清了过去的许多模糊观念和错误思想[2]。总之，通过高校政治理论课历史观教育，使学生从人类社会发展特别是社会主义发展历史规律的角度认识到社会主义过渡的历史必然性、合理性和进步性。

---

[1] 李定坤：《在讲授马克思列宁主义基础课程中如何贯彻党在过渡时期总路线的教育》，《华中师范学院学报》1955年第3期。

[2] 《北京市已有三十五万多职工和各高等学校师生　开始学习国家过渡时期总路线》，《人民日报》1953年11月29日第3版。

（二）提高了学生对中国共产党领导社会主义建设的信心

培养学生唯物史观、革命史观是历史观教育的重要任务，结合过渡时期的总任务要求，"辩证唯物主义与历史唯物主义"课程依据唯物史观的理论逻辑安排课程内容顺序，充实和完善唯物史观的内容。同时在"政治经济学""中国革命史"和"马克思列宁主义基础"课程中深化历史观教育内容。联系中国革命的实际情况，结合中国革命不同阶段的总路线和总任务，讲述中国共产党领导广大人民群众推翻帝国主义、封建主义和官僚主义的统治，建设新民主主义社会的伟大历程，并逐步过渡到讲授当时中国共产党领导人民从资产阶级的民主革命向社会主义革命转变，以此引导学生认识中国共产党和毛泽东是如何运用马列主义真理，真正解决中国革命问题的[①]。"中国革命史"课程的系统学习使得同学们明确了中国革命是在伟大的十月革命胜利后发生在半殖民地半封建社会的中国，这个革命必须在工人阶级领导的政党——中国共产党领导下坚决地和苏联及世界革命力量团结起来才能取得胜利。中国革命包括新民主主义革命和社会主义革命两个阶段，新民主主义革命是社会主义革命的前提条件，社会主义革命是新民主主义革命的必然趋势[②]。结合马克思主义的基础理论，从唯物史观出发，引导学生正确看待中国社会制度的变化以及中国社会主义革命的历史任务，认识党领导的过渡时期总路线是符合当时社会发展规律的，党的各项方针与政策是符合客观发展规律的。学生由此更加坚定中国共产党的领导，提高了对中国共产党领导社会主义建设的信心。通过深入学习党和国家的方针政策，学生们都感到非常兴奋，学习劲头更大了。他们表示要更严格地要求自己，坚决贯彻毛泽东"身体好，学习好，工作好"的号召，努力学习，准备力量，为祖国社会主义工业化建设服务[③]。

---

① 李定坤：《在讲授"马克思列宁主义基础"课程中如何贯彻党在过渡时期总路线的教育》，《华中师范学院学报》1955年第3期。

②《中国革命史教研室上学年教学基本情况（摘要）》，《教学与研究》1954年第9期。

③《北京市已有三十五万多职工和各高等学校师生　开始学习国家过渡时期总路线》，《人民日报》1953年11月29日第3版。

（三）强化了学生的唯物主义思想和无产阶级意识

随着过渡时期总路线的贯彻执行，以及社会主义经济基础的建立和发展，用唯物主义思想与世界观清除资产阶级思想和封建阶级思想，成为思想文化教育的重要任务。1953年，党中央发布《中共中央关于宣传唯物主义思想批判资产阶级唯心主义思想的指示》指出党在思想工作中最根本的任务，就是宣传唯物主义思想，反对唯心主义思想①。在思政课教学中着重宣传马克思列宁主义的理论基础辩证唯物主义和历史唯物主义，批判资产阶级思想及其核心唯心主义世界观。结合各高校的具体实际情况，采用学术问题讨论的方式，利用时事学习时间和结合政治理论课内容及有关的业务课，做一般的唯物主义宣传②。例如1955年，延边大学在全校师生员工中广泛开展学习辩证唯物主义思想，批判资产阶级唯心主义思想的运动③。河南师范大学通过组织专题报告、座谈、讨论，引导教师们在学习中联系实际，用马克思主义的立场、观点和方法来观察事物，对待问题④，使得学生学会利用唯物主义思想的观点方法来理解和研究现实问题，同时把握好经济基础决定上层建筑的辩证关系，通过"政治经济学"课程让学生认识到社会主义经济和资本主义经济的区别，认识到实现三大改造，建立社会主义经济制度是建设社会主义制度的基础。由此，进一步肃清封建的、买办的、法西斯主义的思想残余，进一步批判资产阶级思想，划清工人阶级和资产阶级的思想界限⑤，这些都给今后进一步学习唯物主义，批判资产阶级唯心主义打下了基础。

---

① 陈大白主编：《北京高等教育文献资料选编（1977年—1999年）》，首都师范大学出版社2006年版，第224页。

② 教育部社会科学司组编：《普通高校思想政治理论课文献选编（1949—2008）》，中国人民大学出版社2008年版，第25页。

③ 朴奎灿等编写：《延边大学校史大事记　1949.4—1985.12》，延边大学出版社1987年版，第16页。

④ 河南师范大学校史编辑组编：《河南师范大学校史稿》，1991年，第23页。

⑤ 谈松华主编：《中国高等学校思想政治教育史纲》，高等教育出版社1992年版，第82页。

五、社会主义过渡时期高校政治理论课历史观教育的主要经验

社会主义过渡时期，高校政治理论课历史观教育服务于过渡时期总任务，通过历史观教育，对大学生坚定社会主义信念，积极投身社会主义工业化和社会主义改造起到了积极作用，也积累了丰富的经验。

（一）加强马克思主义的历史观理论教育，是正确认识和服务党和国家的中心任务的重要前提

科学的历史观是马克思主义唯物论、认识论、方法论和价值论的高度统一。坚持科学的历史观，对于引导高校学生进一步认识和把握历史发展规律和大势，始终掌握党和国家事业发展的历史主动，保持正确的历史前进方向，具有重要意义。在社会主义过渡时期，党强调要用科学的马克思主义历史观教育培养青年学生的社会主义意识，帮助其正确看待社会主义制度的变革，使其为社会主义的到来做好思想上的准备。"系统的马克思列宁主义理论教育是提高青年社会主义觉悟，培养青年辩证唯物主义世界观，培养青年共产主义道德和行为的基础。"[1]当时的高校政治理论课程，"辩证唯物主义与历史唯物主义"是马克思主义学说的理论基础，是共产党的世界观，这门课程的教学"把社会实践问题提到世界观的高度来认识，深刻地理解马克思主义科学真理，正确地掌握马克思主义思维方法，使教学对象在实践中摆脱一切反科学的、反动的思想影响，从理论上、思想上巩固共产主义的信念"[2]。而"中国革命史"通过五四运动以来的基本史实，使学生了解中国革命的基本问题和中国共产党的总路线总政策，领会中国共产党和毛泽东的光荣、伟大、正确[3]。"马克思列宁主义基础"

---

[1] 教育部社会科学司组编：《普通高校思想政治理论课文献选编（1949—2008）》，中国人民大学出版社2008年版，第20页。

[2] 齐一：《辩证唯物论与历史唯物论教学中的几点体会》，《教学与研究》1953年第2期。

[3] 教育部社会科学司组编：《普通高校思想政治理论课文献选编（1949—2008）》，中国人民大学出版社2008年版，第16页。

通过学习联共（布）党的历史特别是苏联社会主义国家工业化、农业合作化和完成社会主义建设的基本规律，深入了解中国过渡时期的总路线总任务，提高学生的社会主义觉悟①。"马克思列宁主义政治经济学"从简单的经济用语深入到复杂的经济范畴，研究人类社会各个发展阶段上社会的物质资料生产和分配规律的科学，使学生掌握人类社会发展的一般经济规律，更好地理解社会主义代替资本主义是历史的必然，共产主义的实现是人类历史发展不可逆转的趋势，从而坚定历史前行的正确方向，积极投身社会主义改造和社会主义工业化建设。

综上，通过高校政治理论课的学习，高校学生学习了系统的唯物史观的理论框架和认知标准，树立并坚持了正确的科学的历史观，进一步划清了工人阶级与资产阶级、社会主义与资本主义的思想界限，提升了对中国革命史和苏共党史的认识，从思想上初步适应了整个国家从新民主主义向社会主义的转变，从而保证高校政治理论教育正确服务党和国家中心任务。

（二）完善高校政治理论课程体系，推动马克思主义历史理论和理论历史结合的教育

坚持马克思主义的指导，完善高校政治理论课程体系，用科学的历史理论去分析社会发展的客观规律性，促进历史理论和理论历史的结合，引导高校学生正确认识社会变革的历史必然性，是过渡时期历史观教育的重要经验。1952年，为进一步适应国内外形势的变化和党中心任务的转变，在新中国成立后三年探索的基础上，教育部调整全国马克思列宁主义、毛泽东思想课程，统一规定全国各类型高校设置的"新民主主义论"（"中国革命史"）、"辩证唯物主义和历史唯物主义"、"马克思列宁主义基础"、"政治经济学"的教学顺序、讲授和讨论学时。其中，"辩证唯物主义与历史唯物主义"课程进行系统唯物史观教育，"政治经济学"课程从社会经

---

① 教育部社会科学司组编：《普通高校思想政治理论课文献选编(1949—2008)》，中国人民大学出版社2008年版，第18页。

济角度体现唯物史观科学性，"中国革命史"展现在唯物史观指导下中国革命和建设的具体结论，"马克思列宁主义基础"通过"从苏联的历史教材中学到运用马克思列宁主义的立场、观点、方法以具体解决历史问题的范例，并用来研究中国历史资料"[①]。完善的高校政治理论课程体系，实现历史理论和理论历史双向结合的良好效果。这"不仅使学生比较系统地学习了马克思列宁主义的基本知识，更重要的是使他们认识到过渡时期阶级斗争的复杂性，认识到暗藏的反革命分子的危险性，提高了政治嗅觉和警惕性；认识到了如何在两条道路的斗争中，坚持正确的方向，走党所指示的社会主义道路"[②]。因此，合理设置完善高校政治理论课程，促使学生运用科学的历史理论武装自己的思想，构筑起坚实的思想防线，才能保证学生的思想朝着社会主义的方向前进。

（三）坚持在系统的理论讲授的基础上推动课堂讨论，深化历史观运用

重视系统的理论讲授是苏联教育的重要特点。社会主义过渡时期，全党全国强调学习苏联经验，高校政治理论课也学习苏联强调的"三基四性"——即基本理论、基本知识、基本概念和科学性、系统性、完整性、逻辑性。在教学上，重视理论讲授，提倡课堂讨论。一方面，系统的课堂讲授给学生的自学活动开辟了途径、创造了条件，帮助学生顺利地遵循科学的理论框架、认知标准和具体的历史结论去研究教学大纲、教科书、经典著作和一般性参考资料，完成学习任务。唯有坚持讲清楚马克思列宁主义的立场、观点、方法，才能运用马克思列宁主义的方法分析和解决问题，才能对中国革命的发生和发展，对中国人民民主政权的建立，对中国的社会主义过渡有深刻的理论认识，才能批驳帝国主义对中国近现代历史

---

① 陈大白主编：《北京高等教育文献资料选编（1949年—1976年）》，首都师范大学出版社2002年版，第180页。

② 北洋大学—天津大学校史编辑室编：《北洋大学—天津大学校史资料选编（二）》，天津大学出版社1996年版，第89页。

发展的唯心主义谬论。

另一方面，课堂讨论要成为辩证思维的真正训练场，而不是重复讲授的内容①。社会主义过渡时期高校的政治理论课重视采用学术问题讨论的方式，通过组织专题报告、座谈等途径推动课堂讨论，引导学生用马克思主义的立场、观点和方法来观察事物，对待问题。同时，组织课堂讨论要善于结合课程内容，做好学生的思想工作，使他们真正地领会马克思列宁主义的真理性。既要反对那种背诵式的和不关心现实经济生活的教条主义偏向，同时也要反对那种轻视理论，不注意系统地掌握和巩固知识的偏向。

（四）提升高校政治理论课教师理论素养，是保证历史观教育顺利开展的重要前提

社会主义过渡时期，高校政治理论课教师仍然面临数量不足和质量不高等问题，为保证历史观教育的顺利开展，必须提高政治理论课教师理论素养，为此，高校政治理论课教研室进行了多方探索，形成一套有效做法。一是实施集体主义教学，政治理论教研室首先集中教员智慧，集体拟定教学总纲，教师按照统一总纲准备自己的讲稿，在课堂讲授前进行集体试讲，教师互相听课、讨论、批评，举办座谈会，清除资产阶级个人主义，增强政治理论课教师的信心。二是建立经常性的钻研理论的学习制度。基本方法是把教师组织起来，制定计划，强调独立研究，适当组织讨论。学习材料，应结合教学进度，以研究马克思、恩格斯、列宁、斯大林及毛主席的经典著作为主，并且时刻不放松对党的政策与时事的学习，对于新的马克思列宁主义理论的出现则应注意迅速研究，并立即反映在自己的教学中。三是建立经常性的科学研究工作制度。四是通过参加党和国家的各项运动以及中心工作，如通过到工矿、农庄去参观访问和帮助工作的方法而逐渐积累其感性知识的财富及热爱劳动人民的情感，为从事科学研

---

① 斯·特·卡勒塔赫其扬：《论辩证唯物论与历史唯物论课程的新提纲》，《教学与研究》1954年第11期。

究和充实教学内容，创造了有利条件①。通过提升高校政治理论课教师的理论素养，使社会主义过渡时期高校政治理论课的历史观教育更为顺利地开展并取得了良好的教育效果。

结　语

社会主义过渡时期，高校政治理论课开始形成包括"中国革命史""政治经济学""辩证唯物主义与历史唯物主义""马克思列宁主义基础"的课程体系。在探索中逐渐形成一个涵盖马克思主义哲学、政治经济学、科学社会主义三部分，也囊括中苏两党历史的历史观教育体系，形成以马克思主义哲学为主的唯物史观理论框架和认知标准。这一全新体系为高校进行全面的历史观教育提供了课程支撑，激发大学生投入国家建设和改造的热潮中，使得"拥护社会主义改造、拥护社会主义宪法""身子进入社会主义，脑袋也要进入社会主义"的思想深入人心。

---

① 云光:《关于中国人民大学马克思列宁主义教研室工作中的几点体会》,《教学与研究》1953年第4期。

第四章　1956—1966年高校政治理论课的
历史观教育及其经验

1956年，社会主义改造基本完成以后，我国开始进入全面建设社会主义时期（1956—1966年）。由于在思想上、理论上、实践上缺乏对全面建设社会主义的准备和经验，再加上国际共产主义运动动荡和国内加速建设社会主义情绪的影响，全党工作经历了曲折发展的过程，这些曲折同样反映到高校政治理论课的历史观教育中。面对社会的历史性变革，为培养有社会主义觉悟有文化的劳动者，党在高校政治理论课的历史观教育上进行了多方探索，留下了丰富的经验。

一、全面建设社会主义时期高校政治理论课推进历史观教育的必要性

三大改造的完成标志着社会主义基本制度的建立，我国进入全面建设社会主义时期。这一时期，在高校政治理论课中推进科学的历史观教育，既是引导高校学生正确看待生产关系的社会主义变革，培养社会主义的建设者和接班人的需要，也是在国际上社会主义建设动荡复杂和国内高校师生重专业知识学习轻政治理论塑造的背景下，加强高校学生辨别历史是非的能力、站稳人民立场的需要。

（一）社会主义建设的全面展开，需要培养有社会主义觉悟有文化的劳动者

1956年，我国经过三大改造实现了生产关系的社会主义转变，完成了中华民族有史以来最深刻的社会变革，开始进入全面建设社会主义时期。在新的剧烈的伟大变革中，社会关系根本的变化引发人们的思想意识变化。剥削阶级虽然基本消灭了，但是清除剥削阶级的思想影响还是一个长期的反复的斗争，因此必须引导高校学生运用科学的历史观方法论正确看待生产关系的历史性变化，正确认识生产资料私有制的灭亡和剥削阶级的消亡是生产关系变革的客观必然和中国共产党人坚强领导的主观努力的结果，坚持党的领导，坚定社会主义信念，积极投身社会主义建设事业。1957年8月，团中央召开团省市委书记会议，提出积极引导青年在斗争中要解决四个方面的问题：一是坚定无产阶级立场，分清社会主义革命时期的敌我界限，坚定走社会主义道路的信心。二是树立为人民服务的思想和集体主义精神，坚决清除资产阶级个人主义影响，正确理解民主和集中、自由和纪律的关系，加强组织性和纪律性。三是发扬艰苦奋斗、勤俭建国、勤俭持家、勤俭办一切事业的精神。树立正确的劳动观点，特别是知识青年，要坚定和工农结合，为工农服务。四是更加热爱党，服从党的领导，永远跟党站在一起[①]。

为了造就无产阶级自己的技术队伍和理论队伍，完成文化教育的社会主义转变，尽快地把中国建设成为一个伟大的社会主义工业国，必须对包括高校学生在内的知识分子进行历史观教育，培养一支具有共产主义的世界观的、又红又专的知识分子队伍。所以，在"用社会主义的、马克思列宁主义的思想去武装知识分子和人民群众，对封建主义的、资本主义的思想进行批判"的同时，通过学校教育和在职干部的业余教育，培养大量新

---

① 李玉琦：《中国共青团史稿（精编）》，中国青年出版社2012年版，第215页。

的、劳动阶级出身的知识分子，扩大和加强知识分子队伍[1]，是党对高校提出的庄严任务，也是学校贯彻社会主义教育方针，提高教学质量的根本要求。

（二）国际局势复杂动荡，需要加强高校学生辨别历史是非的能力

20世纪50年代，以美国为首的帝国主义为颠覆社会主义制度，在军事侵略、武装干涉和经济封锁等策略未能奏效的情况下，采用一种更为隐蔽的政策，即在军事上、经济上遏制社会主义国家发展的同时，通过宣传战、心理战、政治战对社会主义国家进行渗透，逐渐诱使社会主义国家的第三、第四代人从政治上、思想文化上、意识形态上向资本主义道路靠拢，实现从内部瓦解社会主义制度的目的。

对此，1956年12月29日，《人民日报》发表《再论无产阶级专政的历史经验、关于无产阶级专政的历史经验》提出要警惕帝国主义国家对社会主义国家"和平演变"战略，指出"这就是国际范围内的阶级斗争"，"基础是敌对阶级之间的利害冲突"[2]。毛泽东担忧地表示他们这代人不怕打仗也难以被"和平演变"，但"下一代就不好讲了"。

同时期，1956年苏共召开二十大，引发了社会主义国家的动荡，对中国共产党党内和国内产生了严重影响。中国共产党对苏共二十大提出"可以经过议会道路去取得政权"的"和平过渡"的观点表示担忧，认为此举是抛弃了马克思列宁主义，是"苏共领导走上修正主义道路的第一步"[3]。1957年毛泽东在《关于正确处理人民内部矛盾的讲话》中指出教条主义和修正主义都是对马克思主义的错误倾向，提出修正主义即右倾机会主义，本质是一种资产阶级思潮，认为在国际共产主义运动中，修正主义比教条主义有更大的危险性，因为他们口头上挂着马克思主义攻击"修正主义"，

---

① 中共中央文献研究室编:《建国以来重要文献选编》(第九册),中央文献出版社1994年版,第78—79页。

②《再论无产阶级专政的历史经验》,《人民日报》1956年12月29日第1版。

③ 中共中央文献研究室编:《建国以来重要文献选编》(第十七册),中央文献出版社1997年版,第3页。

而实际却在攻击马克思主义。"他们反对或者歪曲唯物论和辩证法,反对或者企图削弱人民民主专政和共产党的领导,反对或者企图削弱社会主义改造和社会主义建设。"[①]所以本质上他们所走的是资本主义的路线,而非口头宣扬的社会主义路线。在当时的时代情形之下,对高校学生进行历史观教育,树立正确的历史认知,批判修正主义,引导高校学生正确认知苏共二十大历史事件和帝国主义"和平演变"中国的本质,培养其历史判断能力,构筑思想防线,巩固马克思列宁主义在意识形态领域的指导地位,巩固党的领导,巩固社会主义制度,铸就立场坚定的无产阶级接班人,成为全面建设社会主义时期高校政治理论课和国家思想战线上的一个重要任务。

(三)高校中出现忽视政治学习的倾向,需要加强教育、提高认识

中国进入全面建设社会主义时期后,群众对社会主义社会的本质以及如何建设社会主义社会缺乏认识。而青年一代虽然受过党的直接教育,受过一定的革命锻炼,具有蓬勃的朝气。但是,社会不断前进,青年的队伍不断更新,在新的基础上又会出现新的矛盾",而且"现在的学生,大多数是在和平建设的环境中长大的,没有深受过旧社会的痛苦,没有经历过真正革命斗争的锻炼。必须依靠各方面的力量,运用多样的方式,让青年学生们了解过去党领导人民所走过的光荣、曲折的道路,了解先辈们为实现社会主义理想所进行的艰苦卓绝的斗争,以教育青年继承革命传统、培养艰苦奋斗、克服困难的精神。

但此时,包括高校学生等在内的部分知识分子中却出现忽视政治学习的情况。1956年党中央要求加速提高科学技术水平,号召全国文教科技界向科学大进军,提出"百花齐放,百家争鸣"的方针。这些方针政策提出的目的是努力引导知识分子加强业务或科学研究。但部分高校教师却以此将政治和业务对立起来,把学习政治当成专精业务的绊脚石;学生中也出现不愿做社会工作,不重视政治学习等不健康的现象,"好像马克思主义

---

① 中共中央文献研究室编:《毛泽东文集》(第七卷),人民出版社1999年版,第233页。

行时了一阵，现在就不那么行时了"①。为此，毛泽东强调知识分子、青年学生既要认真努力学习专业，同时也要追求进步的思想和政治，因为"没有正确的政治观点，就等于没有灵魂"②。为推进社会主义的全面建设，党和政府深切地感受到，在广大青年学生中提倡学习中国人民的革命传统，有特殊重大的意义。所以，应当努力把革命前辈的那种热爱人民、舍己为群、吃苦在前、享受在后、不怕困难、遵守纪律的革命精神继承和发扬起来，必须把政治战线和思想战线的社会主义革命斗争和社会主义教育作为社会主义建设的重要组成部分③，持续改造高校学生的历史观。

为推进社会主义的全面建设，党和国家深切地感受到，必须把政治战线和思想战线的社会主义革命斗争和社会主义教育作为社会主义建设的重要组成部分④，继续改造高校学生的历史观，使学生坚持在党的领导下，积极投身社会主义伟大建设。

二、全面建设社会主义时期高校政治理论课的历史观教育

转入全面的大规模的社会主义建设后，为适应社会主义现代化建设的需要，同时也根据反右派斗争中提出的问题及复杂动荡的国际局势，高校政治理论课程的设置和历史观教育也发生了相应的变化。

（一）全面建设社会主义时期高校政治理论课程设置的演变

1957年，为消除苏共二十大全盘否定斯大林引发的严重影响，整顿干部特殊化和脱离群众的作风，中国共产党决定开展全党整风。整风过程中，极少数资产阶级右派分子趁发表意见的机会散布反党反社会主义的言论，极少数迷失方向的青年学生或传播错误言论，或与右派共鸣。中共中

---

① 中共中央文献研究室编：《毛泽东文集》（第七卷），人民出版社1999年版，第226页。
② 中共中央文献研究室编：《毛泽东文集》（第七卷），人民出版社1999年版，第226页。
③ 中共中央文献研究室编：《毛泽东文集》（第七卷），人民出版社1999年版，第268页。
④ 中共中央文献研究室编：《毛泽东文集》（第七卷），人民出版社1999年版，第268页。

央对右派分子的进攻实行反击。向全国人民澄清"国家由谁领导"和"走什么道路"的大是大非问题，维护新生的社会主义制度，争取和教育中间派，成为高校政治理论课历史观教育的迫切任务。为帮助学生提高认识、改造思想，克服错误思想，树立共产主义人生观[1]，1957年12月10日，在《中华人民共和国高等教育部、教育部关于在全国高等学校开设社会主义教育课程的指示》中将原有的四门政治课取消，全国高等学校各年级改设一门"社会主义教育"课程，全体学生和研究生必须无例外地参加学习[2]。所以"社会主义教育"历史观教育是服务于政治战线和思想战线的社会主义革命，为的是"过社会主义这一关"，直接目的就是改造"知识分子当中存在的个人主义、本位主义、自由主义、无政府主义、平均主义和反动的民族主义等资产阶级思想"[3]，提高社会主义觉悟。

　　1958年4月12日下发的《对高等学校政治教育工作的几点意见（草稿）》提出，除二年制专修科外的任何类型高等学校，一律开设"马列主义基础"（原"社会主义教育"改名，代替"苏共党史"和"中国革命史"两门课）、"政治经济学"和"辩证唯物主义与历史唯物主义"三门课[4]。同时，根据马克思主义"劳动创造人"的观点，特别是鉴于劳动教育在政治教育和思想教育中的重要作用，1958年9月9日，中共中央、国务院在《关于教育工作的指示》中正式提出"教育为无产阶级的政治服务，教育与生产劳动相结合"的教育工作方针，要求一切学校"必须把生产劳动列为正式课程"[5]。"社会主义教育"和劳动教育的提出，显示了中国共产党

---

　　①《帮助大学生进行思想改造　首都高等学校政治课教师讨论教课方针》，《人民日报》1957年9月12日第1版。

　　② 教育部社会科学司组编：《普通高校思想政治理论课文献选编(1949—2008)》，中国人民大学出版社2008版，第31页。

　　③ 冯刚、沈壮海主编：《中华人民共和国学校德育编年史》，中国人民大学出版社2010年版，第126页。

　　④ 教育部社会科学司组编：《普通高校思想政治理论课文献选编(1949—2008)》，中国人民大学出版社2008，第33—34页。

　　⑤ 教育部社会科学司组编：《普通高校思想政治理论课文献选编(1949—2008)》，中国人民大学出版社2008，第38页。

为改变苏联教育模式重视理论轻视实践的问题，进行的中国特色历史观教育道路探索，即通过学习毛泽东著作等马克思主义中国化革命著作，通过参加革命和建设实践，认识中国革命和中国社会，以坚定党的领导和社会主义方向的信心和决心。

从1961年开始，党逐渐认识到教育事业的跃进与国民经济的发展水平不相适应，根据中央提出"调整、巩固、充实、提高"的八字方针，高等教育也进行调整。高校工作的中心也从生产劳动转到了课堂教学。1960年5月，教育部举办马列主义课程教师学习会议，重申高等学校公共马列主义课程定为"马列主义基础""政治经济学""哲学""中共党史"四门，理工医农一般开三门①，开始恢复较为系统的理论教育。1961年，中共中央批准试行《教育部直属高等学校暂行工作条例（草案）》，提出学校必须以教学为主，努力提高教学质量，规定高校的基本任务是培养为社会主义建设所需要的各种专门人才，培养具有共产主义道德的学生，培养拥护共产党领导和社会主义制度的青年。伴随着高校政治理论课的恢复，历史观教育随之恢复。

1962年八届十中全会公报号召全党千万不要忘记阶级斗争，告诫全党警惕并反对党内的修正主义。同期，中苏两党围绕国际共产主义运动问题的论战也趋于升级。1963年9月至1964年7月，中国共产党连续发表九篇评苏共中央公开信的理论文章，提出修正主义致使十月革命的故乡出现了资本主义复辟的严重危险。1964年10月11日，《中央宣传部、高教部党组、教育部临时党组关于改进高等学校、中等学校政治理论课的意见》指出："高等学校、中等学校政治理论课的根本任务，是用马克思列宁主义、毛泽东思想武装青年，向他们进行无产阶级的阶级教育，培养坚强的革命接班人；是配合学校各项思想政治工作，反对修正主义，同资产阶级争夺青年一代。"②为此，高校政治理论课开设"形势与任务""中共党史""哲

---

① 黄伟力、周泽红：《马克思主义基本原理概论：教学论纲》，复旦大学出版社2008年版，第2页。

② 教育部社会科学司组编：《普通高校思想政治理论课文献选编（1949—2008）》，中国人民大学出版社2008年版，第50页。

学""政治经济学"等课①，规定高校政治理论课教师，除随同学生一起下乡下厂外，在五六年内，要有计划地从头到尾参加一期到两期农村的社会主义教育运动，和一期到两期城市的社会主义教育运动②。

全面建设社会主义时期，高校政治理论课经历了数次调整，但以社会主义教育为中心，以培养有社会主义觉悟有文化的劳动者为根本目标，始终没有变。高校政治理论课历史观教育的中心任务，始终围绕坚持党的领导，维护社会主义制度，清除资产阶级唯心主义思想，反对和防止修正主义，服务社会主义建设而展开。

（二）全面建设社会主义时期高校政治理论课历史观教育的特点

1.阶级斗争成为历史观教育的重点

1956年党的八大正确地指出了国内矛盾已从以阶级斗争为主转变为以经济建设为主，但是政治战线上和思想战线上仍存在尖锐的阶级斗争。随着整风运动中出现越来越多的尖锐批评意见甚至错误言论，使毛泽东对国内阶级斗争的形势作出了错误的估计，认为社会的主要矛盾依旧是阶级矛盾。1957年作为"社会主义革命运动中的阶级教育"的"社会主义教育"课程开设，要求用工人阶级思想批判资产阶级思想、小资产阶级思想，用马列主义的立场、观点、方法克服非马列主义的立场、观点、方法。1958年恢复三门政治理论课，强调"马列主义基础"以"社会主义教育课程的阅读文件汇编"为教材；"政治经济学"和"辩证唯物主义与历史唯物主义"要"从中国当时的阶级斗争、革命形势、党的任务和具体教育对象出发，进行专题讲授或开设讲座"③。

为了在高校师生中建立辩证唯物主义的观点，巩固师生的无产阶级立

---

① 教育部社会科学司组编：《普通高校思想政治理论课文献选编（1949—2008）》，中国人民大学出版社2008年版，第51页。

② 教育部社会科学司组编：《普通高校思想政治理论课文献选编（1949—2008）》，中国人民大学出版社2008年版，第53页。

③ 教育部社会科学司组编：《普通高校思想政治理论课文献选编（1949—2008）》，中国人民大学出版社2008年版，第34页。

场，培养师生的集体意识与劳动意识，同资产阶级、个人主义、轻视体力劳动和体力劳动者、唯心主义和形而上学的错误观点作斗争，1958年9月19日，在《中共中央 国务院关于教育工作的指示》将劳动教育列为主课，实际上是要求高等学校直接将阶级斗争作为"主课"，将课堂搬到工厂和农村，让高校师生有阶级斗争的"体验"①。

为响应党中央和毛泽东不要忘记阶级斗争的号召，1964年10月11日《中央宣传部、高教部党组、教育部临时党组关于改进高等学校、中等学校政治理论课的意见》指出："高等学校、中等学校政治理论课的根本任务，是用马克思列宁主义、毛泽东思想武装青年，向他们进行无产阶级的阶级教育，培养坚强的革命接班人。"②再一次强调将阶级斗争作为高校思想政治教育的主要目的，"政治理论课必须同国内国际的阶级斗争密切联系，坚决反对主要危险现代修正主义，同时也反对现代教条主义"③。具体规定："形势与任务"要"阅读和讲解当前重大政策文件、报刊的重要社论和反对现代修正主义的文章"；"中共党史"以党的历史为线索，以党内两条路线为中心，学习毛主席著作；"哲学"以《实践论》《矛盾论》《关于正确处理人民内部矛盾的问题》《人的正确思想是从哪里来的?》等为主要教材。"政治经济学"的社会主义部分主要是讲社会主义制度的优越性、建设社会主义的长期性和过渡时期的阶级斗争。其资本主义部分，可选用教科书中有关剩余价值学说、帝国主义本性和资本主义必然灭亡的规律部分作为教材④。

随着阶级斗争的调子越来越高，高校政治理论课历史观教育的内容越

---

① 教育部社会科学司组编:《普通高校思想政治理论课文献选编(1949—2008)》,中国人民大学出版社2008年版,第38页。
② 教育部社会科学司组编:《普通高校思想政治理论课文献选编(1949—2008)》,中国人民大学出版社2008年版,第50页。
③ 教育部社会科学司组编:《普通高校思想政治理论课文献选编(1949—2008)》,中国人民大学出版社2008年版,第50页。
④ 教育部社会科学司组编:《普通高校思想政治理论课文献选编(1949—2008)》,中国人民大学出版社2008年版,第51页。

来越集中在阶级斗争上。

2.以毛泽东著作为基本教材，探索以马克思主义中国化理论和实践成果为主要内容的历史观教育

由于毛泽东思想被认为"是我国人民进行革命和建设的指针，是反对帝国主义和现代修正主义的强大思想武器"；毛主席著作则被认为"是我国革命经验和国际无产阶级革命、无产阶级专政经验的总结，是马克思列宁主义理论的新概括和新发展，是我国青年革命化的最好教科书"[①]。中央要求学习毛泽东著作必须占领学校的政治理论课堂。1957年设置"社会主义教育"课程内容以毛泽东《关于正确处理人民内部矛盾问题》为中心教材[②]。1961年开设的"中共党史"课程，突出中国共产党人在马列主义指导下领导革命和建设的三十多年历史、经验和教训。围绕以中国共产党为领导力量的中国革命史教育，在教学内容上，以"中国共产党的三十年"为提纲，讲解毛泽东同志的主要著作[③]。1964年10月11日《中央宣传部、高教部党组、教育部临时党组关于改进高等学校、中等学校政治理论课的意见》提出，"'中共党史'……以党内两条路线斗争为中心，学习毛主席著作，使学生初步领会毛泽东同志如何把马克思列宁主义普遍真理和革命的具体实际相结合从而发展了马克思列宁主义，并且认识中国共产党是光荣的、伟大的、正确的，使学生更加热爱党、热爱毛主席。'哲学'以《实践论》《矛盾论》《关于正确处理人民内部矛盾的问题》《人的正确思想是从哪里来的？》等为主要教材"[④]。随着20世纪60年代学习毛泽东著作运动兴起，部分高校甚至打破了原来三门课的体系，针对学生暴露出

---

① 教育部社会科学司组编：《普通高校思想政治理论课文献选编（1949—2008）》，中国人民大学出版社2008年版，第51页。

② 教育部社会科学司组编：《普通高校思想政治理论课文献选编（1949—2008）》，中国人民大学出版社2008年版，第31页。

③ 教育部社会科学司组编：《普通高校思想政治理论课文献选编（1949—2008）》，中国人民大学出版社2008年版，第45页。

④ 教育部社会科学司组编：《普通高校思想政治理论课文献选编（1949—2008）》，中国人民大学出版社2008年版，第51页。

的问题，专门汇编专题性的毛主席的语录作为基本教材，让学生从中学习毛主席的观点。比如华中工学院针对学生中存在对党的领导的一些认识问题，编了"中国共产党是中国革命和建设事业的组织者和领导者"的专题语录①。总之在此期间，学习毛泽东著作成为马克思主义理论学习的主要任务。

3.通过"形势与任务"教育加强历史观教育的现实观照

高校政治理论课历史观教育的重要目的，就是培养学生掌握和运用科学的历史观方法论分析和解决问题的能力。为提高学生对现实问题和国内外局势的正确认识，1956年12月11日，共青团中央第一书记胡耀邦在讲话中指出对学生进行时事和政策教育有下面几点好处：第一，可以开阔眼界；第二，培养对事物的分析能力；第三，坚定自己的人生观，懂得世界大事就不会上当；第四，密切广大知识青年和党在思想上的联系②。党中央逐渐将"形势与任务"纳入高校政治理论课体系中。1957年高校设立社会主义教育课程，目的之一就是使学生结合当前中国社会主义革命和建设的实践，来深入学习马克思列宁主义的理论。1958年《对高等学校政治教育工作的几点意见（草稿）》提出，今后开设政治课的意见中，教学内容为"应确立以研究中国革命实际问题为中心，以马克思列宁主义基本原则为指导的方针，废除静止地孤立地研究马克思列宁主义的方法"③。今后"政治经济学"和"辩证唯物主义与历史唯物主义"，"要从中国当前的阶级斗争、革命形势、党的任务和具体教育对象出发，进行专题讲授或开设讲座"④。同时在课堂上要对党的决议和政策与重大时事进行及时教学。

---

① 华中工学院政治理论课教研室：《政治理论课的改革必须高举毛泽东思想红旗》，《江汉学报》1965年第3期。

② 李斌雄、王祝福、赵甲明：《新中国成立以来高校学生形势与政策教育述评》，《马克思主义研究》2009年第2期。

③ 教育部社会科学司组编：《普通高校思想政治理论课文献选编（1949—2008）》，中国人民大学出版社2008年版，第34页。

④ 教育部社会科学司组编：《普通高校思想政治理论课文献选编（1949—2008）》，中国人民大学出版社2008年版，第34页。

1961年《改进高等学校共同政治理论课程教学的意见》教学任务："向学生进行理论和实践统一的马克思列宁主义教育，帮助他们理解马克思列宁主义、毛泽东著作，了解党的路线、方针、政策；引导他们以马克思列宁主义基本原则为指导，去观察问题、研究学问和处理工作，不断地同现代修正主义、资产阶级思想和其他反动思想的影响进行斗争。"[1]"形势与任务"主要内容是"讲解国内外形势，党和国家的任务、方针、政策"[2]。1962年5月26日，教育部在《关于高等学校共同政治理论课教学安排的几点意见》中规定思想政治教育报告一般每月应安排六学时左右[3]。1964年10月《中共中央宣传部、高教部党组、教育部临时党组关于改进高等学校、中等学校政治理论课的意见》中确定高等学校应该开设"形势与任务"课，内容是"阅读和讲解当前重大政策文件、报刊的重要社论和反对现代修正主义文章"。学校党委负责同志应当经常作报告[4]。

"形势与任务"课程的设置，引导高校学生以科学的历史观方法论研究分析时事政治，客观评价时事，从而使高校学生认清当前国家面临的复杂形势，站在历史和人民正确的一边，以坚定担当的历史主动精神为全面建设社会主义事业努力增长才干和专业知识，巩固社会主义的基本制度。

4.历史观教育与劳动教育高度结合

劳动既是马克思主义唯物史观的重要观点，也是科学历史观教育的主要方法。马克思认为劳动即"生产物质生活本身"，是人们生活和"创造

---

① 教育部社会科学司组编：《普通高校思想政治理论课文献选编（1949—2008）》，中国人民大学出版社2008年版，第41页。

② 教育部社会科学司组编：《普通高校思想政治理论课文献选编（1949—2008）》，中国人民大学出版社2008年版，第41页。

③ 教育部社会科学司组编：《普通高校思想政治理论课文献选编（1949—2008）》，中国人民大学出版社2008年版，第47页。

④ 教育部社会科学司组编：《普通高校思想政治理论课文献选编（1949—2008）》，中国人民大学出版社2008年版，第51页。

历史"的"第一个历史活动"①。劳动造就"全面发展的人"②。"生产劳动和教育的早期结合是改造现代社会的最强有力的手段之一。"③为了走出"照搬苏联"的误区,改变教育工作脱离实际以及教条主义的教学方法。党中央和毛泽东继承和发扬了对劳动的革命性、推动性的作用,正式地将"劳动作为改造思想的内容和手段"确立为高校政治理论课的重要组成部分。1957年,毛泽东在《正确处理人民内部矛盾问题》中提出要培养既有政治又有文化,既能从事脑力劳动又能从事体力劳动的"有社会主义觉悟的有文化的劳动者"④。1958年6月党中央召开教育工作会议,刘少奇作报告说:"我们的教育,解放前是新民主主义教育,现在它的内容是社会主义、共产主义……我们的大中小学,都是共产主义的学校。"⑤为了逐步消灭脑力劳动和体力劳动之间的差别,实现劳动人民知识化,知识分子劳动化,强调高校师生下厂下乡参加体力劳动,是增强阶级观点、群众观点、劳动观点,促进革命的重要途径。1958年9月,《中共中央、国务院关于教育工作的指示》要求一切学校"必须把生产劳动列为正式课程"⑥。高等学校直接将劳动教育作为"主课",师生将课堂搬到人民公社,搬到农村,让他们有阶级斗争的"体验"。1964年10月,《中央宣传部、高教部党组、教育部临时党组关于改进高等学校、中等学校政治理论课的意见》中提出,政治理论课要兴无产阶级思想,灭资产阶级思想,规定高校政治理论课教师除随同学生一起下乡下厂外,在五六年内,要有计划地从头到尾参加一期到两期社会主义教育运动,和一期到两期城市的社会主义

①中共中央马克思恩格斯列宁斯大林著作编译局编译:《马克思恩格斯全集》(第三卷),人民出版社1960年版,第31页。

②方小铁主编:《大学生劳动教育》,北京理工大学出版社2022年版,第25页。

③中共中央马克思恩格斯列宁斯大林著作编译局编译:《马克思恩格斯选集》(第三卷),人民出版社2012年版,第377页。

④中共中央文献研究室编:《毛泽东文集》(第七卷),人民出版社1999年版,第226页。

⑤傅大友、吴继霞:《铸造灵魂之路:高校德育可持续发展研究》,苏州大学出版社1999年版,第33页。

⑥教育部社会科学司组编:《普通高校思想政治理论课文献选编(1949—2008)》,中国人民大学出版社2008年版,第38页。

教育运动①。1964年特别规定高等学校尤其是文科院校师生投入社会主义教育运动。可见，当时的劳动教育与历史观教育中的阶级斗争理论高度结合，包含着浓厚的阶级斗争意味，历史观教育基本被劳动教育和阶级教育所取代。

三、全面建设社会主义时期高校政治理论课历史观教育的经验

全面建设社会主义时期是中华人民共和国历史上具有特殊意义的时期，这一时期的高校政治理论课历史观教育是在错综复杂的历史背景下开展的，留下了一定的经验。

（一）加强党的正确领导是确保高校政治理论课历史观教育开展的关键

党的领导是社会主义的本质特征，高等学校开展历史观教育必须坚持中国共产党的正确领导才能确保科学的历史观教育真正贯彻落实。全面建设社会主义时期，高校逐渐建立和规范了党对高校的领导制度。1958年8月13日，毛泽东在天津大学的讲话中把党委领导作为高等学校"应抓住三个东西"的首位②。1961年《中华人民共和国教育部直属高等学校暂行工作条例（草案）》规定高校实行党委领导下的以校长为首的校务委员会负责制，明确高校党委会作为中国共产党在高校基层组织的地位，强调高校党委对学校工作的领导核心作用③，从而在制度上确立了党委在校内教学和科学研究上的绝对领导，保证了党对高等教育的领导，保证了高校的社会主义办学方向。党委对高校的组织领导和政治领导不仅落实到具体行

① 教育部社会科学司组编：《普通高校思想政治理论课文献选编（1949—2008）》，中国人民大学出版社2008年版，第53页。

② 田玉敏、朱天利、黄崴等编著：《马克思主义教育原理》，天津社会科学院出版社1991年版，第316页。

③ 中共中央文献研究室编：《建国以来重要文献选编》（第十四册），中央文献出版社1997年版，第580—607页。

政事务上，而且体现在加强政治思想教育中，高度重视通过开展马克思主义的科学世界观和历史观教育引导全体师生把握历史发展规律，确保中国高等学校的社会主义性质。如反右派斗争后，许多高校的党委书记和校院长都直接领导政治课教研室的工作，并且主讲政治理论课。"各地高等学校这些措施，将发挥彻底加强党对马列主义教育的领导作用，对于改进理论教育，克服教条主义的缺点，反对修正主义倾向，提高教学质量，培养工人阶级的知识分子，都具有重大的意义。"[①]1964年《中央宣传部、高教部党组、教育部临时党组关于改进高等学校、中等学校政治理论课的意见》强调加强党对政治理论课的领导，"着重抓方向、抓教学、抓队伍"[②]。高校党委负责人将理论教育与政治思想教育工作相结合，做到既管教学又管人，既管理论又管思想，有利于切实保证和提高高校政治理论课的教学质量，有利于保证历史观教育的正确方向。

但是，由于党和国家领导人对全面社会主义建设时期的阶级斗争估计产生偏差，把阶级斗争作为国内主要矛盾，影响高校政治理论课历史观的正确方向和教学质量。

（二）合理设置政治理论课程是高校实施科学历史观教育的基本途径

马克思主义理论体系是马克思主义者对自然界和人类社会客观发展规律进行研究和探索科学研究成果的系统集成。高校政治理论课是引导中国大学生树立科学历史观的重要途径，是引领学生顺应历史潮流，把握正确政治方向的关键一环。把马克思主义的科学理论体系转化为合理的课程体系和教学体系是高校政治理论课程建设面临的首要任务和开展科学历史观教育的基本依据。而"以研究和解决中国革命和建设的实际问题为中心，

---

① 《全国高等学校加强政治教育工作　许多校院长和党委书记主讲政治课》，《人民日报》1957年12月19日第7版。

② 教育部社会科学司组编：《普通高校思想政治理论课文献选编（1949—2008）》，中国人民大学出版社2008年版，第53页。

以马列主义基本原则为指导的教材建设方针"，"将普遍规律和民族特点、历史和现实、今天和明天、理论和政策有机地结合起来，并且加强对修正主义和资产阶级观点的批判"①，是全面建设社会主义时期高校政治理论课历史观教育的基本教学目标和重要教学原则。

由于新中国成立初期在学习苏联经验过程中存在过于强调"基本理论、基本知识、基本概念"三基和"科学性、系统性、完整性、逻辑性"四性，缺点是"结合我国革命和建设的实际及学生思想的实际很不够"②。1957 年将"马列主义基础""中国现代革命史""政治经济学""辩证唯物主义和历史唯物主义"等四门科学的、系统的政治理论课取消，只开一门"社会主义教育"课。全面建设社会主义时期，高校政治理论课以"社会主义教育"为中心的历史观教育体系，是探索中国化政治理论课历史观教育的尝试，对学生学习和掌握中国化马克思主义理论、观点和方法，对学生坚持党的领导和坚持社会主义方向有一定的作用。

但是这种"片面强调政治课的任务就是批判学生的生活作风，有什么错误思想就批什么错误思想，否定了马列主义基本原理的学习和运用"的做法，"枝枝节节""零零碎碎"的政治理论课教学，导致高校学生不能掌握和运用马列主义基本原理，不利于思想觉悟的提高③。"政治课是一门马列主义基础课"，"应当有比较高的稳定性、系统性"，不能"忽视了马克思列宁主义的基本理论"④。所以才有 1961 年政治理论课教学的系统恢复。理论和实践证明，保持一定的科学体系并坚持科学性和党性的统一的政治理论课，是学生逐步学习和掌握马列主义毛泽东思想的基本原理，是实施科学历史观教育的基本途径。

---

① 马纪孔：《中国人民大学整风后的新面貌》，《人民日报》1959 年 5 月 18 日第 6 版。

② 教育部社会科学司组编：《普通高校思想政治理论课文献选编（1949—2008）》，中国人民大学出版社 2008 年版，第 75—76 页。

③ 教育部社会科学司组编：《普通高校思想政治理论课文献选编（1949—2008）》，中国人民大学出版社 2008 年版，第 76 页。

④ 石云霞：《新中国思想理论教育 60 年（1949—2009）》，华中科技大学出版社 2009 年版，第 163 页。

（三）理论学习和劳动教育相结合是掌握科学历史观的重要途径

劳动创造人是唯物史观的基本观点。教育与生产劳动相结合，是马克思在历史地考察教育与生产劳动相互关系的基础上，为实现人的全面发展而提出的马克思主义教育理论的基本原则之一。新中国成立初期知识分子的马克思主义世界观和科学历史观的初步树立，主要是通过政治运动、参观考察和理论学习等方式。毛泽东认为马克思主义的立场、观点和方法，既要从书本上学，又要通过"阶级斗争、工作实践和接近工农群众"中学，才能建立无产阶级的世界观，才能和工农群众有爱国主义、社会主义制度和共产主义世界观等方面的共同语言①。为纠正新中国成立后一度因照搬苏联教育模式强调"智育"，忽视教育与生产劳动结合的问题，中共中央、国务院于1958年将生产劳动列为正式课程，每个学生必须参加一定时间的劳动。中国共产党提出并贯彻实施"教育与生产劳动相结合"②的教育工作方针，强调通过劳动改造思想。将生产劳动纳入教学计划后，学生经过反右斗争、整风运动、三年"大跃进"运动与生产劳动、实际斗争的锻炼，以前那种重专轻红、脱离政治的倾向有了根本性的扭转，政治思想觉悟普遍有了提高，劳动观点、阶级观点、群众观点与辩证唯物主义观点有很大加强③。有的学生根据切身体会说："过去的学习，书虽然看了不少，但对问题的理解总是模模糊糊，理论与实践之间，好像隔着一层天似的，脑袋里总是不亮堂。现在学习理论问题的时候，就很自然地考虑实际问题，遇到实际问题，就很自然地进行理论分析。"④

教学与生产劳动相结合，是我们党的教育方针，但并不是以劳动教育代替政治理论课的历史观教育。然而从1958年的教育大革命开始，片面强

① 中共中央文献研究室编：《毛泽东文集》（第七卷），人民出版社1999年版，第273页。

② 教育部社会科学司组编：《普通高校思想政治理论课文献选编（1949—2008）》，中国人民大学出版社2008年版，第38页。

③ 林祖谋、沈敬繁、刘珍馨选编，厦门大学校史编委会编：《厦门大学校史资料第3辑　1949—1966》，厦门大学出版社1989年版，第256页。

④ 马纪孔：《中国人民大学整风后的新面貌》，《人民日报》1959年5月18日第6版。

调紧跟形势，走向社会参加体力劳动，以劳动代替理论教育，打乱了整个教育秩序，干扰了高校的马克思主义理论教育的正常发展，造成系统政治理论知识的缺漏。如厦门大学对全校系统1960年暑期毕业班的调查，发现没有一个班系统学完四门政治理论课，其中有的有两门缺修，有的是虽修而残缺不全……其他年级也有类似的情况。不少二、三年级学生对马列主义的若干基本原理不能正确地表述，有的甚至连一些基本概念都没有弄懂①。这正是由于缺乏系统理论学习，难以形成科学历史观的理论体系和认知标准，直接影响部分高校学生对党的领导和社会主义方向的正确认识。

（四）理论联系政策、思想是改善高校政治理论课历史观教育的重要环节

重大政策、思想的产生和实施都是源于现实的需要，往往折射出历史的重大变革。因此，理论联系政策、思想，引导高校学生运用唯物史观的基本立场、观点和方法，正确分析和评价时事政治、理论政策和重大思想，这有助于高校学生坚持党的领导、坚定投身社会革命和建设实践的决心，抵制资产阶级思想和修正主义的影响，是开展高校政治理论课历史观教育的重要环节。1957年开设的"社会主义教育"课程，是因为西方"和平演变"的威胁和社会主义阵营的动荡，需要通过学习矛盾理论正确看待中国社会的人民内部矛盾。1958年《对高等学校政治教育工作的几点意见（草稿）》中，明确提出"政治经济学"和"辩证唯物主义与历史唯物主义"两门课，要讲解中国当前的阶级斗争、革命形势、党的任务和具体教育对象，强调政治理论课要对党的重要方针政策与任务、毛泽东著作和国内外重大时事"及时进行教学"②。1961年教育部正式将"形势与任务"

---

① 林祖谋、沈敬繁、刘珍馨选编,厦门大学校史编委会编:《厦门大学校史资料第3辑 1949—1966》,厦门大学出版社1989年版,第259页。

② 教育部社会科学司组编:《普通高校思想政治理论课文献选编(1949—2008)》,中国人民大学出版社2008年版,第34页。

课程作为高校政治理论课之一，纳入教学计划，由党委直接领导。在历史观教育方面配合党和国家的任务，宣传党的方针政策，开展群众运动。这种教育方式的特点是密切联系实际，自然地引导群众去关心整个国家的命运，把党的方针政策变为自己的实际行动。它在提高群众觉悟和推动各项工作上起了很大作用，这也将学习科学的历史观理论和改造思想、把马克思列宁主义的普遍真理和党的方针政策有机地结合了起来。

（五）提高政治理论课教师的思想素质是推进高校政治理论课历史观教育的关键环节

高校政治理论课教师的思想觉悟水平、理论水平和政策水平，关系到历史观教育的成效。全面建设社会主义时期，为提高政治理论课历史观教育的有效性，采取的办法是一方面抓活思想，即通过寻找马克思列宁主义理论与学生思维活动的契合点，引导学生通过学习并运用马克思列宁主义的立场、观点、方法来解决自己思想中带根本性的问题，从而克服和防止现代修正主义及一切剥削阶级的思想影响，促进世界观的改造[1]。为了达到这个目的，政治理论课教师注重理论教学与学生实际相结合，养成密切联系实际、联系群众的作风。在教学过程中开展调查研究，采取各种有效方式，进行艰苦细致的工作，关注学生的思想动态，使自己成为学生的知心朋友，增强政治理论课历史观教育的针对性。如1957年中国人民大学要求政治理论课教师担任政治辅导员，将教师深入学生制度化。许多担任政治辅导员的讲课教师开始更多地深入系、班和学生宿舍了解学生的学习情况，在讲课中注意解决学生思想问题[2]。另一方面，提出要帮助实现学生思想革命化，首先要求政治理论课教师实现自己的思想革命化[3]。党中央要求政治理论课教师参加阶级斗争、生产斗争和科学实验这三大革命运

---

①《充分发挥政治理论课的战斗作用》，《人民日报》1964年12月17日第2版。

②《联系实际学习理论提高认识中国人民大学加强政治理论课教学工作》，《人民日报》1959年4月3日第6版。

③《充分发挥政治理论课的战斗作用》，《人民日报》1964年12月17日第2版。

动，加强同实际的接触，加强与基层民众的联系。例如，高校通过采取组织教师轮流下乡下厂，进行劳动锻炼；组织教师参加社会活动和政治斗争；加强马列主义学习，彻底扭转教条主义倾向，切实贯彻学习理论、提高认识、联系实际、改造思想的方针；建立一定制度，经常在教师中开展批评与自我批评等措施，锻炼和培养政治课教师的无产阶级立场与感情，学会做群众工作的方法①。同时参加社会实践和劳动教育也切实地提高了政治理论课教师的科学历史观理论水平，进一步丰富了理论课的内容。如1958年中国人民大学全校大部分师生都下厂下乡进行调查工作，为理论课联系实际提供了丰富的内容。如"政治经济学"一课中，就加强了社会主义经济部分，分别阐述了我国经济方面的一些新问题，如人民公社化运动中提出的经济方面的新问题，商品生产、价值规律、按劳分配以及两个过渡等方面的问题。在教学中增加了批判资产阶级错误观点的内容，以加强这一课程中理论上的战斗性②。

总的来说，紧密联系学生思想实际，通过社会实践和阶级斗争锻炼教师，是切实提高政治理论课教师素养和提高历史观教育有效性的中心环节。但是以运动和劳动冲击甚至替代理论学习和科学研究，不利于教师理论素养的提升，也直接影响历史观教育的效果。

结　语

1956—1966年是中国社会主义建设全面展开的历史时期，也是中国特色社会主义道路的开始探索时期。在此期间，国内外形势发生重大而深刻的变化，探索也表现出历史发展的复杂和曲折。全面建设社会主义时期，高校政治理论课经历了数次的调整，但以社会主义教育为中心，以培养有社会主义觉悟有文化的劳动者为根本目标，始终没有变。高校政治理论课

---

① 《充分发挥政治理论课的战斗作用》，《人民日报》1964年12月17日第2版。
② 《联系实际学习理论提高认识中国人民大学加强政治理论课教学工作》，《人民日报》1959年4月3日第6版。

历史观教育始终以坚持党的领导，坚持维护社会主义制度，坚持清除资产阶级唯心主义思想、反对和防止修正主义，坚持服务社会主义建设为中心任务。虽然经历曲折，但这一时期的高校政治理论课历史观教育在具体的方针政策和内容方法上有正确或比较正确的部分。全面建设社会主义时期高校政治理论课历史观教育的经验表明，只有加强党对高校历史观教育的正确领导，在合理系统的政治理论课程体系中开展科学的历史观教育，促进理论学习与实践劳动教育正向融合，结合理论和政策、思想进行历史观教育，切实提高政治教师的思想素质，高校政治理论课科学历史观教育才能起到相应的作用。

第五章　1978—1992年高校思政课历史观教育的演变及基本经验

　　1966年5月到1976年10月"文化大革命"期间，由于"左"倾错误理论的指导，林彪、"四人帮"颠倒主观与客观、精神与物质的关系，宣扬唯心史观，鼓吹"突出政治"，大搞政治运动，采取批判斗争的方针和方法，取消党对高校思想政治教育的组织领导，大搞形式主义，"搞乱了路线是非、理论是非和思想是非，理论课的教学受到了严重的影响，造成了很多混乱"[①]。这一时期高校各方面工作都陷于瘫痪，原有的思政课程被取消，停课八年，高校政治理论课历史观教育受到巨大冲击和挫折，亟须拨乱反正。改革开放后，高校思政课逐渐恢复。

　　1978年改革开放和社会主义现代化建设全面展开，科学把握世界历史发展趋势，正确看待中国社会的新变化，坚持四项基本原则，坚定走中国特色社会主义道路，成为高校政治理论课的中心任务和职责。改革开放后，高校马列主义课逐渐恢复，为历史观教育提供了理论支撑，1984年以后新增了思想品德课，增加了历史观教育的思想品德维度，之后历史观教育的重任由马列主义课和思想品德课共同承担。马列主义课和思想品德课加强了大学生中共党史和中国革命史学习，树立了正确的历史观，为改革开放和社会主义现代化建设培养了合格建设者和接班人。聚焦1978—1992

　　[①] 教育部社会科学司组编：《普通高校思想政治理论课文献选编（1949—2008）》，中国人民大学出版社2008年版，第70页。

年高校思政课①历史观教育的演变历程，既能够进一步丰富历史观教育的研究，又能为新时代高校思政课开展历史观教育提供历史借鉴。

一、1978—1992年高校思政课历史观教育的背景

1978年党的十一届三中全会开启了改革开放和社会主义现代化建设历史新时期，改革开放拉开序幕，党和国家的工作重心转移到经济建设上来，这给各行各业带来前所未有的生机和活力；西方自由主义思潮和资本主义腐朽思想也随之涌入中国大门，再加上历史原因造成的历史虚无主义的遗毒，这些都对大学生造成了思想上混乱；而高校思政课却因历史原因，无法有效解决现实问题。高校思政课历史观教育改革势在必行。

（一）改革开放和社会主义现代化建设迫切需要科学理论指导

"'文化大革命'十年内乱导致我国经济濒临崩溃的边缘，人民温饱都成问题，国家建设百业待兴。"②粉碎"四人帮"以后，恢复经济和各方面建设的客观要求及人民渴望"把被'四人帮'耽误的时间夺回来，把他们破坏生产的损失补上去"③的主观愿望，促使党和政府重新把现代化建设提上日程。新中国成立初期，党中央提出要"把我国建设成为一个具有现代农业、现代工业、现代国防和现代科学技术的社会主义强国"④。1977年党的十一大重申了建设社会主义现代化强国的根本任务。与此同时，20世纪70年代，中国在与各国开展贸易往来、科技合作、文化交流的过程中深切感受到世界经济迅速发展，科技日新月异，中国"六十年代

---

① 1978—1992年间，思政课经历了"政治理论课""马列主义课""马列主义理论课""马列主义思想品德课和政治理论课"等几次调整。为方便论述，在探讨整体问题时用思政课，具体问题用相应历史阶段的课程名称。

②《十九大以来重要文献选编》（上），中央文献出版社2019年版，第720页。

③《中共北京化工厂委员会.彻底清算"四人帮"祸国殃民的罪行》,《人民日报》1976年11月16日第3版。

④《周恩来经济文选》,中央文献出版社1993年版,第563页。

末期到七十年代这十一二年，我们同世界的差距拉得太大了"①。为了解放和发展生产力，1978年十一届三中全会，党作出改革开放的战略决策。在社会主义经济建设和实现四个现代化的进程中，"许多我们不熟悉的、预想不到的新情况和新问题"②，迫切要求党领导全国各族人民坚持马列主义、毛泽东思想，解放思想，坚持一切从实际出发、理论联系实际，立足工作中心的转变，"正确地改革同生产力迅速发展不相适应的生产关系和上层建筑"③。同时，迫切地需要党领导全国各族人民开展马列主义理论教育，教育人民运用马克思主义的基本立场、观点和方法，理论联系实际，科学认识党的路线、方针、政策，正确认识社会发展出现的新情况和新问题，坚定不移地拥护党的领导和社会主义制度，努力为四个现代化服务。进行马克思主义历史观教育至关重要，邓小平曾指出："总结历史是为了开辟未来。"④科学的历史观教育关乎国家、民族、人民的命运与未来。

（二）历史虚无主义叠加资产阶级自由化思想的恶劣影响迫切需要清除

20世纪70年代末，受"文革"期间林彪、"四人帮"制造的唯心史观及国外资本主义国家对中国进行意识形态渗透的影响，历史虚无主义及资产阶级自由化的各种观点严重影响人们的思想。"文革"期间，林彪、"四人帮"为提高自己而肆意中伤、贬低和否定历史。例如，指责古今中外的文明成果是为剥削阶级服务的，必须全盘否定⑤；随意评价历史人物，自定义历史人物的褒贬扬抑⑥。"文革"结束以后，林彪、"四人帮"制造的

---

① 邓小平：《邓小平文选》(第二卷)，人民出版社1994年版，第231—232页。

② 邓小平：《邓小平文选》(第二卷)，人民出版社1994年版，第152页。

③ 邓小平：《邓小平文选》(第二卷)，人民出版社1994年版，第141页。

④ 邓小平：《邓小平文选》(第三卷)，人民出版社1993年版，第271页。

⑤ 袁震宇：《古为今用，还是古为"帮"用？——批判"四人帮"对待文化遗产的修正主义谬论》，《人民日报》1977年7月14日第2版。

⑥ 丁伟志：《破除迷信 解放思想》，《人民日报》1978年3月16日第3版。

这些错误观点还未纠正，以否定民族传统文化和"全盘西化论"为主要特征的历史虚无主义仍旧存在。例如，"四人帮"大量歪曲、篡改和伪造马克思列宁主义、毛泽东思想，贩卖的反马克思主义的谬论，造成思想混乱①。改革开放后，西方社会思潮的涌入，历史虚无主义的特征和内涵发生了新的变化，西方国家趁机渗透中国的意识形态领域，以否定毛泽东和毛泽东思想，进而否定中国共产党的历史，否定社会主义事业的历史成就，为奠定其在中国进行"和平演变"寻找依据，这也是资产阶级自由化思潮的表现之一。与此同时，部分青年沉溺于灯红酒绿、放浪形骸的西方社会腐朽的作风②。20世纪80年代的高校学生由于年龄小，阅历浅，知识也不深，对中国革命的艰辛历程缺乏深刻了解③。"要中国全盘西化，走资本主义道路"④的资产阶级自由化思潮，腐蚀人们的思想，给青年大学生带来巨大危害。引导大学生批判林彪、"四人帮"制造的错误理论和历史观点，辨别资产阶级自由化思潮，成为高校思政课历史观教育的重要任务。所以，必须改进和加强高校马列主义课的教学，进行科学的历史观教育，才能坚持党的政治路线和思想路线，解放思想，坚持四项基本原则，彻底清除林彪、"四人帮"的流毒，从根本上拨乱反正；同时要运用马列主义、毛泽东思想的基本原理来研究新情况，解决新问题，使马列主义课不断适应社会主义现代化建设事业发展的新形势。

（三）因历史问题造成高校思政课建设的欠缺

"文化大革命"造成高校思政课建设停滞甚至倒退，高校思政课的历史观教育也随之受到严重影响，急需在教师团队建设、课程内容、教材编写、教学方式方法等方面进行改变。"文革"中断了高校正常的政治理论课教学。江青、陈伯达煽动学生对新中国成立以来17年的教育路线进行

---

① 张德成：《揭批"四人帮"和实现四个现代化》，《人民日报》1978年5月9日第2版。

② 王昌煦：《献给祖国的青年朋友们》，《人民日报》1980年1月20日第3版。

③ 王力军：《政治理论课的教学改革——谈中共党史课改为中国革命史课的必要性》，《金融教学与研究》1986年第1期。

④ 邓小平：《邓小平文选》（第三卷），人民出版社1993年版，第207页。

大批判，高校的教学组织、规章、制度几乎被全盘否定①。"'文化大革命'期间，停课八年。一九七二年复课后，高校政治理论课被"四人帮"利用来作为他们篡党夺权服务的工具，以致名存实亡"②。"文革"给高校政治理论课造成了极大的损失：教师队伍上，"老一辈教师受到林彪、'四人帮'的严重摧残而大量减员，中年教师缺乏学习进修的机会，荒废了业务，身体素质差，青年教师还没有能力开课，师资力量严重不足"③。教材上，"很多高等学校根本没有四门理论课的教学大纲和讲义。少数学校有讲义，但其中有'四人帮'的流毒和影响，还有大量理论上政治上的疑难问题尚待解决"④。学生情况上，由于"四人帮"的破坏造成了大学生思想认识的混乱，如"大学生积极拥护党中央粉碎'四人帮'，但是有些人分不清被'四人帮'破坏了的理论、党内'左'的错误和马克思主义正确路线的根本区别，把社会上所有问题都归咎于中国共产党的领导和社会主义制度；他们十分珍惜上大学的机会，认真学习，但有些人不重视政治理论学习，自谓'看破红尘'；具有一定的社会阅历，喜欢谈论生活，抨击时弊，但缺乏马克思主义基本理论"⑤。

严峻的国内外形势，迫切要求恢复高校政治理论课，教育广大高校学生，坚持马列主义、毛泽东思想的指导，坚持中国共产党的领导，坚持社会主义制度，正确认识经济社会的发展变化，树立正确的历史观以看待历史把握未来，使大学生能彻底清除林彪、"四人帮"的流毒，从根本上拨乱反正，能自觉抵制历史虚无主义以及资产阶级自由化思潮，使之成为合格的改革开放和社会主义现代化建设的建设者和接班人。

---

① 吴贻谷主编：《武汉大学校史1893—1993》，武汉大学出版社1993年版，第288—289页。

② 教育部社会科学司组编：《普通高校思想政治理论课文献选编（1949—2008）》，中国人民大学出版社2008年版，第76页。

③ 中国高等教育学会、清华大学编：《蒋南翔文集》（下），清华大学出版社1998年版，第918页。

④ 教育部社会科学司组编：《普通高校思想政治理论课文献选编（1949—2008）》，中国人民大学出版社2008年版，第72页。

⑤ 谈松华主编：《中国高等学校思想政治教育史纲》，高等教育出版社1992年版，第228页。

二、1978—1992年高校思政课历史观教育的演变

1978—1992年的高校思政课历史观教育，历经三大阶段的变化，第一阶段为1978—1982年，重新恢复三门思想政治课程和增设一门新课程，增加历史观教育内容；重建专业的教师队伍，增加人数并相应提高政治素养和教学素养；改革教学方式方法，注意理论联系实际，关注学生的历史观问题。第二阶段为1983—1985年，高校思政课历史观教育增加了改革开放的内容，让学生了解改革开放的历史必然性；继续推进教学方法改革和完善师资队伍建设。第三阶段为1986—1992年，高校思政课历史观教育围绕着社会主义现代化建设进行，强调坚定四项基本原则的历史必然性，进一步优化相关课程设置，加大教学方法改革和师资队伍建设力度。

（一）1978—1982年高校马列主义课历史观教育的演变

十一届三中全会决定将全党工作重点和全国人民的注意力转移到经济建设上来，实行改革开放。为推进改革开放和社会主义现代化建设，1979年邓小平发表《坚持四项基本原则》的讲话，强调坚持四项基本原则是"实现四个现代化的根本前提"，是"整个社会主义事业，整个现代化建设事业"的基础[1]。在全党和全国人民进行改革开放和社会主义现代化建设之时，少数人曲解"解放思想"之意，借党领导人民肃清林彪、"四人帮"的思想流毒之机，"肆意夸大党和毛泽东所犯的错误，企图否定党的领导，否定社会主义制度，否定毛泽东和毛泽东思想"[2]。国际上，西方资本主义国家趁中国改革开放之机，抓紧对中国实施"和平演变"。涉世未深的部分青年学生由于受林彪、"四人帮"的毒害，对四项基本原则和四个现代化缺乏坚定的信心。由于受资产阶级自由化思潮影响，部分学生出现精

---

① 邓小平：《邓小平文选》（第二卷），人民出版社1994年版，第164、173页。
②《中国共产党简史》编写组编著：《中国共产党简史》，人民出版社、中共党史出版社2021年版，第228页。

神懈怠，"产生了政治动摇，出现了不讲革命理想，不注意品德修养的现象"①。个别学生"受到资产阶级腐朽思想和生活方式的严重腐蚀，甚至违法乱纪"②。总之，国家的发展、形势的变化、党的理论创新、高校思想政治工作和学生思想情况的发展，都要求恢复高校政治理论课，对大学生进行马克思主义理论教育和历史观教育。

1.完善相关历史观教育的课程设置，改革教学内容

1978年，教育部恢复高校政治理论课，设置"辩证唯物主义和历史唯物主义""政治经济学"和"中国共产党党史"三门课，并增设"国际共产主义运动史"，1980年提出有条件的文科专业可以试开"科学社会主义"③。1982年教育部试推"共产主义思想品德"，1984年正式将课程纳入教学计划④。由于全国高校政治理论课并没有统一的教材，课程主要围绕

---

① 谈松华主编：《中国高等学校思想政治教育史纲》，高等教育出版社1992年版，第254页。

② 彭珮云：《马列主义理论课要努力做到有战斗力，有说服力，有吸引力——在全国高等学校哲学、政治经济学教学大纲修订会议上的讲话摘要》，《教学与研究》1983年第2期。

③ 教育部社会科学司组编：《普通高校思想政治理论课文献选编(1949—2008)》，中国人民大学出版社2008年版，第70—71、87页。

④ 教育部社会科学司组编：《普通高校思想政治理论课文献选编(1949—2008)》，中国人民大学出版社2008年版，第92—93、100—102页。

教育部组织编写的教学大纲开展教学活动①。

"中国共产党党史""国际共产主义运动史"两门政治理论课程是高校在唯物史观指导下进行历史观教育的主要课程。其中，"中国共产党党史"是"马列主义的真理和中国革命的具体实践日益结合的历史"，是为了"帮助学生完整地准确地领会和掌握毛泽东思想的体系"②，拥护党的领导。"国际共产主义运动史"是"马克思主义同各种社会主义流派和各种机会主义路线作斗争，并取得胜利的历史，是马克思主义发展史，是研究无产阶级暴力革命和无产阶级专政及无产阶级专政下继续革命的科学"，是为了培养学生懂得马克思主义、修正主义，懂得马克思主义必胜，修正主义必败，坚持无产阶级专政下的继续革命，发扬无产阶级国际主义的精神，把无产阶级世界革命进行到底③。

两门马列主义课程帮助学生更加客观全面地了解中国共产党历史、国际共产主义运动史，帮助学生认识无产阶级肩负的使命，坚持党的领导和

① 1978—1979年，发表了高校政治理论课教学大纲，参见国际共产主义运动史教学大纲编写组的《国际共产主义运动史教学大纲(征求意见稿)》(《天津师院学报》1979年第1期)、政治经济学教学大纲编写小组的《政治经济学(社会主义部分)教学大纲——征求意见稿》[《复旦学报(社会科学版)》1979年第4期]、《中国共产党历史教学大纲》编写小组的《中国共产党历史教学大纲(征求意见稿)》[《北京大学学报(哲学社会科学版)》1979年第4期]、哲学教学大纲编写小组的《辩证唯物主义历史唯物主义教学大纲(征求意见稿)》(沈阳军区政治部宣传部，1979年)。1982年，发表了中共中央党校党史教研室编写的《中国共产党历史教学大纲(下编)——社会主义革命和建设部分(试用本)》(《教学与研究》1982年第5期)，"科学社会主义"的教学大纲尚未编写，讲课主要依靠高校自行编写的教材。1983—1985年间，部分教学大纲发表了修订稿或试用本，参见《辩证唯物主义和历史唯物主义教学大纲(修订稿)》(《教学与研究》1983年第3期)、《政治经济学教学大纲(修订稿)》(《教学与研究》1983年第3期)、《中国共产党历史教学大纲》(《教学与研究》1984年第1期)、教育部政治思想教育司的《国际共产主义运动史教学大纲(修订本)》(中国人民大学出版社1984年版)。1984年，教育部印发《关于高等学校开设共产主义思想品德课的若干规定》，确定将"共产主义思想品德"课纳入教学计划，同年出版了教学大纲试用本，参见教育部政治思想教育司的《共产主义思想品德》(中国人民大学出版社1984年版)。

② 教育部社会科学司组编：《普通高校思想政治理论课文献选编(1949—2008)》，中国人民大学出版社2008年版，第71页。

③ 教育部社会科学司组编：《普通高校思想政治理论课文献选编(1949—2008)》，中国人民大学出版社2008年版，第71页。

社会主义道路，并从理论上引导学生认识为社会主义现代化建设服务的必要性和重要性。课程内容的调整体现在以下三个方面。第一，通过中国共产党党史和国际共产主义运动史，揭示历史规律，坚持社会主义方向，坚持毛泽东思想的领导。1979年"中国共产党党史"的教学大纲以党诞生之日到党的八大为时间段，涵盖党领导中国革命和社会主义建设取得胜利的历史、党的马克思列宁主义路线同一定时期内出现的"左"右倾机会主义路线斗争胜利的历史、马克思列宁主义的普遍真理和中国革命实践结合的历史、马克思列宁主义和毛泽东思想在中国发展的历史等内容①。大纲重视引导学生阅读毛泽东著作，善于结合毛泽东各阶段的代表作来阐明国情、党的理论方针政策。例如，大纲在谈北伐战争"农民问题上的尖锐斗争"时，结合毛泽东的《湖南农民运动考察报告》，驳斥反对派对农民运动的攻击，肯定农民在中国革命中的作用②。1982年"中国共产党党史"修订了社会主义革命和建设部分的教学大纲，新增了从1957年到1981年的党史，引领学生了解党领导探索走社会主义道路的曲折，认识党是勇于自我革命的政党。"国际共产主义运动史"主要围绕各国无产阶级解放斗争的一般历史进程展开教学。课程遵循辩证唯物主义与历史唯物主义的原理，研究各国在无产阶级革命斗争中是如何运用马克思主义的立场、观点和方法来分析和解决问题的，并总结了革命和建设的历史经验，"分清哪些历史经验反映了'放之四海而皆准'的普遍规律，哪些只是适用于一国或一些国家的特殊规律"③，同时强调"毛泽东思想是中国革命胜利的指南"④。第二，揭露林彪、"四人帮"的恶行，将他们颠倒的是非纠正过

---

① 《中国共产党历史教学大纲》编写小组：《中国共产党历史教学大纲（征求意见稿）》，《北京大学学报（哲学社会科学版）》1979年第4期。

② 《中国共产党历史教学大纲》编写小组：《中国共产党历史教学大纲（征求意见稿）》，《北京大学学报（哲学社会科学版）》1979年第4期。

③ 国际共产主义运动史教学大纲编写组：《国际共产主义运动史教学大纲（征求意见稿）》，《天津师院学报》1979年第1期。

④ 国际共产主义运动史教学大纲编写组：《国际共产主义运动史教学大纲（征求意见稿）》，《天津师院学报》1979年第1期。

来。"中国共产党党史"通过讲授林彪、"四人帮"在"文化大革命"期间制造的动乱，加紧篡党窃国①，帮助学生认清林彪、"四人帮"的反动本质和给社会带来的恶劣影响，清除思想流毒，解放思想，适应改革开放的新形势。第三，分析国内外局势，为四个现代化服务。1982年"中国共产党党史"教学大纲修订的社会主义革命和建设部分，在"社会主义建设新时期的开始"章节中，新增了党的十一大、关于真理标准问题的讨论、党的十一届三中全会、党的十一届五中全会、党的十一届六中全会的内容，引领学生学习党的重要会议内容②，理解党的路线方针政策。"国际共产主义运动史"呈现了近代无产阶级与资产阶级斗争的国际形势，二战后，国际共产主义运动的蓬勃发展，形成世界社会主义阵营③。

"辩证唯物主义和历史唯物主义""政治经济学""科学社会主义"等课程主要从马克思主义基本原理角度阐发科学历史观，比如"辩证唯物主义与历史唯物主义"通过学习社会发展史，帮助"学生树立无产阶级世界观"，"培养学生在一切工作中，坚持唯物主义，反对唯心主义；坚持辩证法，反对形而上学；坚持历史唯物主义，反对历史唯心主义"④。"政治经济学"通过研究社会发展关系，帮助学生"认识社会发展规律，特别是认识和掌握社会主义经济发展规律，以增强学生为共产主义事业奋斗终身的信心和决心，自觉地、正确地从事社会主义革命和社会主义建设"⑤。"科学社会主义"研究的具体内容是社会主义取代资本主义的历史必然性、无产阶级的历史作用和历史使命、无产阶级实现自己历史使命的道路、走向

---

① 中共中央党校党史教研室：《中国共产党历史教学大纲（下编）——社会主义革命和建设部分〈试用本〉》,《教学与研究》1982年第5期。

② 中共中央党校党史教研室：《中国共产党历史教学大纲（下编）——社会主义革命和建设部分〈试用本〉》,《教学与研究》1982年第5期。

③ 国际共产主义运动史教学大纲编写组：《国际共产主义运动史教学大纲（征求意见稿）》,《天津师院学报》1979年第1期。

④ 教育部社会科学司组编：《普通高校思想政治理论课文献选编（1949—2008）》,中国人民大学出版社2008年版，第71页。

⑤ 教育部社会科学司组编：《普通高校思想政治理论课文献选编（1949—2008）》,中国人民大学出版社2008年版，第71页。

共产主义的历史进程、实现无产阶级彻底解放的国际条件①。三门课程同样围绕党的中心任务，进行了内容的补充和修改，紧扣改革开放，紧扣中国实际展开教学。例如，"辩证唯物主义与历史唯物主义"在"对立统一规律"章节中，大纲结合党的八大关于社会主要矛盾的转化及党的十一届三中全会转移全党的工作重心来谈抓住主要矛盾的重大意义，从理论上揭批林彪、"四人帮"；在"意识对物质的反作用"一节中批判林彪、"四人帮"歪曲主观能动性的原理，鼓吹主观唯心主义、唯意志论的谬论；在"正确理解和处理重点和非重点的关系"一节中批判林彪、"四人帮"篡改中国社会主义社会的主要矛盾、打着批判折衷主义的旗号反对两点论的罪行等等。

2.打造专业教师队伍，提高教学素养

为贯彻实施政治理论课教学任务，高校必须打造一支教师队伍。13458名高校政治理论教师中，教授、副教授、讲师、助教、教员分别为75、136、2562、7244、3441人，其中约占三分之一的青年教师多数是工农兵学员，理论水平低，文化科学知识差，中老年教师或受林彪、"四人帮"影响或受困于家务，无法学习进修，一般没有理论提升②。全国政治理论课教师，因水平低而不能上课的约占30%，还有不少教师因身体不好而不能上课③。为适应社会主义现代化事业对思想政治教育的新需求，提升高校政治理论课教师水平，党和政府在扩大高校政治理论课教师队伍的同时，引导有一定马列主义水平又有培养前途的校内外中、青年干部参加教学工作④。改善教师的学习条件，在阅读上予以照顾，给教师提供阅读

---

① 九校《科学社会主义》编写组：《科学社会主义（讲授纲要）》，吉林人民出版社1980年版，第2页。

② 教育部社会科学司组编：《普通高校思想政治理论课文献选编（1949—2008）》，中国人民大学出版社2008年版，第77页。

③ 教育部社会科学司组编：《普通高校思想政治理论课文献选编（1949—2008）》，中国人民大学出版社2008年版，第77页。

④ 教育部社会科学司组编：《普通高校思想政治理论课文献选编（1949—2008）》，中国人民大学出版社2008年版，第89页。

文件和听传达报告的便利①。通过组织进修班、讲习班、讨论会等多种形式培训教师，提高高校政治理论课教师的教学水平和理论水平②。为马列主义教师提供评职称、生活待遇等方面的制度保障③。

3.改革教学方式方法，提高教学质量

为提高教学质量，教育部要求教师要把握好课堂讲授环节，强调高校马列主义课要坚持理论联系实际。在准确讲授基本原理的基础上，密切联系社会主义革命和建设的实际，联系国内国际的阶级斗争和路线斗争的实际，特别要联系批判"四人帮"的反革命修正主义路线，使学生分清理论、路线、思想是非④。为加深学生对理论知识的理解，强调启发学生独立思考，必要时可以组织学生进行参观和社会调查⑤。

提倡理论联系实际问题，高校马列主义理论课的历史观教育，"主要是联系学生对当前党的方针、政策、路线的认识实际。必须在准确讲授基本原理的基础上，密切联系我国社会主义革命和社会主义建设的实际，联系国内国际的阶级斗争和路线斗争的实际，特别要联系批判'四人帮'的反革命修正主义路线，使学生分清理论、路线、思想是非。目前四门理论课教学中联系实际方面存在三种不同情况。第一种情况是，有些问题教师既能讲清理论，也能结合实际。第二种情况是，有不少问题教师能够讲清理论，但很难结合实际。例如政治经济学中讲社会主义国家的国民经济有计划按比例发展规律问题。由于近十数年来中央没有发表具体数字，教师就无法结合实际数字进行说明。第三种情况是，有大量问题教师既无法讲清理论，也无从联系实际。例如国际共运史中对南斯拉夫的前后评价问

---

① 教育部社会科学司组编：《普通高校思想政治理论课文献选编（1949—2008）》，中国人民大学出版社2008年版，第89页。

②《教育部举办高校理论课教师暑期讲习班》，《人民日报》1980年8月12日第3版。

③ 教育部社会科学司组编：《普通高校思想政治理论课文献选编（1949—2008）》，中国人民大学出版社2008年版，第89页。

④ 教育部社会科学司组编：《普通高校思想政治理论课文献选编（1949—2008）》，中国人民大学出版社2008年版，第72页。

⑤ 教育部社会科学司组编：《普通高校思想政治理论课文献选编（1949—2008）》，中国人民大学出版社2008年版，第87—88页。

题。因此，教育部有必要集中四门理论课的所有疑难问题，商请中央有关理论部门和专家帮助解决。对有些理论性的问题，教育部和省市教育部门分别组织讨论会或科学报告会来解决"①。

教师可以按照教学大纲的基本要求，对有争议、需要讨论的理论问题，在四项基本原则的指导下，介绍不同的观点，讲明自己的观点，提供有关资料，启发学生独立思考，引导他们讨论。对教师和学生讨论理论问题，允许说错话，允许改正，不抓辫子，不打棍子，不扣帽子。②

要发扬理论联系实际的学风。教师必须按照课程的科学体系，讲清基本原理，并和客观实际密切联系起来。客观实际是多方面的，有历史实际、国内外形势实际、学生的思想实际和专业实际等等。要根据教材内容做有机的联系。要着重联系我国社会主义现代化建设的实际和学生的思想实际，引导学生运用基本原理分析研究实际问题，加深对理论的领会，端正思想，提高觉悟。③

要坚持科学性和党性相一致的原则。马列主义、毛泽东思想的基本原理具有严密的科学性和鲜明的党性，是我们党制定路线、方针和政策的理论基础。马列主义课的教学必须坚持马列主义、毛泽东思想的科学性和党性，为全党全国人民的最大政治——实现社会主义现代化建设服务。④

1978年到1982年，高校马列主义课逐步恢复，历史观教育集中于引导学生澄清被林彪、"四人帮"颠倒的理论是非问题，正确看待中国共产党领导中国走上社会主义道路的历史，为社会主义现代化建设服务，并取得了相应成效。有调查显示学生的思想政治状况比前两年有进步，学生对党

---

① 教育部社会科学司组编：《普通高校思想政治理论课文献选编（1949—2008）》，中国人民大学出版社2008年版，第72—73页。

② 教育部社会科学司组编：《普通高校思想政治理论课文献选编（1949—2008）》，中国人民大学出版社2008年版，第86页。

③ 教育部社会科学司组编：《普通高校思想政治理论课文献选编（1949—2008）》，中国人民大学出版社2008年版，第87页。

④ 教育部社会科学司组编：《普通高校思想政治理论课文献选编（1949—2008）》，中国人民大学出版社2008年版，第87页。

和社会主义的认识普遍提高,对党和社会主义有坚定信念的先进分子队伍扩大①。学生通过学习党史知识,增强了对共产主义的信仰,拥护党的领导②;政治理论课提供了正确认识人类社会历史发展的世界观,提高了学生看待社会问题的思想厚度,同时也为学生抵制资产阶级自由化思潮提供了有力武器,使学生认识了坚持党的四项基本原则的必要性③,并且提出为四化建设作贡献的口号④。

(二)1983—1985年高校马列主义课历史观教育的演变

1.改革开放文件精神融入马列主义课历史观教育

十一届三中全会以后,国家形势发生了巨大变化。在理论上,党在一系列问题上有了新的概括。1981年党的十一届六中全会通过的《关于建国以来党的若干历史问题的决议》(下文简称《决议》)对一些重大历史事件和重要历史人物进行了实事求是的评价,对新中国成立以来社会主义革命和建设的历史经验进行了科学总结。1982年党的十二大提出"建设有中国特色的社会主义",提出"建设社会主义精神文明"⑤。在实践上,改革开放带来了诸多实质性的变化。科学技术的迅猛发展,农村家庭联产承包责任制普遍推广,城市出现多种新经济形式,国家社会生活呈现出崭新的面貌。面对持续蔓延的资产阶级自由化思潮,党领导开展"五讲四美"活动和爱国主义教育,加强社会主义精神文明建设。为传递党的会议精神,帮助学生了解社会发展的新情况,满足时代对人才培养的需求,高校思政课进行了改革。

为把《决议》和党的十二大精神等最新的理论内容融入思想政治理论教育,帮助学生认识改革开放以来国内外的形势变化,高校调整了思政课

---

① 彭珮云:《马列主义理论课要努力做到有战斗力,有说服力,有吸引力——在全国高等学校哲学、政治经济学教学大纲修订会议上的讲话摘要》,《教学与研究》1983年第2期。

② 汪其来:《党史教学是进行四项基本原则教育的重要阵地》,《教学与研究》1981年第6期。

③ 郑达:《谈谈当前高校马列主义课的改革问题》,《教学与研究》1982年第2期。

④ 林克:《加强学生思想政治工作的几点体会》,《教育研究通讯》1981年第4期。

⑤ 邓小平:《邓小平文选》(第三卷),人民出版社1993年版,第3页。

的教学大纲，历史观教育的内容变动主要体现在"中国共产党历史""国际共产主义运动史"两门课程中：第一，强调坚持四项基本原则，走有中国特色的社会主义道路。"中国共产党历史"在前言中对学生提出了通过学习党史增强坚持四项基本原则自觉性的要求，删减了部分非全局性内容，精简了反对王明"左"倾机会主义路线斗争等的具体过程，突出党领导革命和建设的成就①。"国际共产主义运动史"新增了"社会主义国家的巩固和发展（到1956年）"的章节，引领学生认识社会主义制度的优越以及运用马克思主义与实际相结合，探索具有本国特色的社会主义道路的重大意义②。第二，强调学习党实事求是的思想路线。"中国共产党历史"在绪论中引导学生认识半殖民地半封建社会的国情，结合实际，了解中国革命的对象和任务，并且在整个大纲中完整叙述了毛泽东思想萌芽、形成、成熟的过程，带领学生认识实事求是是毛泽东思想的活的灵魂③。"国际共产主义运动史"在"第三国际的解散及其历史经验"中，强调共产党人必须把马克思主义与本国实际相结合④。第三，强调理论与社会主义建设、国外发展形势相联系。"中国共产党历史"新增了党的十一大和十二大的内容，阐述党领导精神文明建设、反对资产阶级自由化、建设有中国特色的社会主义等内容⑤。"国际共产主义运动史"增加了国内外发展和社会主义建设的内容，总结了国际共产主义运动的主要历史经验，为今后发展社会主义以及实现共产主义提供了理论基础⑥。第四，注重加强精神文明建设，联系学生的思想实际，培养学生的共产主义思想品德，抵制资产阶级自由化思潮。"中国共产党历史"在讲解中国人民与帝国主义、封建主义

---

① 《中国共产党历史教学大纲》，《教学与研究》1984年第1期。

② 段忠桥主编：《建国以来普遍高校马克思主义理论课和思想品德课课程设置及教学内容历史沿革资料汇编（下编）》，高等教育出版社2004年版，第231页。

③ 《中国共产党历史教学大纲》，《教学与研究》1984年第1期。

④ 段忠桥主编：《建国以来普遍高校马克思主义理论课和思想品德课课程设置及教学内容历史沿革资料汇编（下编）》，高等教育出版社2004年版，第223页。

⑤ 《中国共产党历史教学大纲》，《教学与研究》1984年第1期。

⑥ 段忠桥主编：《建国以来普遍高校马克思主义理论课和思想品德课课程设置及教学内容历史沿革资料汇编（下编）》，高等教育出版社2004年版，第231—233页。

斗争的内容时提倡弘扬爱国主义精神,在阐述党的十二大相关内容时突出党要建设社会主义精神文明任务,大纲还联系学生思想实际,增加了"如何继承和发扬'五四'青年的爱国精神"等思考题①。"国际共产主义运动史"在"思考和讨论题"中引导学生关注思想道德修养,提出"应该怎样以马克思恩格斯的革命实践和思想转变为榜样,牢固地树立共产主义世界观""如何学习共产党人在革命战争中英勇无畏,不怕牺牲、爱国主义和国际主义的精神"等问题②。

其他政治理论课进行了相应调整。如"辩证唯物主义与历史唯物主义"在绪论中强调学习马克思主义哲学对坚持四项基本原则的重要意义,并引导学生运用对立统一规律解释有中国特色的社会主义,以及开展论述实践是检验认识的真理性的唯一标准等有关党的思想路线的主要内容,还新增了"社会进步和人类解放"一章以阐述"社会的物质文明和精神文明"③。"政治经济学"阐释中国在社会主义经济制度上走出了自己的特色,以及坚持国营经济占主导地位的同时发展多种经济形式和多种经营方式的必要性,并且剖析改革开放过程中出现的社会主义公有制的补充形式是与国家的物质基础相符合的,强调从实际出发进行现代化建设④。运用马克思主义理论说明改革开放以来中国社会的发展形势是符合社会主义道路的,是与中国国情相符合的,也融入了党的思想路线,帮助学生以唯物史观看待世界的变化。

为加强高校学生思想道德修养,建设社会主义精神文明,教育部在1982年试推"共产主义思想品德"课程,并且在1984年正式将课程纳入教学计划。课程包含做合格的社会主义大学生、坚持从爱国主义到共产主义的成长道路、正确认识人的本质和人的价值、树立共产主义人生观、全心全意为人民服务、树立共产主义的远大理想、共产主义道德和社会主义

①《中国共产党历史教学大纲》,《教学与研究》1984年第1期。

② 段忠桥主编:《建国以来普遍高校马克思主义理论课和思想品德课课程设置及教学内容历史沿革资料汇编(下编)》,高等教育出版社2004年版,第209、231页。

③《辩证唯物主义和历史唯物主义教学大纲(修订稿)》,《教学与研究》1983年第3期。

④《政治经济学教学大纲(修订稿)》,《教学与研究》1983年第3期。

的人道主义、坚持集体主义等内容，旨在从人生观和道德观对学生进行共产主义思想教育，帮助学生抵制资产阶级思想，回答学生在人生、理想、道德方面关心和迫切要求解决的问题，帮助树立共产主义人生观，培养共产主义道德品质，推动学生自觉地做到德、智、体全面发展，成为共产主义事业的接班人①。

2.提高专业教师的教学素养

在教师队伍建设上，为保证高校思想政治理论课的教学效果，党和政府对政治课教师提出了更高的要求。如政治素质上"树立无产阶级世界观，坚持四项基本原则，执行党的路线、方针、政策，在政治上同中央保持一致"，道德素质上"全心全意为人民服务，忠诚于社会主义教育事业，作风正派，为人师表"，理论素质上"深谙马列主义理论"，科学文化素质上"具有较广博的中外历史、教育学、伦理学等社会科学知识和自然科学的基础知识"，能力素质上"要有一定的实际工作锻炼（包括做学生的思想政治工作）"，以及"青年教师要掌握一门外国语言"等②。为提高教师素养，解决高校政治课教师队伍数量不足、骨干教师年龄偏高、后继乏人的问题③，中央宣传部、教育部提出培养和进修要制度化，完善教师评职称的制度，在政治待遇、物质待遇和工作条件上关心和帮助教师，提供相应保障④，从多方面解决教师水平和来源问题。

课堂教授是高校思政课的基本环节，克服"注入式"教学，突出启发式教学，是这一时期改进教学方法的重点。有高校在党史、政经和哲学教学中经常组织学员围绕一些重点问题或具有共性的问题展开讨论，引导他

---

① 段忠桥主编：《建国以来普遍高校马克思主义理论课和思想品德课课程设置及教学内容历史沿革资料汇编（下编）》，高等教育出版社2004年版，第441—447页。

② 教育部社会科学司组编：《普通高校思想政治理论课文献选编（1949—2008）》，中国人民大学出版社2008年版，第97页。

③ 教育部社会科学司组编：《普通高校思想政治理论课文献选编（1949—2008）》，中国人民大学出版社2008年版，第111页。

④ 教育部社会科学司组编：《普通高校思想政治理论课文献选编（1949—2008）》，中国人民大学出版社2008年版，第98页。

们运用课堂上所学的理论研究认识现实问题，并通过正反两方面的经验，相互启发，自己教育自己①。为贯彻理论联系实际的教学方法，多所高校开展了多样的活动。西安交通大学通过一次暑假组织社会调查，发现"社会调查是学生自我教育的一种好形式"②。有学校成立社团，暑假到农村开展科普服务③。有学校通过让学生参与社会实践，了解实际情况，提高了思想觉悟，明确自己的历史重任，并且主动提出要到山区工作，改变山区落后的面貌④。有学生对实行生产责任制后的农村经济性质表示怀疑，学校组织学生假期到农村调查，目睹农村实行生产责任制后农村经济欣欣向荣的景象，认识到党的农村方针政策是正确的⑤。

1983年到1985年，高校思政课历史观教育内容发生了较大的变动，不仅在理论上融入了党的最新理论成果，结合新情况、新问题阐释了改革开放以来中国特色社会主义道路，而且加强了对学生的共产主义思想教育，注重培养学生的共产主义道德品质。同时对教师队伍提出更高的要求，在教学方法上强调启发式教育及理论与实践相结合，多方面为历史观教育创造了良好的条件，有利于取得更好的教学成效。在历史观教育的过程中，学生树立了对社会主义事业的信心，做出为建设中国式的现代化服务的决定；看到了中国的前途，认识到中国社会主义现代化建设必然胜利，坚定了对党的信念，激发了爱国之情；学会了用历史的观点看待问题，坚定了共产主义必胜的信念；克服了对党领导革命和建设的过程中所犯错误的片面认识，开拓了知识面，对过去思想上模糊的问题，有了更全面而深刻的

---

① 中共中央宣传部教育局编：《开创思想政治工作的新局面——第四军医大学思想政治工作经验选辑》，陕西人民出版社1985年版，第69页。

② 西安交通大学党委学生工作部：《大学生应参加一定的社会调查活动》，《人民日报》1983年1月27日第3版。

③《把握主流　积极疏导——武汉大学校长刘道玉谈如何做大学生思想政治工作》，《人民日报》1984年6月16日第3版。

④ 李立功：《高校思想政治工作也要改革》，《人民日报》1985年12月1日第5版。

⑤ 胡芳名主编：《中南林学院院史1959—1985》，国防科技大学出版社1988年版，第141—142页。

认识；以实际行动递交入党申请书，坚持党的领导①。学生在思想品德方面也有进步，在日常生活中凸显出助人为乐、舍己为公、爱护公物、关心集体等品质，以实际行动践行爱国主义精神，在毕业后主动到祖国需要的地方去进行建设②，学生的社会主义觉悟明显提高③。

（三）1986—1992年高校思政课历史观教育的演变

邓小平提出"教育要面向现代化，面向世界，面向未来"④，为中国教育改革指明了方向。这一时期的部分大学生一方面厌恶"假大空"、遇事喜欢问个为什么，另一方面又因缺少社会实践、阅历甚浅而在政治上比较幼稚，容易理想化地看待复杂的社会问题，产生偏激情绪⑤。高校的思想政治理论课"还不同程度地存在着脱离时代的发展、脱离社会主义建设的实际、脱离当代学生思想实际的弊病"⑥。为适应现代化建设需要、现代科技和经济的变化以及新时期青少年心理发展状况和各方面改革需要，中共中央发布了《关于改革学校思想品德和政治理论课程教学的通知》，强调大学要以中国革命史为中心进行历史教育⑦。

1.调整高校思政课历史观教育的课程设置

1986年，国家教育委员会提出要用3到5年的时间改革"中国革命史""中国社会主义建设""马克思主义原理""世界政治经济与国际关系"等政治理论课，逐步开设新课程。1987年国家教育委员会规定设置"形势与

① 鄢朝敏：《〈中共党史〉课的回顾与〈中国革命史〉课的展望》，《昆明师专学报（哲学社会科学版）》1986年第4期。

② 中共吉林省委宣传部、吉林省高教局：《认真搞好共产主义思想品德课的建设》，《高教战线》1984年第7期。

③ 陈明显、丁荫奎：《党史教学与爱国主义思想教育》，《教学与研究》1984年第4期。

④ 邓小平：《邓小平文选》（第三卷），人民出版社1993年版，第35页。

⑤ 李立功：《高校思想政治工作也要改革》，《人民日报》1985年12月1日第5版。

⑥ 彭珮云：《在中国人民大学中国革命史讲习班开学典礼上的讲话（摘要）》，《教学与研究》1986年第3期。

⑦ 教育部社会科学司组编：《普通高校思想政治理论课文献选编（1949—2008）》，中国人民大学出版社2008年版，第107页。

政策""法律基础"为必修课，有条件的学校可以选择开设"大学生思想修养""人生哲理""职业道德"①。

高校政治理论课程调整后，更加适应现代化建设的需要。把"中共党史"改成"中国革命史"有利于在更广泛的基础上对学生进行以中国革命史为中心的历史教育，是从学生的特点和思想实际出发的，有效地加强爱国主义教育、理想教育和坚持四项基本原则教育的措施②。"中国革命史"讲授党领导中国走社会主义道路的历史必然，引导学生结合马克思主义理论与中国革命，认识革命发生、发展的规律和经验，引导学生联系学习中国革命史与中国社会主义建设，自觉承担振兴中华的使命③。为阐明中国社会主义建设和改革的理论和政策、历史和现状、情况和问题，增进大学生对中国特色社会主义的了解，澄清他们的模糊认识，纠正非科学的理论④。高校增设了"中国社会主义建设"课程。课程从社会主义初级阶段的实际出发，以中国特色的社会主义道路为主线，以经济建设为中心，以四项基本原则和改革开放为经纬，以是否有利于发展生产力为根本标准，力求全面系统地阐明社会主义经济、政治、精神文明建设的主要任务及其发展方向⑤。过去开设"哲学""政治经济学"无法完整地把马克思主义基本原理教给学生，学生对马克思主义的整体缺乏认识⑥，因此需要有机融合马克思主义哲学、政治经济学、科学社会主义的内容，开设"马克思主义原理"课程。"马克思主义原理"系统讲授马克思主义基本立场、观点和方法，资本主义向社会主义过渡的历史必然，深入阐释社会主义制度的基本特征和发展规律⑦。为帮助大学生获得当代世界政治经济和国际关系

① 教育部社会科学司组编:《普通高校思想政治理论课文献选编(1949—2008)》,中国人民大学出版社2008年版,第133页。

② 何沁、杨先材:《对开设中国革命史课程的几点想法》,《教学与研究》1985年第5期。

③《中国革命史教学大纲(试用本)》,《教学与研究》1988年第3期。

④ 吴树青:《对开设〈中国社会主义建设〉课的几点看法》,《教学与研究》1986年第5期。

⑤《"中国社会主义建设"教学要点(试用稿)》,《教学与研究》1988年第3期。

⑥ 彭珮云:《在国家教委召开的〈马克思主义原理〉教材研讨会闭幕式上的讲话》,《教学与研究》1986年第4期。

⑦《"马克思主义原理"教学要点(试用稿)》,《教学与研究》1988年第2期。

的基本知识，了解中国在世界上的地位和作用，提高他们爱国主义和国际主义的觉悟，提高认识国际形势的能力，从而正确理解和执行党的对外开放的基本国策，增设"世界政治经济与国际关系"课程①。课程阐述了当代世界政治经济与国际关系的基本状况、基础知识和基本理论，研究第二次世界大战以来国际社会的发展进程和规律②。

高校思想品德课的调整，增加了培养学生共产主义道德品质的维度。"法律基础"讲授法律基础知识，增强学生的法律意识；"大学生思想修养"结合实际，引导学生认清时代要求与历史责任；"人生哲理"帮助学生运用马克思主义把握正确的人生方向，正确认识、处理个人与社会的关系，树立为人民服务的思想，识别和抵制各种错误的观念；"职业道德"要使学生了解社会主义职业道德的基本原则、主要规范，树立正确的择业观，明确自身专业职业道德的具体内容及要求③。

2.根据现代化建设的要求改革历史观教育内容

在改革开放和现代化建设的背景下，高校思想政治理论课内容调整，历史观教育内容的变化主要体现在"马克思主义原理""中国革命史""中国社会主义建设"三门课上：第一，以更有说服力的方式强调四项基本原则。"马克思主义原理"从宏观角度为学生提供认识社会主义替代资本主义的历史必然、无产阶级政党的性质和立场等世界观和方法论，使学生认可无产阶级政党及其领导的社会主义道路的优越性④。"中国革命史"引导学生结合党成立的背景，认识党是马列主义与中国工人运动结合的产物，从国民革命、土地革命、抗日战争、解放战争的历程，领悟党探索中国革

---

① 冯特君、崔矗、张继坤：《关于开设"世界政治经济和国际关系"一课的设想(二则)》，《教学与研究》1986年第4期。

② 国家教育委员会政治思想教育司编：《"世界政治经济与国际关系"教学要点(试用本)》，高等教育出版社1989年版，第1页。

③ 教育部社会科学司组编：《普通高校思想政治理论课文献选编(1949—2008)》，中国人民大学出版社2008年版，第133页。

④《"马克思主义原理"教学要点(试用稿)》，《教学与研究》1988年第2期。

命道路的艰辛，认识党领导中国革命胜利的来之不易①。"中国社会主义建设"引导学生基于社会主义初级阶段的基本国情，认识党在经济、政治、文化、外交各方面的政策、方针、战略，帮助学生结合实际理解社会主义建设，认识党的领导的重要地位和作用②。第二，进一步把理论与实践相结合，解释社会主义建设的新情况和新问题。"马克思主义原理"在"正确认识社会主义发展所处的历史阶段"一节中，解释中国处于社会主义的初级阶段，又在"改革是社会主义社会发展的重要动力"一节中，阐释"改革是社会主义生产关系和上层建筑的自我完善"，帮助学生认识中国进行社会主义改革的实际③。"中国社会主义建设"结合中国现阶段诸多社会矛盾同落后的社会生产有关，阐明发展社会生产力的特殊重要性和迫切性，结合中国生产力水平低、社会化程度不高、经济发展不平衡决定的现状，解释多种所有制经济并存的客观必然性等等，提升学生对改革开放以来中国进行社会主义建设的认识④。第三，联系学生思想实际，加强对学生的民主法治教育，培养学生成为"四有"青年。"法律基础"通过讲述法律常识的意义、法的本质和作用、宪法与我国公民的基本权利和义务、违法犯罪与刑罚等知识点，引导学生培养基本的法律意识和常识⑤。"大学生思想修养"引导学生认清时代要求与历史责任，明确社会主义大学的培养目标，端正学习目的、态度，学会正确处理个人与集体的关系⑥。"人生哲理"引领学生从马克思主义哲学的角度研究人的本质，探索人生目的，投身改革开放，实现个人理想和社会理想，保持积极的人生态度，学习马克思主义人生价值观，树立正确的人生价值观。

其他思想政治理论课程在历史观教育上也作出了相应调整。如"世界

① 《中国革命史教学大纲(试用本)》，《教学与研究》1988年第3期。
② 《"中国社会主义建设"教学要点(试用稿)》，《教学与研究》1988年第3期。
③ 《"马克思主义原理"教学要点(试用稿)》，《教学与研究》1988年第2期。
④ 《"中国社会主义建设"教学要点(试用稿)》，《教学与研究》1988年第3期。
⑤ 中国人民大学法律系编写：《法律基础知识专题讲座参考提纲》，经济科学出版社1986年版。
⑥ 教育部社会科学司组编：《普通高校思想政治理论课文献选编(1949—2008)》，中国人民大学出版社2008年版，第133页。

政治经济与国际关系"在二战后世界政治、经济、军事矛盾运动的背景下，引导学生认识党对基本国情的判断，社会主义改革的复杂性、艰巨性、长期性，理解党的路线、方针、政策。"形势与政策"引导学生了解国家的基本经济形势和经济政策、基本政治形势和政治体制改革、教育科学文化的形势和政策、国际形势和对外政策、思想政治工作等①。

3.扩大教师队伍人数，提高教师相关待遇

在教师队伍建设上，党和高校在继续扩充教师来源、多方培训教师、为教师创造良好学习条件、解决教师政治待遇与工作条件的基础上，进一步提出"要妥善解决马克思主义理论课教师的编制问题"②。中共中央强调对教师队伍的思想建设，要求教师必须坚持正确的政治方向，注重道德修养，注重社会实践③。教师进行了实地考察，掌握了一手资料，撰写了关于深圳珠海特区的考察、关于武汉市经济体制改革的六篇调查和论文等材料，促进了教学④。

4.采用历史与现实联系的启发式教学

在教学方法上，提倡采用启发式的教学方法，深入开展课堂讨论以及进行社会调查仍是这一时期改进教学方法的方向。"形势与政策"课还强调"教学方式要灵活多样。既要有一定的课堂讲授，也要辅以讨论、音像、社会实践等生动活泼的教学方式"⑤。例如，同济大学采取突出重点，带领学生进行社会调查，请专家作报告，以电影、录像辅助教学的形式，改进教学方法⑥。还有，结合历史重大事件进行教育，如1991年12月9

---

① 俞家庆、杨干忠主编：《形势与政策》,中国人民大学出版社1989年版。

② 教育部社会科学司组编：《普通高校思想政治理论课文献选编（1949—2008）》,中国人民大学出版社2008年版,第120页。

③ 教育部社会科学司组编：《普通高校思想政治理论课文献选编（1949—2008）》,中国人民大学出版社2008年版,第125页。

④ 孙茂庆、周庆、毕全忠：《让马克思主义离青年更近些——空军雷达学院思想政治工作纪实之三》,《人民日报》1987年5月7日第3版。

⑤ 教育部社会科学司组编：《普通高校思想政治理论课文献选编（1949—2008）》,中国人民大学出版社2008年版,第137页。

⑥ 丁润令：《培养学生的实际工作能力》,《人民日报》1986年6月5日第5版。

日，团中央、全国学联举办座谈会，首都部分高校的大学生与当年参加过"一二·九"运动的老同志参加，讨论了关于如何在新的历史条件下继承和发扬"一二·九"运动的光荣传统①。党和政府鼓励高校组织暑假实践汇报会、回乡见闻座谈会、省市有关负责同志和学生座谈报告等方式开展形势政策教育②。

1986年到1992年，高校思政课改革后呈现出科学化的特征，历史观教育站在更宏观、有理有据的层面对学生开展教育，同时还因为思想品德课的丰富多样化，为在思想维度对学生进行更全面和深入的历史观教育创造了条件。思政课改革使教学取得了良好效果，"学生们听得津津有味，感到内容丰富、有血有肉，一些过去关心而又弄不懂的问题，如为什么要进行经济体制改革，为什么要实行有计划的商品经济等，现在开始明白了"③，认识到中国共产党是善于发现和敢于纠正自己错误的政党，是能够领导中国进行社会主义建设的政党，坚持党的领导是社会主义事业的兴旺发达的保证，同时，也进一步理解了党建设具有中国特色社会主义的路线方针政策及其理论基础，增强了历史责任感，意识到建设社会主义事业的责任④，培养运用科学的世界观和方法论分析、解决问题的能力⑤。在思想上，学生被唤起了爱国以及现代化建设的热情⑥，决心为使祖国早日富强而发奋学习⑦。

---

① 冯刚、沈壮海主编：《中华人民共和国学校德育编年史》，中国人民大学出版社2010年版，第675页。

② 教育部社会科学司组编：《普通高校思想政治理论课文献选编（1949—2008）》，中国人民大学出版社2008年版，第115页。

③ 刘林春：《中国人民大学改革政治理论课教学　讲课联系实际有味道　学生主动求知不怕考》，《人民日报》1986年8月18日第3版。

④ 裴筠：《认真搞好中国社会主义建设课的教学》，《中国高等教育》1986年第10期。

⑤ 巴春生、朱谷生、石泉：《〈社会主义建设〉课教学问题浅谈》，《曲靖师专学报》1989年第1期。

⑥ 周进、姜丽华、刘献君：《开设〈形势与政策〉课的体会》，《学校思想教育》1988年第4期。

⑦ 蔡次明：《巩固成绩，坚定、稳步、深入地进行高等学校马克思主义理论课教学改革》，《教学与研究》1987年第6期。

三、1978—1992年高校思政课历史观教育的基本经验

高校作为党的思想宣传阵地，历史观教育必须根据党的指导思想而作相应的调整；教学实施过程应以学生为中心，关注学生思想变动，注意理论联系实际，历史与现实的结合，注重实践教学；在教学方法上，借助于现代化教育技术，灵活运用启发式教学。

（一）遵循基本原则：高校思政课历史观教育的重心紧跟党的中心任务

经济基础决定上层建筑，上层建筑具有反作用。思想政治教育属于上层建筑，应服务于社会经济发展，为社会经济提供精神动力。高校历史观教育作为思想政治教育的重要内容，始终服从党的领导，服务于党的路线、方针、政策。"文革"结束后，党领导全国人民在清除林彪、"四人帮"的思想流毒的同时进行四个现代化建设。相应地，高校政治理论课历史观教育引导学生坚持党的领导和社会主义道路，批判林彪、"四人帮"制造的错误观点，帮助学生认识社会主义制度的优越性，全身心投入到社会主义现代化建设事业。1978年到1982年，党先后提出要完整地、准确地掌握毛泽东思想，实现四个现代化必须坚持四项基本原则，坚持实事求是的思想路线，反对资产阶级自由化，建设社会主义精神文明。高校思政课与时俱进地调整教学内容，历史观教育强调引导学生坚持四项基本原则，实事求是，一切从实际出发，理论联系国内外社会发展实际，加强精神文明建设，抵制资产阶级自由化思潮的倾向。例如："政治经济学"新增了解释当代中国社会经济制度的知识点；"辩证唯物主义与历史唯物主义"从社会物质文明和精神文明的角度突出社会主义的优越性。1983年到1985年，党依旧强调要坚持四项基本原则，反对资产阶级自由化，坚持理论联系实际，同时还提出教育的三个面向，培育"四有"新人，要进行全民普法教育等。高校历史观教育以摆事实、说道理、帮助学生构建马克思

主义理论体系等更科学合理的方式，引领学生坚持四项基本原则，引领学生深入认识社会主义改革，引领学生增强法律意识和学习法律常识，引领学生加强思想道德修养，成为"四有"青年。例如：开设"中国社会主义建设"，讲授如何结合马克思主义基本原理进行中国的社会主义现代化建设；开设"法律基础"，讲授在社会主义中国的公民拥有的权利与义务。

（二）教育内容改革：高校思政课历史观教育多维度展开

树立唯物史观是历史观教育的核心内容，认清历史事实是历史观教育的基础。要达到较好的历史观教育效果，必然要结合实际情况及学生的思想情况。随着高校思政课改革，历史观教育的层次也逐渐丰富。1978年到1982年，"辩证唯物主义与历史唯物主义""政治经济学""中国共产党党史""国际共产主义运动史"和"科学社会主义"五门马列主义课程，主要从理论和历史的维度为高校历史观教育提供支持。学习唯物史观有利于学生掌握看待历史的科学世界观和方法论，学习党史有利于学生认识坚持党的领导以及走社会主义道路的历史必然，学习国际共产主义运动史有利于学生认识无产阶级与资产阶级的斗争，认识共产主义将替代资本主义的历史必然。1983年到1985年，增设的"共产主义思想品德"为高校历史观教育提供了思想层面的指引，培养学生的人民观、集体主义、爱国主义等共产主义思想品德，自觉抵制资产阶级自由化思潮。1986年到1992年，高校思政课的设置发生了较大变动。"哲学""政治经济学""科学社会主义"课程合并为"马克思主义原理"，以科学的理论体系为历史观教育提供宏观视角，方便学生掌握和运用唯物史观分析和解决问题。"中国革命史"取代"中国共产党党史"，凸显了马克思主义基本原理与中国革命相结合的历史主线，结合历史背景，帮助学生理解历史规律、总结历史经验，认识历史和人民为什么以及怎么样选择中国共产党和社会主义。增设"中国社会主义建设"为学生认识党如何基于中国处于社会主义初级阶段的基本国情，开展政治、经济、文化、思想、外交各方面的建设，提供理论知识。增设"世界政治经济与国际关系"课程，帮助学生认识二战以来世界形势变化，以及中国与世界的关系，促使学生思考中国处于这样的时代环境该如何进行改革发展。增设"形势与政策"，引导学生学习党的路线、方针、政策，认清当前的形势和任务。增设"法律基础""大学生思想修养""人生哲理""职业道德"等思想品德课，从法律常识、思想修养、人生目的和人生理想、职业道德操守等层面引导学生培养共产主义的世界观和价值观，成为一名合格的社会主义现代化事业的接班人。从1978年到1992年，随着高校思想政治理论课设置的成熟，课程越来越能够从理论、历史、现实、思想多维度对学生展开历史观教育。

（三）教学方法改革：高校思政课历史观教育灵活运用启发式教学

为提升高校思政课历史观教育的效果，改革开放后，党和政府指导和帮助高校思政课教师分析存在问题，提出灵活运用启发式和社会实践的方法，使用现代化的教学手段，提升历史观教育的教学效果。长期以来高校政治理论教学，"由于片面理解列宁关于马克思主义理论需要灌输的观点"形成填鸭式的理论灌输方法[1]，既无法调动学生上课的积极性，又无法彰显因马克思主义的理论价值，严重影响教学质量[2]。1985年中共中央明确提出要改变注入式的教学方法，"尽量实行启发式的教学方法"[3]。教师在讲授理论知识的基础上，启发学生独立思考，结合实际总结中国革命和建设的规律，能主动认识到唯物史观的科学性，认识到党的领导的重要性，认识到中国走上社会主义道路的必然，认识到自身所要肩负的历史使命。为贯彻理论联系实际的教学方针，高校思政课通过鼓励学生参与社会实践的方式，引导学生运用实践来检验理论，运用唯物史观看待问题和解决问题。如学生在经过社会调查后，看到农村的生产责任制给农民带来的收

---

① 张孝宜：《新世纪高校政治理论教育途径与方法探索》，中山大学出版社2000年版，第88页。

② 龙津：《改进教学方法提高政治课教学质量》，《锦州师范学院学报（哲学社会科学版）》1981年第1期。

③ 教育部社会科学司组编：《普通高校思想政治理论课文献选编（1949—2008）》，中国人民大学出版社2008年版，第107页。

益，不再怀疑农村的生产责任制的农村经济性质和党的农村方针政策①。社会调查有利于提高学生的思想政治觉悟，有利于大学生向工农群众学习，有利于扩大学生的知识面，有助于为政治课教学和思想政治工作提供更多的素材②。随着科技进步，现代化的教学手段成为辅助教学的重要工具。如"中国共产党历史""中国革命史"等课程可以播放影视资料，让学生通过视觉直观感受客观历史环境，增加教学的感染力，调动学生的学习兴趣。

（四）师资队伍保证：提高高校思政课教师的政治素养和历史素养

高校思政课教师队伍具有一定的规模是实施历史观教育的保证，教师水平是达到历史观教育效果的关键。高校思政课教师要做好历史观教育，需要坚持唯物史观，能够运用唯物史观解释和解决问题；坚定政治立场，坚持四项基本原则，坚决抵制资产阶级自由化思潮；为人师表，具备爱国主义精神，全心全意为人民服务；需要不断提高自身的文化涵养，扩大知识面，能够联系理论和实际解释社会主义建设出现的新情况；增强社会实践能力，能够发现、调查、解决问题；运用启发式和参与社会实践的方法，激发学生的学习热情。为充实教师队伍，党和政府制定了一系列的举措：从应届思政相关专业毕业的本科生、研究生中选拔一批品学兼优的学生补充教师队伍；从理工农医类专业或学校政工队伍等中选送一批人到培养思政教师的第二学士学位班学习；委托中国人民大学等学校培养合乎条件的思政课师资；延迟那些政治和业务素质好、身体健康的教师的退休年限。为提升教师的水平，党和政府提供科研和社会调查经费，为教师创造科研条件；在阅读文件和听传达报告方面照顾教师，扩大其阅读范围和阅读量；采取多种形式培养教师；推进教师的培养和进修制度化。为保证教师队伍的稳定发展，党和政府帮助解决教师住房、两地分居等生活问题和

---

① 胡芳名主编：《中南林学院院史（1959—1986）》，国防科技大学出版社1988年版，第141—142页。

② 西安交通大学党委学生工作部：《大学生应参加一定的社会调查活动》，《人民日报》1983年1月27日第3版。

编制问题；落实好教师的编制和职称评定工作。

结　语

"文革"结束后，从1978年到1992年，高校思政课在恢复后得到发展，历史观教育以高校思政课作为载体，引导学生树立唯物史观，学习党史、国际共产主义运动史、中国革命史；引导学生坚持党的领导和社会主义道路，清除林彪、"四人帮"造成的思想流毒，为实现四个现代化而努力；引导学生坚持四项基本原则，学习党的思想路线，把理论与国内外形势结合起来，加强思想道德修养；引导学生坚持四项基本原则和了解国内外形势的基础上，增强民主法治意识，在思想层面多维度培养学生成为"四有"青年。这期间积累的设立教学目的、设置课程、完善教学内容、建设教师队伍、丰富教学方法等多方面的经验，对新时代加强高校历史观教育具有重要意义。

第六章 1993—2004年高校"两课"历史观教育的演变及基本经验

20世纪80年代末90年代初，中国遭受国内外敌对势力的双重侵扰。为此，党和政府加强高校马克思主义理论教育，开展了多种形式的历史观教育实践活动。研究1993—2004年的高校"两课"历史观教育的演变，既是深化认识改革开放背景下中国的社会主义现代化建设进程、理解和运用历史观知识分析解决问题的需要，同时也是厘清高校"两课"的演化逻辑和基本规律的关键。

一、1993—2004年高校"两课"历史观教育的历史时代背景

随着改革开放的推进，精神文明发展跟不上物质文明的问题突出，进而阻碍了社会生产力的发展，党中央提出了"两手都要抓"的方针策略。同时，世界正处于一个历史动荡期，随着东欧剧变、苏联解体使一部分人对社会主义道路产生了动摇和怀疑，这时急需进行正确的历史观教育，使之明白中国走社会主义道路的必然性。高校"两课"历史观教育改革走出校园，更注重历史与现实的调查研究，社会实践教学成为重要的教育途径。

（一）进一步推进改革开放，同时继续开展经济治理整顿

邓小平提出中国正处于社会主义初级阶段的科学判断。党的十二大进一步提出中国式现代化的建设具体分为"三步走"战略，同时强调"坚持对外开放、对内搞活经济的政策"以及"坚决打击经济领域和政治文化领域中危害社会主义的严重犯罪活动"的"两手抓"思想[①]。为了应对西方资本主义国家对中国种种"制裁"和打压，邓小平及时对"三步走"战略和"翻两番"小康目标的疑虑做出回应，提出"中国不允许乱""稳定压倒一切"的警告，不能因为这次事件的发生，就说我们的战略目标错了[②]，"要在今后的十一年半中争取一个比较满意的经济发展速度"[③]。1990年3月，邓小平在同其他中央领导同志谈话时强调要坚定实现"三步走"中第二步战略目标的重要性。与此同时，经济的新旧体制在转换过程中出现经济过热、增发货币、价格双轨制的现象，由此导致商品抢购风潮，社会出现不稳定的因素，为此，中国共产党的十三届五中全会通过了《中共中央关于进一步治理整顿和深化改革的决定》，决定用三年左右的时间进行经济上的整顿。在1991年8月经济调整工作即将结束之时，邓小平提出中国经济波浪式发展的想法。1992年邓小平南方谈话后，改革开放得到进一步的发展，但随着改革开放的深化，在物质快速增长的同时，人们出现了精神价值取向的偏差，如拜金主义现象严重、对社会主义市场经济的疑虑、对马克思主义的不坚定等等不良现象，加强人们精神世界的教育提到日程上。

（二）西方资产阶级文化思潮对青年的影响

20世纪80年代末90年代初，随着苏联解体、东欧剧变的发生，世界政治格局从两极分化转向多极化发展，在思想领域中西文化相互激荡，各

① 中共中央文献研究室编：《十二大以来重要文献选编》（上），人民出版社1986年版，第38页。

② 邓小平：《邓小平文选》（第三卷），人民出版社1993年版，第305页。

③ 邓小平：《邓小平文选》（第三卷），人民出版社1993年版，第312页。

种社会矛盾加剧。西方敌对势力利用中国的改革开放，通过经济、政治、文化等多种手段进行"西化""分化"战略，青年一代成为国内外敌对势力进行"和平演变"的重要对象，高校成为西方思想文化渗透的重要场所。由于十一届三中全会以后思想战线方面的工作执行不力，导致理论文艺界存在精神污染问题。邓小平指出，精神污染"关系到我们的事业将由什么样的一代人来接班，关系到党和国家的命运和前途"①。十二届六中全会通过了中国共产党第一个关于精神文明建设的纲领性文件《关于社会主义精神文明建设指导方针的决议》，提出要加强社会主义精神文明建设，坚持反对资产阶级自由化。随着改革开放的不断推进，20世纪80年代中后期新启蒙主义思潮、传统文化热、西方文化热相继出现。传统文化热，一方面在变革中国人观念、提升国民文化素质上有积极作用，但另一方面，附带的民族虚无主义思想对社会产生极大危害性。而西方文化热的出现对中国的思想领域带来了强大的冲击和严峻的挑战，其中"萨特热"导致部分青年过度注重自我而缺失集体责任感，"尼采热"引发青年的非理想、非道德倾向，"弗洛伊德热"导致青年性观念的过分放纵，这些问题都成为资产阶级自由化思潮蔓延的诱因所在。1989年邓小平指出近十年发展最大的失误是在教育方面，"对青年的政治思想教育抓得不够"②。

（三）马列主义理论教育特别是历史和国情教育受到进一步重视

中国共产党在历经政治风波后，深刻意识到要加强党的建设和思想政治工作，特别要注重青年知识分子的爱国主义教育、近代革命史教育和国情教育。江泽民强调"高校领导今后要旗帜鲜明地反对资产阶级自由化，要理直气壮地坚持四项基本原则，对青年学生加强思想政治教育"③。在党和政府的高度重视下，全国各地青年学生也自发地掀起学习马列主义、毛泽东思想的热潮，各级学校、单位开展了马克思主义理论教育、中共党

---

① 邓小平：《邓小平文选》（第三卷），人民出版社1993年版，第45页。
② 邓小平：《邓小平文选》（第三卷），人民出版社1993年版，第287页。
③ 闫韵等主编：《江泽民同志理论论述大事纪要》，中共中央党校出版社1998年版，第331页。

史学习教育，以及社会主义国情教育等，提高了青年一代的思想政治觉悟。西北大学、西安交大、西北农业大学等院校的同学们说，过去我们没有去认真读马列的书，结果被西方资产阶级的理论所迷惑，导致我们的精神支柱发生倾斜；现在觉得马列的书是那么生动、深刻，我们真正找到了"精神支柱"，全省有15000多名大学生向党组织递交了入党申请书①。据相关统计，截至1991年，"思想教育课程建设初具规模，近95%的高校开设了'法律基础'和'形势与政策'课，70%左右的高校开设了'大学生思想修养'和'人生哲理'课"②。高校"两课"成为夺取青年学生思想意识的重要阵地。除了第一课堂的学习外，第二、第三课堂的课外学习形式也呈现多样化发展。如陕西省一些党政机关的领导走到学生身边给学生辅导，自发地建立高校联系点，定期到学校为学生作形势报告，学生自发成立马列学习小组，全省成立1100多个，学生达两万多人，约占全省大学生的四分之一③。湖北省的学生在暑期深入工农一线实践调研，最终"同学们共撰写出67800多篇调查报告，调研学术论文6300多篇"④，浙江的大学生们"通过考察开放地区、革命老区、重点工程、先进企业，结合学工、学农、学军和开展各种服务活动"⑤，高校学生在实践中更深入了解改革开放的形势、了解国情，对坚定社会主义理想信念起了积极的作用。

总的来说，在这一历史时期，高校"两课"主要围绕着"举什么旗，走什么路"的问题开展历史观教育。

---

①《让学马列新风净化大学校园　陕西省党政领导深入大学辅导学习》，《人民日报》1991年12月30日第3版。

②《中国教育年鉴》编辑部编：《中国教育年鉴1992》，人民教育出版社1993年版，第128页。

③《让学马列新风净化大学校园　陕西省党政领导深入大学辅导学习》，《人民日报》1991年12月30日第3版。

④《开展以"奉献者之路"为主题的社会调查　湖北十万学生暑期活动丰收》，《人民日报》1990年11月7日第3版。

⑤《让大学生"在坚实的土地上成长"浙江建30个综合实习基地》，《人民日报》1990年12月12日第1版。

二、1993—2004年高校"两课"历史观教育的演变过程

1993年至2004年高校"两课"历史观教育历经三个阶段的演变：第一阶段为1993年至1995年，课程体系沿用"85方案"，但各门课程都增加了相关历史观教育内容；第二阶段为1996年至1999年，在教学内容上增加邓小平理论重要内容，教学方法上更加注重历史与现实的联系；第三阶段为2000年至2004年，教学内容上增加"三个代表"重要思想的重要内容，在教学方法上开展了网络教学的探索。

（一）1993—1995年高校"两课"历史观教育的演变

20世纪90年代初，中国共产党在总结历史经验教训的基础上，加强了高校的思想政治教育。一是在内容上的调整，根据党的理论创新最新成果进行调整。1993年，中共中央组织部、中共中央宣传部、国家教育委员会印发《关于新形势下加强和改进高等学校党的建设和思想政治工作的若干意见》，指出"两课""要在坚持马克思主义基本原理的前提下，根据各自的学科特点，更新、充实、调整教学内容"[1]，思想政治理论结合时代发展变化做出新调整，强调增加关于邓小平南方谈话的精神内容，注重关于反对资产阶级自由化的教育。而在1993年颁布的《国家教委关于加快改革和积极发展普通高等教育的意见》中，强调把党的十四大精神融入思想政治理论教育，注意用中国特色社会主义的理论武装在校学生。二是课程体系设置上，沿用"85方案"。1995年国家教育委员会颁布《关于高校马克思主义理论课和思想品德课教学改革的若干意见》，强调四年制本科马克思主义理论教育设置"马克思主义基本原理""中国特色社会主义建设""中国革命历史""思想道德修养课程""法律基础课程""形势与政策"等课程。三是课程实施过程中，强调与时俱进。强调结合新情况，研究新问

---

① 教育部社会科学司组编：《普通高校思想政治理论课文献选编（1949—2008）》，中国人民大学出版社2008年版，第148页。

题，充实新内容，根据时代的发展和社会主义建设的需要，设计和调整教学内容①。四是在教学方式方法改革，强调开拓多种形式的教育探索。如首都12万大学生在暑期参加社会实践，通过社会实践的形式提升学生的社会服务意识；东北师大利用专题讲授为主，咨询指导辅助的形式，每年安排两周社会实践，同时以"中国近代历史人物系列讲座""中国优秀文化传统系列讲座"为内容的讲座对学生进行深刻的历史观教育②。五是加强师资队伍建设。规模上扩大思政教育的教师队伍，鼓励具备一定思想政治素养的人员以专职和兼职的身份加入队伍，学校党政领导兼上至少一门"两课"。改善"两课"教师待遇，在学校奖酬金分配上实行倾斜政策，在相关培训、实践参观考察方面适当实行倾斜。如山东省委高校工委组织一万多名高校青年教师到全省各地的工矿企业、农村乡镇进行考察③。六是教学保障条件改善。教育部门相关管理机构和高校党政领导高度重视"两课"建设，在资金上增加投入，改善教师的办公、教学、科研的硬件设备。为了进一步保障"两课"教学质量，建立校、院（系）、教研室三级教学督导体系，并完善学生评课制度。

　　这一阶段"两课"的历史观教育，主要通过"中国革命史""中国社会主义建设"两门课程实施。1990年12月召开的"全国高校中国革命史等三门课程的教学改革研讨会"中提出"中国革命史"课程在于揭示历史规律和阐述历史经验，发挥历史规律和历史经验对大学生的启迪和教育作用，旨在对学生进行爱国主义、社会主义（包括党的领导）的教育④。1992年，中国人民大学中共党史系中国革命史研究室就此门课程在教学中需要着重阐述的几个问题作了说明：首先，教学过程中要贯彻"实事求

---

①董永俊、郝立新：《把握时代发展脉搏推进〈马克思主义原理〉教学》，《教学与研究》1993年第1期。

②《针对疑点难点热点　东北师大帮助学生树立正确人生观》，《人民日报》1995年12月6日第5版。

③《社会是老师　国情为教材　山东高校青年教师进行社会考察》，《人民日报》1992年1月10日第4版。

④杨先材：《中国革命史课程改革与教学大纲修订情况介绍》，《教学与研究》1991年第5期。

是"这一主线，促使学生对这一思想路线具有比较丰富的理性认识，从而加强坚持这一思想路线的自觉性。如在讲授延安整风运动时，可以从正反两个方面讲"是否坚持实事求是"直接关乎革命成败这个基本道理。其次，讲清楚既要防止和反对"左"和右的错误。在相关教学内容章节中厘清犯"左"或右的根源，以深入理解邓小平强调的两者都必须警惕和防范的原因，统一思想认识。再次，坚持经济建设为中心，并结合中国共产党1956年以后领导社会主义建设的历史进行讲授，使学生理解邓小平提出建设社会主义现代化是在总结国内外历史经验教训的基础上，根据中国国情提出来的符合中国实际的发展战略。最后，讲好中国共产党在革命和建设时期遭受的挫折，并针对部分青年学生中存在的怀疑马克思主义、对社会主义缺乏信心等思想认识问题，通过具体生动的历史实际坚定学生理想信念，例如通过运用李大钊、蔡和森等为共产主义而献身的生动感人事例，加强对学生社会主义信念的教育，引导学生正确认识和对待社会主义运动中出现的曲折[1]。学者杨先材强调《中国革命史》教材应以中国革命历史发展为主线，力图把近现代中国探索国家出路的斗争贯穿全书，着重讲清各个历史阶段斗争的曲折，揭示曲折发展中的基本规律，阐述在各个阶段形成的理论、路线、方针、政策等，同时弘扬伟大斗争所展现的爱国主义等精神[2]。

"中国革命史"与"中国社会主义建设"课程在时间与内容上是衔接的，"中国社会主义建设"课程内容主线是建设中国特色社会主义，阐释了选择社会主义发展道路的必然性以及建设成就，同时批判西方资产阶级自由化思想与观点。教学目标是通过该课程学习，使学生深刻了解中国经济、民主、精神文明等社会主义建设主要内容、目标、方针及具体政策，以增加坚持中国特色社会主义道路的信念和意识，理解改革开放是中国强国之路、中国现代化必由之路。同时，要辨清与之相对立的反马克思主义

① 中国人民大学中共党史系中国革命史教研室：《中国革命史教学中需要着重阐述的几个问题》，《教学与研究》1992年第6期。
② 杨先材：《关于〈中国革命史〉统编教材的基本思路及教学重点》，《教学与研究》1993年第4期。

的错误思想与思潮。该课程实施过程中，历经几次修订，为此，学界对该课程的修订提出自己的观点，比较有代表性的有以下几种观点：学者李五四则认为该课程的理论主线为当今中国社会生产力、生产关系和上层建筑的矛盾运动及其规律。此门课程要求把理论、政策、实际生活三者紧密结合，充分发挥该课程的特殊功能[①]。1993年国家教委关于"中国社会主义建设"教材修订作了统一说明，指出"中国社会主义建设"课程教学任务就是进行中国特色社会主义建设的教育，并把十四大报告精神融入教学内容，教学重点是解释坚持和贯彻党的基本方针路线的重要性，以及经济体制改革的新目标。关于党的建设部分，需要突出强调坚持用邓小平同志建设有中国特色社会主义的理论武装全党[②]。

"两课"中历史观教育还呈现在"马克思主义基本原理""法律基础""世界政治经济与国际关系"等课程的教学要求中。如"世界政治经济与国际关系"课程，在1992年国家教委颁布的相应教学要点中，指出该课程有四大特点：综合性强、现实性强、理论性强、政策性强；教学内容与目标为让学生了解二战后国际社会发展演变史、认识当前国际政治格局代表力量，以及中国面临着的国际环境，进而深化对中国的外交政策理解，明确中国在国际政治舞台中的地位与作用。讲授内容以时间为线索，按照历史发展逻辑安排课程结构。教学过程中要求把马克思主义基本原理与中国共产党的方针政策相结合，世界历史与现实相结合，以正确把握中国面临的当前国际形势，提高课程的政治性和思想性。对于中国的讲解，强调要有针对性地正面讲清道理，从历史发展的大趋势出发，帮助学生树立坚定的共产主义信念，肩负起历史赋予的重担，为中华的振兴和人类的进步事业作出自己的贡献[③]。而对于"法律基础"课程，教学目标是培育和加强民主法制观念教育，提高学生的法律意识。具体包括向学生讲授法的一般

---

① 李五四：《从事〈中国社会主义建设〉课教学的几点体会〉》，《教学与研究》1992年第2期。

② 国家教委《中国社会主义建设》编写组：《关于〈中国社会主义建设〉教材修订的说明》，《教学与研究》1993年第3期。

③ 冯特君：《关于〈世界政治经济与国际关系教学要点〉修订的几个问题〉》，《教学与研究》1992年第5期。

理论，中国社会主义的法律与资产阶级法律的本质区别与特征。从历史逻辑讲清楚中国社会主义法制的建立与实施的演变，并联系社会主义现代化建设、改革开放、反对资产阶级自由化和学生思想状况的实际，有针对性地解决学生的思想认识问题①。

总体来说，该阶段的教育内容从唯物史观基本原理的高度，深化了对有中国特色社会主义理论在马克思主义发展史上的地位的认识和理解，而建设有中国特色社会主义的理论，多方面继承、运用和创造性地发展了唯物史观的基本理论②。在教学方法方面，坚持用理论联系实际的方法，将历史事实与课程教学相结合，促使理论教学更加地生动活泼，以现实性的内容，加深学生对中国共产党在各阶段形成的理论、探索的规律理解和掌握，激发学生学习理论的热情，将理论的学习、研究引向深入。在教师队伍建设方面，通过组织高校青年教师到相关工厂、农村进行考察，激发了青年教师献身教育事业的责任心与走工农相结合道路的决心。其中"许多青年教师说，社会是最好的老师，国情是最好的教材，通过考察，我们学到了许多在书本上学不到的东西，对党的基本路线的正确性和社会主义的优越性有了现实感，对建设有中国特色的社会主义充满了信心"③，提高了广大社会科学工作者分析、研究、解决理论和实际问题的能力。同时各地从当地实际出发，为教师队伍保障以及社会科学事业的建设和发展提供有力支持，促使"两课"的历史观教育得到发展。

1992年至1995年，历史观教育以讲述历史知识来提升学生对于总结历史经验重要性的认识，"马克思主义基本原理""世界政治经济与国际关系"以及"法律基础"强调用建设有中国特色社会主义的理论武装学生头脑，以理论的历史观教育为主，促进学生对相关理论的掌握。同之前相比

---

① 国家教委思想政治工作司、司法部宣传司编：《法律基础课教学大纲》，高等教育出版社1992年版，第1—2页。

② 李崇富：《唯物史观创造性的运用和发展——"建设有中国特色的社会主义理论与唯物史观的发展"理论研讨会综述》，《人民日报》1993年3月8日第5版。

③《社会是老师　国情为教材　山东高校青年教师进行社会考察》，《人民日报》1992年1月10日第4版。

较，青年学生的思想状况和高校的整个形势发生了明显的变化和好转。比如，过去经常干扰青年学生的各种西方社会政治思潮，在校园内不断降温；青年学生思考现实问题倾向现代化建设，高校青年学生掀起购买《邓小平文选》第三卷的热潮①。

（二）1996—1999年高校"两课"历史观教育的演变

为推进形势与政策课的建设和改革，1996年国家教委下发了《关于进一步加强高等学校〈形势与政策〉课程建设的意见》，强调要紧密结合形势，针对学生思想实际开展教学，推荐中宣部的《时事报告》杂志作为全国高校"形势与政策"课的教学参考资料和辅导材料②。1997年成为高校"两课"历史观教育重要节点的标志是邓小平理论进入思想政治课的教材。1997年2月伟大的邓小平同志逝世，举国一片悲痛。同时，国内外各界都关注中国未来的发展方向，关于"举什么旗、走什么路"问题成为时代之问。在关键时刻，江泽民在邓小平同志的追悼会上提出邓小平是"建设有中国特色社会主义理论的创立者"③，坚定了中国未来方向。1997年在党的十五大报告中，强调高举邓小平理论伟大旗帜。十五大后，全国各行各业的党员干部兴起了学习邓小平理论的高潮，高校"两课"随之提出将邓小平理论思想融入教材、课堂是当前最迫切的任务之一。1997年3月，国家教委和北京市委教育工委联合邀请中国驻德国大使梅兆荣在北京外国语大学为首都高校涉外类专业师生作外交工作形势报告；1997年，国家教委与有关部门共同组织的多场"形势与政策"报告会，分别被制作成录像、录音资料发往全国各地。为了加强大学生"形势与政策"教育，国家思想政治工作司在北京举办"新形势下高校'形势与政策'教育教学工作座谈会"，总结交流开展"形势与政策"教育教学工作的经验④。

---

① 杨瑞森：《抓住时机　深化改革　努力开创高校马克思主义理论课教学新局面》，《教学与研究》1994年第1期。

②《中国教育年鉴》编辑部编：《中国教育年鉴（1997）》，人民教育出版社1997年版，第211页。

③ 中共中央文献研究室编：《十四大以来重要文献选编》（下），人民出版社1999年版，第2306页。

④《中国教育年鉴》编辑部编：《中国教育年鉴1998》，人民教育出版社1999年版，第234—235页。

为了把邓小平理论融入思想政治理论教育，高校"两课"课程设置进行了调整。其实，早在1996年的"中国社会主义建设"（1996年版）已开始调整相关内容，如在修订说明中，强调要凸显邓小平关于"建设有中国特色社会理论"的历史地位。而在党的十五大后，1998年中宣部和教育部联合颁发通知，要求高校直接开设"邓小平理论概论""毛泽东思想概论"两门课程，这就是"98方案"，其中用"毛泽东思想概论"代替"中国革命史"，用"邓小平理论概论"代替"中国社会主义建设"，历史观教育内容的侧重点也发生了变化，从之前的重在历史事实的讲授转变为注重历史理论的讲解。1998年教育部编写示范教材"邓小平理论概论"，一些省市也编写或再版了邓小平理论概论课的教材[①]，强调高校党领导要以高度的使命感、责任感、紧迫感，把用邓小平理论教育武装大学生放在十分重要的位置。"邓小平理论概论"是对学生进行建设有中国特色社会主义理论与实践的教育，帮助学生理解邓小平理论是马克思主义同中国实际相结合的第二次历史性飞跃，是马克思主义同中国当代实际和时代特征相结合的产物，是马克思主义在中国发展的新阶段；通过课程学习增强建设有中国特色社会主义的坚定信念，增强执行党的基本路线和基本纲领的自觉性和坚定性[②]。"毛泽东思想概论"教学目的是帮助学生了解中国革命历史过程以及建设社会主义新中国的实践探索，掌握马克思主义与中国实际相结合的产生的第一次历史性成果，深刻理解中国近现代史发展规律以及中国革命运动的规律，加强认知坚定社会主义道路的重要性，明白只有社会主义才能救中国，也只有走社会主义道路才能发展中国[③]。

在上述背景下，其他"两课"的教材内容也进行了相应调整。如"马克思主义哲学原理"增加了毛泽东思想和邓小平理论中哲学思想的内容，为学生确立建设有中国特色社会主义的理想信念，自觉坚持党的基本理

---

① 《中国教育年鉴》编辑部编：《中国教育年鉴1999》，人民教育出版社1999年版，第247页。

② 《"邓小平理论概论"教学基本要求（供高等专科学校使用，征求意见稿）》，《教学与研究》1998年第6期。

③ 教育部社会科学司编：《普通高等学校马克思主义理论课教学基本要求》，高等教育出版社1998年版，第48页。

论、基本路线和基本纲领打下扎实的哲学理论基础[1]。"马克思主义政治经济学原理"主要对当代资本主义进行分析，运用马克思主义的立场、观点和方法分析当前资本主义的新变化，认清资本主义经济实质及其在当代的新特征，懂得资本主义必然为社会主义所代替的历史规律，认识借鉴资本主义一切反映社会化生产规律的先进经营方式、管理方法的意义，坚定为建设有中国特色社会主义而奋斗的理想信念[2]。"自然辩证法概论"紧密结合科技发展的要求，用辩证唯物主义观点准确地概括现代科技成果，正确地回答当代科技革命提出的重大哲学问题，帮助学生掌握自然界和科学技术发展的一般规律以及正确协调人与自然关系的基本观点，加深对辩证唯物主义世界观的理解，形成跨学科的知识结构，更好地用马克思主义世界观特别是邓小平哲学思想指导思想和工作[3]。"当代世界经济与政治"（1998年版）则要求以邓小平思想中的关于国际战略思想为指导进行讲授当前世界经济政治的变化与发展，在结构与内容上都做了改动。如依据马克思主义基本原理的"经济决定政治，政治反作用于经济"等理论依据以及当时的现实依据，将"世界经济"放在"世界政治"的前面，并且将世界经济、政治分别单列成章，关于发达资本主义、发展中国家、社会主义国家也单列成节，打破"一锅煮"的现象[4]。同时也对内容作了一些调整，除了讲授马克思主义的世界经济政治思想外，增加运用邓小平国际战略思想分析当前国际形势的讲授，注重对发达国家发展态势的分析，正确认识当代世界所处于变化发展时代，深入理解中国外交政策和国际战略，树立为国家富强和民族振兴、为人类的进步繁荣而奋斗的信念[5]。

---

[1] 教育部社会科学司编：《普通高等学校马克思主义理论课教学基本要求》，高等教育出版社1998年版，第33页。

[2] 教育部社会科学司编：《普通高等学校马克思主义理论课教学基本要求》，高等教育出版社1998年版，第41页。

[3] 教育部社会科学司编：《普通高等学校马克思主义理论课教学基本要求》，高等教育出版社1998年版，第84页。

[4] 王朝文：《关于"当代世界经济与政治"教学基本要求的说明》，《教学与研究》1999年第1期。

[5] 教育部社会科学司编：《普通高等学校马克思主义理论课教学基本要求》，高等教育出版社1998年版，第70页。

为更好地贯彻落实党的十五大精神和《中共中央关于进一步加强和改进学校德育工作的若干意见》以及《中共中央关于加强社会主义精神文明建设若干重要问题的决议》，贯彻执行中共中央宣传部和教育部联合下发的《关于普通高等学校"两课"课程设置的规定及其实施工作的意见》以及《中国普通高等学校德育大纲（试行）》和《关于进一步加强高等学校社会主义精神文明建设的若干意见》，以邓小平理论指导大学思想道德修养课的教学改革和建设，更好地发挥思想品德课在培养德、智、体、美、劳等方面全面发展的社会主义建设者和接班人中的作用，教育部思想政治工作司组织有关专家、教授对1996年12月出版的"思想道德修养教学大纲"（第一版）进行修订。修订版本的内容突出邓小平思想道德教育理论，强调联系改革开放和社会主义现代化建设面临的精神文明建设问题，对学生关心的热点、重点问题进行分析解读，帮助大学生树立正确的"三观"（世界观、人生观与价值观），抵制西方资产阶级错误思想的入侵①。为贯彻落实党的十五大精神，以邓小平理论指导大学生法律基础课的教学改革和建设，1998年教育部思想政治工作司和司法部法制宣传司组织有关专家、教授对1996年4月出版的"法律基础教学大纲"（第二版）进行重新修订，修订后的版本内容上增加近几年来中国在民主与法律建设方面所取得的成果，具体内容包括马克思主义法学理论、邓小平民主法制思想理论、中国的法律制度的完善与体系建构、突出了法治建设的时代性内容②。

总之，此阶段的高校"两课"历史观教育的内容和形式更加多样化，各个课程所讲述的内容分解得更加细致，依照党和国家领导人召开的重要会议、讲话等为依据进行内容和框架上的修改，课程的修订变化更具规律性，促使党的理论方针、政策有效地融入"两课"教学，为之后"两课"的发展奠定基础。随着教育技术的革新，在教学方法的改革方面，教学手

---

① 教育部思想政治工作司编：《思想道德修养教学大纲》第2版，高等教育出版社1998年版，第1—2页。

② 教育部思想政治工作司、司法部法制宣传司：《法律基础教学大纲》（第三版），高等教育出版社1998年版，第1—3页。

段的现代化被普及，教育方式出现多元化的实践探索。西南交大采取课堂上系统讲邓小平理论，课余举办报告会，研讨会，深层次探讨邓小平理论，课外通过社会实践，利用假期时间进行校外社会实践教学，以深化对邓小平理论的理解①。在教师队伍建设方面，拓展培训渠道，进行多种方式的学习培训，如开展集中学习研讨班、读书班、讲习班以及实地参观考察等多元化学习，同时以示范课、录制电视教学片等形式推广优秀教师的经验，并给予优秀教师奖励，有效提升了教师的业务能力与政治素质。国家教委制定有关的培训政策和要求，各省（区、市）制定培训计划以及建立相应的培训基地，高校结合学校情况，组织教师参加科研工作和实际锻炼，落实好培训计划，为教师提高自身理论水平提供切实保障。

1996年至1999年，通过理论与实践相结合的方式，对学生进行历史观的教育，在实践中加深学生对理论知识的理解与掌握，真正做到知识性与趣味性、思想性的统一，提高学生识别和抵制各种错误思潮的能力，坚定确立为建设有中国特色社会主义而奋斗的政治方向，高举邓小平理论伟大旗帜。如在清华大学进行"中国特色社会主义建设"以及"当代资本主义"的课程试点，要求学生在假期进行社会调查并完成相关论文，其中"70%左右的论文都是对现在的社会主义建设中好的东西进行赞扬、肯定的研究"②，体现了学生在坚定正确的政治方向的基础上，联系社会实际热点，采取理论与实践相结合的方式，提出社会热点问题，进而分析问题，提出自己的看法，并尝试提出解决问题的对策。

（三）2000—2004年高校"两课"历史观教育的演变

进入21世纪，中国社会主义现代化建设进入新的发展阶段。改革开放全面深入发展和社会主义市场经济得到进一步完善的同时，西方各种思潮传入中国，形成国内多种思想交错影响、多种矛盾错综复杂交织的局面，

---

① 《在深化和应用上下功夫　西南交大邓小平理论学习蓬勃兴起》，《人民日报》1998年6月17日第5版。

② 周远清：《在全国高校"两课"管理工作座谈会上的讲话》，《教学与研究》1996年第3期。

深刻影响了广大人民群众的精神生活。西方现代思潮体系中的后现代主义主张的多元价值观、推崇解构主义、消解理想等消解了青年一代的奋斗精神和动摇着原来的理想信念，并给市场经济本身所带来的物质主义、享乐主义、拜金主义等精神提供了合法性和理论支持，这些思想不可避免地影响到党的领导干部队伍，党内出现官僚作风严重、形式主义、弄虚作假和贪污贿赂等腐败现象，加强党风廉政建设势在必行。以江泽民同志为代表的中国共产党人在科学分析当前形势变化和党的历史任务基础上，提出"三个代表"重要思想。2000年2月，江泽民到广东考察并作了《在新的历史条件下更好地做到"三个代表"》的讲话，指出："我们党所以赢得人民的拥护，是因为我们党在革命、建设、改革的各个历史时期，总是代表着中国先进生产力的发展要求，代表着中国先进文化的前进方向，代表着中国最广大人民的根本利益，并通过制定正确的路线方针政策，为实现国家和人民的根本利益而不懈奋斗。"①2001年在庆祝中国共产党成立八十周年大会上，江泽民对"三个代表"重要思想进行了系统性的阐述。2001年9月，为了进一步推进反腐败斗争，加强党风廉政建设，党的十五届六中全会通过《中共中央关于加强和改进党的作风建设的决定》，对如何加强作风建设进行了全面部署，其中特别提出要加强马克思主义发展史的教育。2002年党的十六大高度评价"三个代表"重要思想并确立为党的指导思想。这对高校思想政治理论如何将"三个代表"重要思想融入课堂与教材提出了新的要求。

根据新世纪国内外形势的变化，高校"两课"历史观教育的变化主要体现在"毛泽东思想概论""邓小平理论和'三个代表'重要思想概论"课程中，其他"两课"也相应调整。2000年教育部社政司要求对"毛泽东思想概论"和"思想道德修养"两门课程进行修订，在2001年修改完成于当年的秋季学期使用②。具体来说，"毛泽东思想概论"2001年版对比1998年版有以下变化：一是内容上，加强对"毛泽东思想的科学涵义、毛

---

① 江泽民：《江泽民文选》（第三卷），人民出版社2006年版，第2页。

② 《中国教育年鉴》编辑部编：《中国教育年鉴2001》，人民教育出版社2001年版，第201页。

泽东思想的形成与发展、毛泽东思想的科学体系及其基本原理与基本观点、毛泽东思想的活的灵魂、毛泽东思想的历史地位和指导作用等概要的论述";二是在教学目标上,强调"要正确认识和评价毛泽东和毛泽东思想的历史地位,增强建设有中国特色社会主义的自觉性;树立爱国主义、集体主义、社会主义思想,树立科学的世界观、人生观、价值观";三是教学方法上,"学习毛泽东的重要科学著作和党的重要文献与阅读教材相结合;学习理论与了解历史相结合;坚持理论与实际相结合的原则"[①]。"思想道德修养"2001年对比1998年版有以下变化:一是对课程性质作了补充和说明。二是内容上,增加"贯彻落实'以德治国'的重要思想"以及根本目的,培养学生"做'有理想、有道德、有文化、有纪律'的社会主义事业建设者和接班人"。三是在教学目标与方法上,强调"要帮助大学生认识自己肩负的历史使命",同时要"提高自觉性"[②]。2003年,根据党的十六大召开,教育部社政司下发了新的"思想道德修养"课的教学基本要求,内容需增加"三个代表"重要思想和党的十六大精神内容,进一步体现以德治国和《公民道德建设实施纲要》的思想[③]。

此外,为了更好地将"三个代表"重要思想融入"两课",根据2003年教育部颁布《关于进一步深化"三个代表"重要思想"三进"工作的通知》,将"邓小平理论概论"课调整为"邓小平理论和'三个代表'重要思想概论"课[④],要求各高校从2003年秋季开学开始普遍开设。其中原来基础较好的学校,在教学条件允许情况下可考虑单独开设"'三个代表'重要思想概论"课进行试点,同时要求将"三个代表"重要思想全面融入原有"两课"课程中。"邓小平理论和'三个代表'重要思想概论"课程,是全面论述邓小平理论和"三个代表"重要思想,从其科学内涵到形成发

---

① 教育部社会科学研究与思想政治工作司:《"毛泽东思想概论"教学基本要求》,《教学与研究》2001年第5期。

② 教育部社政司:《"思想道德修养"教学基本要求(2001年修订)》,《教学与研究》2001年第5期。

③ 夏伟东:《新编〈思想道德修养〉教材的基本思路和特色》,《教学与研究》2003年第8期。

④ 教育部社会科学研究与思想政治工作司编:《马克思主义哲学原理、马克思主义政治经济学原理、邓小平理论和"三个代表"重要思想概论教学大纲》,高等教育出版社2004年版,第1页。

展，从内容体系到历史地位与意义，并结合其观点分析中国特色社会主义建设的路线、方针和政策，使学生理解中国社会主义现代化建设是以马克思主义的世界观和方法论为指导的实践探索。教学目标上，增强学生建设中国特色社会主义现代化的理想信念，提高贯彻执行党的基本路线、纲领和方针政策的自觉性，推动学生积极投入建设全面小康社会主义中国的伟大实践中。在教学内容上，一是厘清邓小平理论和"三个代表"重要思想的内涵、形成的历史逻辑，让学生认识到这是马克思主义中国化的理论成果，是广大人民群众在中国共产党的领导下进行实践探索的集体智慧结晶，是党和人民最宝贵的精神财富。二是通过其形成过程的讲解，让学生明白邓小平理论和"三个代表"重要思想与马克思列宁主义、毛泽东思想是一脉相承的。三是阐释邓小平理论和"三个代表"重要思想的历史地位与时代意义，让学生明白这是改革开放取得重大成果的科学理论和行动指南，必须长期坚持的指导思想。四是要努力培养学生理论联系实际的能力，增强学生学习邓小平理论和"三个代表"重要思想、正确贯彻执行党在新时期的路线方针政策、积极投身社会主义现代化建设的自觉性，使学生能够善于运用所学理论去认识和正确分析实际生活中存在的问题，特别是认识和分析改革开放过程中所产生的种种现实问题[1]。而对于"马克思主义哲学原理"课程，则要求系统学习马克思主义哲学理论体系，要求学生从哲学高度把握和深刻领会邓小平理论和"三个代表"重要思想，理解和掌握其对马克思主义理论的创新和发展，掌握其科学世界观和方法，通过理论联系实际，分析现实中存在的种种矛盾与问题，提高运用马克思主义的立场、观点、方法分析问题的能力[2]。"马克思主义政治经济学原理"课程的基本任务是通过教学，使学生能够比较系统而准确地理解马克思主义政治经济学的基本理论和基本知识。在教学方法上，提倡运用启发式教

---

① 教育部社会科学研究与思想政治工作司编：《马克思主义哲学原理马克思主义政治经济学原理邓小平理论和"三个代表"重要思想概论教学大纲》，高等教育出版社2004年版，第86页。

② 教育部社会科学研究与思想政治工作司编：《马克思主义哲学原理马克思主义政治经济学原理邓小平理论和"三个代表"重要思想概论教学大纲》，高等教育出版社2004年版，第1—2页。

学，提高学生的学习主动性和积极性，在形式上主张以课堂教学为主，并通过讨论和社会实践调查等形式提高教学吸引力和有效性[①]。关于"形势与政策"的教育，根据教育部的通知也要求突出邓小平理论和"三个代表"重要思想的相关内容教育。

综上所述，这一阶段的"两课"教育重点增加了邓小平理论和"三个代表"重要思想的内容，并根据各个课程的特点，将理论内容更加具体化。而且，随着网络技术的发展，高校"两课"开始提倡加强网络思想政治建设。在教学方式方法上有所拓展，如探索了"读（原著）、听（专题报告）、讲（系统讲授）、谈（讨论交流）、看（录像）、走（社会实践）、写（调查报告、心得体会等）"[②]等多种教育方式，增强学生学习"两课"的积极性。在师资队伍建设方面，该阶段重视新老交替的教师培育，提倡"以老带新"的培育模式，鼓励"两课"老师在职攻读学位，并通过骨干培训、讲习班、备课会以及教学观摩等方式对"两课"教师进行培育，有效促进教师自身素质的提高。在教学条件上，实施开展马克思主义理论研究和建设工程，根据各个学科特点的不同对学生进行历史观教育，并充分利用当地博物馆、纪念馆、展览馆等爱国主义教育基地进行现场教学，拓展了思政理论课的教学途径，将理论教学与实际参观、切身感受相结合，增强"两课"教学的实效性。

2000年至2004年，这一阶段的历史观教育充分利用网络，强化网络思想政治建设，形成网上和网下进行历史观教育的合力，提升学生的理论水平。例如中南大学建立了网络德育教育系统，"组织编写、制作了'马克思主义哲学''毛泽东思想概论''邓小平理论概论'等10多门课多媒体课件，上载到学校马列主义研究会网站，并且配以《国歌》《国际歌》《大决战》《长征》《毛泽东》《邓小平》等经典歌曲、影视片和文献纪录片"，

---

① 教育部社会科学研究与思想政治工作司编：《马克思主义哲学原理马克思主义政治经济学原理邓小平理论和"三个代表"重要思想概论教学大纲》，高等教育出版社2004年版，第47页。

② 教育部社会科学司组编：《普通高校思想政治理论课文献选编（1949—2008）》，中国人民大学出版社2008年版，第195页。

激发了同学们的学习兴趣和热情，其中"化学化工学院学生刘金波到马克思列宁主义内容网站上浏览后兴奋地说：'马列网上生动形象的毛泽东视频文献，丰富翔实的毛泽东历史资料，还有精彩生动的评价，使我对毛泽东思想了解得更加全面、系统、深刻，不仅仅是一种热爱，更是一种理论信仰。'"①

从1993—2004年高校"两课"建设的历史演变过程可以看出，历史观教育穿插在"两课"教育的各个方面，是思想政治教育重要组成部分。高校"两课"的修订是根据时代的需要，与时俱进，既尊重历史，又吸取当下最新的理论成果，达到对大学生进行历史观教育的目的。

三、1993—2004年高校"两课"历史观教育的基本经验

1993年至2004年高校"两课"历史观教育在坚持马克思主义基础上，及时推进最新的马克思主义中国化的理论成果进校园、进教材、进课堂；教育理念坚持以"生"为中心，遵循学生成长规律，改革教学方式方法，增强历史与现实的对话，提高教学质量。此外，为了保障"两课"历史观教育，加强教师队伍的建设，构建"两课"教师培训平台，提高政治待遇、改善工作生活条件，并提供制度上的保障。

（一）坚持马克思主义的指导思想，用马克思主义中国化的创新成果武装学生

高校是培养社会主义接班人的摇篮。邓小平反复强调，要坚持四项基本原则，用马克思主义教育青年一代，培养"四有"新人："'四有'就是有理想、有道德、有文化、有纪律"②，这是社会主义建设事业取得成功的根本保障。高校"两课"是党的意识形态教育的主阵地，必须坚持政

---

① 吴兴华、李尕：《学子心灵的导航站——中南大学网络德育教育纪事》，《人民日报》2004年12月13日第2版。

② 邓小平：《邓小平文选》（第三卷），人民出版社1993年版，第205页。

治性、学术性与理论性的统一。马克思主义是党的指导思想，也是高校"两课"的核心内容，习近平强调"马克思主义是我们立党立国的根本指导思想，也是我国大学最鲜亮的底色"①。纵观1993—2004年各个阶段历史观教育的变化，都是在坚持马克思主义的指导下，把马克思主义中国化的创新理论成果纳入"两课"教学的全过程，其教学内容的变化始终与马克思主义中国化理论成果的发展保持高度一致性。1992年党的十四大召开，提出用邓小平建设中国特色社会主义理论武装全党，在教育领域为了贯彻执行党的十四大精神，进行教育改革和"两课"课程设置的调整和修订，强调突出用马克思列宁主义、毛泽东思想和邓小平关于建设有中国特色社会主义理论武装大学生头脑，培养合格的社会主义"四有"接班人。1997年党的十五大召开，将邓小平理论写入党章，指出邓小平理论是马克思主义与中国实际相结合的第二次飞跃所产生的创新成果。为了把十五大精神融入"两课"，推进邓小平理论进课堂、进教材、进校园，高校的"两课"的教学教材及教学内容也随之进行了改动。2001年江泽民在中国共产党成立八十周年大会上，系统阐述了"三个代表"重要思想，随之教育部颁布了文件要求将江泽民同志的"七一"讲话精神融入高校"两课"教学中。2002年党的十六大召开，把"三个代表"重要思想与马列主义、毛泽东思想、邓小平理论一起确立为党的指导思想。会后，各高校为了贯彻执行党的十六大精神，对"两课"教材进行了相关修订，将通过多种形式对思想课教师进行专题培训，积极推进党的创新成果"三个代表"重要思想进高校、进课堂、进教材等工作。

（二）遵循学生的成长规律，坚持立德树人的根本任务

立德树人是教育的首要任务。围绕着"培养什么人、怎样培养人、为谁培养人"这一根本教育问题，必须加强高校思想政治教育工作，在遵循学生成长规律和教育规律基础上，推动思想政治教育教学改革，直面学生关注的热点问题、帮助学生答疑解惑，及时追踪和关注学生现实中面临的

---

① 习近平：《在北京大学师生座谈会上的讲话》，《人民日报》2018年5月3日第2版。

新问题。江泽民强调，"各级各类学校都要全面贯彻党的教育方针，坚持社会主义办学方向，努力培养德智体全面发展的'四有'新人。要针对改革和建设过程中出现的新情况新问题，不断加强和改进学校的思想政治工作和政治课教育"①。如20世纪90年代初，针对资产阶级自由化的腐朽思想的入侵，"两课"加强对学生正确"三观"教育，并在"98"方案中用"毛泽东思想概论"和"邓小平理论概论"代替了"中国革命史"和"中国社会主义建设"，调整后的课程内容更具现实性，把马克思主义与中国实际相结合实践推进过程呈现给学生，增加学生历史观教育的现实感和亲切感。同时，开设了"当代世界经济与政治""思想道德修养""法律基础"等课程，让学生学会运用马克思主义、毛泽东思想、邓小平理论等马克思主义的观点、立场、方法，分析当前国际形势与政治经济格局的发展变化趋势，并用马克思主义的思想加强自我道德修养与法律意识。课程的设置从理论上符合学生的认知发展规律，也反映了"两课"的政治性与思想性的统一，基础性与应用性相结合的特点。

（三）加强师资队伍建设，夯实"两课"历史观教育的基础

"两课"教师作为马克思主义理论的研究者和传播者，是社会主义意识形态工作教育的主要力量，发挥着指引大学生健康成长的重要作用。加强师资队伍建设，是培养社会主义建设的"四有"新人的关键和保障；完善高校思政教师队伍建设，是高校"两课"历史观教育得以顺利推行的基础和保障。加强"两课"教师的师资队伍建设：一是正确认识"两课"教师在立德树人中的重要性，加强对教师队伍建设的指导。为防控西方资产阶级自由化思潮的传播与扩散，国家要求把德育教育放在首位，加强相关工作的教师队伍，1991年国家教委出台文件《关于加强和改进高等学校马克思主义理论教育的若干意见》，要求"大力加强教师队伍建设，改善他们的政治待遇和工作条件"，明确指出要改善思政教师教学工作条件，相应提高其待遇。1995年国家教委颁布《关于高校马克思主义理论课和思想

---

① 江泽民：《江泽民文选》（第一卷），人民出版社2006年版，第371—372页。

品德课教学改革的若干意见》文件，把"两课"教师建设提高到战略高度，指出要加强思政队伍教师政治素质，提高相关业务素质，通过提供"两课"教师硕博研究生教育培训，培育大批能力较强的思政教师、德育《教学与研究》专家。二是开辟多种途径提高教师教学业务能力。20世纪90年代，随着高等教育的扩招，高校面临着"两课"教师短缺的问题以及急需提高教师教学水平，中央强调从数量和质量上推进"两课"教师队伍建设。具体措施包括为教师提供更多的培训机会，如在"98"方案中，强调各单位要制订"两课"教师的进修计划，建立新教师培养基地，抓好中青年骨干教师的培育以及"两课"教学相关部门负责人的高层培养。通过完善学科建设为教师提供学科平台，1996年国家设置了马克思主义理论和思想政治教育二级学科，同年在清华大学、武汉大学和中国人民大学设立了第一批该学科的博士点。建设学科点的同时推进"两课"教师科研和教学能力的提高，为教师的专业培训提供更多的可能性。鼓励在职教师攻读学位，1999年12月《教育部、国务院学位委员会关于开展高等学校"两课"教师在职攻读硕士学位工作的通知》，明确提出"在1999年至2000年间，使3500名左右在任'两课'专职教师通过在职学习的方式，获得硕士学位"[1]。同时，思想政治理论教师队伍在"98方案"实施过程中得到进一步完善，在教师编制、课时资金分配、教师的职称评聘等方面出台了更有利于教师成长的政策和方案。三是注意科研与教学的统一，以"研"促"教"，同时提高教师的科研与教学水平。20世纪90年代初，随着市场经济的发展，针对现实中出现的问题必须进行系统的研究，中共中央要求各高校处理好教学与科研的关系，为了提高思想政治教育的针对性和现实性，强调"两课"教师在掌握马克思主义理论的基础上，必须理论联系实际，结合中国当前的国内外形势和社会主义建设中遇到的问题来讲授"两课"，为了提高历史观教育的有效性和针对性，必须结合中国革命斗争实践和社会主义市场经济出现的新问题进行系统研究。在"98"方案中提出

① 教育部思想政治工作司组编：《加强和改进大学生思想政治教育重要文献选编（1978—2014）》，知识产权出版社2015年版，第201页。

"为了改革政治理论课的教学内容，需要有计划、有领导的对教学中的疑难问题，对学生关心和要求回答的现实问题，进行系统的研究"①。同时，为了解放"两课"教师的科研经费，在资金和项目设置上有所倾斜。

此外，为了进一步推动"两课"教师建设，还必须完善相关制度制定，形成常态化的培育体系。如建立"两课"教师培训和进修制度，完善思想政治课教师队伍的选聘与考核机制，促进教师培训、考核、选聘三者统一；优化和完善教学条件和环境，修缮当地爱国主义教育基础，提供历史观教育的现场教学的硬件设施和条件；提供现代教育技术，协助教学改革顺利进行。

总的来说，高校"两课"师资队伍的建设，是在党的领导下，贯彻执行中共中央、教育部下发的相关文件精神，遵循高等教育发展的规律和教师个人成长规律，系统地提高"两课"教师的科研与教学能力，坚持"以教学科研组织建设为平台，以选聘配备为基础，以培养培训为抓手，以学科建设为支撑，以制度建设为保障，以实现教学状况明显改善为目标"②，各级党政教育部门以及高校领导积极协调相关部门支持"两课"教师队伍的工作，为夯实思政师资队伍的力量提供条件和支持，通过一系列的培育措施，该阶段的师资培养成果显著，为国家培育了一大批业务能力扎实、理论水平高、教学能力强的思想政治工作者。

（四）促进教学改革，提高"两课"历史观教育教学质量

教学改革创新是"两课"历史观教育的关键一环。教学改革是一个系统的工程，体现在教学理念的转变、教学方式方法的改革、教学载体的变化以及教学评价体系的创新等方面。首先，教学理念的变化。"两课"的教学改革要遵循教育教学规律和学生的认知规律，教育理念从以"教师为

---

① 教育部思想政治工作司组编：《加强和改进大学生思想政治教育重要文献选编（1978—2014）》，知识产权出版社2015年版，第45页。

② 教育部思想政治工作司组编：《加强和改进大学生思想政治教育重要文献选编（1978—2014）》，知识产权出版社2015年版，第374页。

主"转向"以学生为本"的教育观，主张教师是教学的组织者和引导者，而学生是教学的中心，重在培养学生的自动学习意识和能力。在教学过程中实现"教"与"学"的统一，以达到"教学互长"效果。备课要做到"三备"：备学生、备教材、备内容，在遵循学生认知发展规律的基础上，结合学生关心的热点问题与难题，在系统讲述专业理论知识同时兼顾大学生的学习生活实际，注意理论与实际相结合，突出教学内容的实践性、时代性和现实性。如"两课"中的历史观教育要针对当前社会存在的历史虚无主义进行辨析与剖析，帮助学生建构正确的历史观。

其次，教学方式方法的改革。教育理念的转变，促进教学方式方法的改革，改变了传统被动式"灌输"式教学为主的课堂授课方式，进而运用启发式教学为主的多种多样的教学方式。1991年国家颁布的《关于加强和改进高等学校马克思主义理论教育的若干意见》文件，提出要在"加强教学中的各个环节，努力改进教学方法"以及"要积极利用现代化教学手段，适当开展电化教学"[1]。各高校在教学过程中探索读原著、小组讨论、专题教学、研讨式教学等方式提高课堂的吸引力，为了发挥学生主动性和提高自学能力，同时开创了PBL教学法、"三明治"教学法、"对分课堂"教学法等，提供学生更多参与课堂教学的机会，进而提高学生运用所学知识分析和解决问题的能力。再次，教学载体的变化。为了提高"两课"的有效性，创新了教学载体。随着教育技术的不断发展，电化教育、网络教育、多媒体教学技术在"两课"中被广泛运用，使教学内容从抽象化向具象化呈现，提高了课堂的吸引力，调动了学生学习兴趣和学习积极性，实现了传统教学与多媒体教学统一，促进了教师主导性和学生主体性的协调。在教学环节中，重视教学实践环节，组织学生参观爱国主义教育基地，举行"三下乡"社会实践活动，促进第一课堂与第二课堂、理论教学与实践教学、显性教育与隐性教育的结合。最后，教学评价体系的创新。从传统的终结性评价转向以过程性为主的科学评价标准，注重教学过程的

---

[1] 教育部社会科学司组编：《普通高校思想政治理论课文献选编（1949—2008）》，中国人民大学出版社2008年版，第140—141页。

质量监控，构建学生评教、教师评学、教学督导等多元主体评价体系。

结　语

1993—2004年高校"两课"历史观教育的演变，深受国内外的形势变化影响，根据社会主义建设的需要，在贯彻执行国家相关文件精神基础上，进行课程内容和课程设置的调整，同时遵循大学生成长的规律和教育发展规律，进行教学内容、教学方式方法、教学载体等的改革与创新。高校"两课"中历史观教育坚持马克思主义指导思想，用马克思主义中国化的创新成果充实学生的思想和头脑，"两课"历史观教育更注重不同时期历史变化与历史虚无主义的批判，教学内容上从重历史知识传授向历史知识与理论兼顾的变化，教学方式方法从传统的以教师讲授为主的灌输式教学转向以学生参与的启发式教学，同时开拓课外历史实践教育与体验。为高校大学生正确认识中国近现代史、革命史，积极投身改革开放和社会主义建设伟大事业奠定良好的基础。

第七章 2005年以来高校思政课历史观教育的发展、问题及对策

　　唯物史观是科学的历史观，运用唯物史观正确认识历史特别是中国近现代的历史，是维护意识形态安全、培养社会主义建设者和接班人的根本要求。高校思政课是进行历史观教育的主渠道。在中华民族伟大复兴的新征程上，对2005年以来的高校思政课历史观教育进行梳理，有助于总结高校思政课历史观教育的经验，为进一步提升高校思政课历史观教育的教学质量提供有效对策。

一、2005年以来高校思政课历史观教育的发展

　　高校思政课历史观教育随着课程体系的改革不断得到完善，2005年2月7日，中共中央宣传部、教育部发布《关于进一步加强和改进高等学校思想政治理论课的意见》。2005年3月9日，中共中央宣传部、教育部关于印发《〈中共中央宣传部、教育部关于进一步加强和改进高等学校思想政治课的意见〉实施方案》的通知（简称"05方案"），在"05方案"的基础上，构建了"纲要"（中心）+"四史"课程体系，增加了"习近平新时代中国特色社会主义思想概论"课。以树立唯物史观，坚持正确党史观和大历史观为教育目标，突出对中华民族伟大复兴的历史探索主题，在教学方式方法上更加灵活多样，形成了三全育人的协同发展格局。

（一）高校思政课程历史观教育体系架构的完善

"05方案"决定，高等学校思想政治理论课（简称"思政课"）开设"马克思主义基本原理"（简称"原理"）、"中国近现代史纲要"（简称"纲要"）、"毛泽东思想、邓小平理论和'三个代表'重要思想理论"（修订后改称"毛泽东思想和中国特色社会主义理论体系概论"，简称"概论"）、"思想道德修养与法律基础"（修订后改称"思想道德与法治"，简称"德法"）等四门课①。"05方案"对"98方案"设置的思政课进行了整合。如将"马克思主义哲学""政治经济学""科学社会主义"三部分整合为"马克思主义基本原理概论"课；将"毛泽东思想概论""邓小平理论和'三个代表'重要思想概论"整合为"毛泽东思想和中国特色社会主义理论体系概论"；"思想道德修养""法律基础"则整合为"思想道德修养与法律基础"。"05方案"重新设置"历史与理论相结合"类思政课程，单列"中国近现代史纲要"，讲授中国近代以来抵御外来侵略、争取民族独立、推翻反动统治、实现人民解放的历史，帮助学生了解国史、国情，深刻领会历史和人民是怎样选择了马克思主义，选择了中国共产党，选择了社会主义道路②。

党的十八大以来，高校思政课程设置紧跟时代发展，及时将马克思主义中国化时代化的创新理论成果融入思政课程体系。2022年"习近平新时代中国特色社会主义思想概论"课纳入全国各高校教学计划并开始实施教学，旨在帮助大学生深入学习领会习近平新时代中国特色社会主义思想的核心要义、精神实质、丰富内涵、实践要求，进一步增强"四个意识"、坚定"四个自信"、做到"两个维护"。

持续推进"四史"教育以加强历史观教育。根据"把党史作为各级各

---

① 教育部社会科学司组编：《普通高校思想政治理论课文献选编（1949—2008）》，中国人民大学出版社2008年版，第215页。

② 本书编写组：《中国近现代史纲要（2008年修订版）》，高等教育出版社2008年版，第1页。

类学校思想政治课的重要内容"的要求①。2019年8月《关于深化新时代学校思想政治理论课改革创新的若干意见》和2020年12月《新时代学校思想政治理论课改革创新实施方案》，提出将党史、新中国史、改革开放史和社会主义发展史等"四史"开设高校选择性必修课程，大学生至少选修1门"四史"课程。2021年4月《教育部办公厅关于在思政课中加强以党史教育为重点的"四史"教育的通知》，要求全国重点马克思主义学院至少开设1门"四史"类思政课选择性必修课，具有马克思主义理论学科点的高校面向本学科学生开设"四史"类必修课，目的是"教育引导学生弄清楚当今中国所处的历史方位和自己所应担负的历史责任，深刻理解中华民族从站起来、富起来到强起来的历史逻辑、理论逻辑和实践逻辑，增强听党话、跟党走的思想和行动自觉，牢固树立中国特色社会主义的道路自信、理论自信、制度自信、文化自信"。以"纲要"（中心）+"四史"的高校思政课程体系"历史与理论相结合"类课程体系正式形成。

（二）唯物史观方法论的丰富

"05方案"在思政课建设史上明确要求"纲要"结合中国近现代的历史实际，"提高运用科学的历史观和方法论分析和评价历史问题、辨别历史是非和社会发展方向的能力"②。为给"纲要"课程提供理论支撑，2008年，马克思主义理论一级学科设立下增设的二级学科"中国近现代史基本问题研究"，其中"科学的历史观教育研究"是学科研究的重要任务③。在高校思政课建设史上首次明确将"纲要"作为历史观教育的教学、科研重要目标和任务的高校思政课程。

党的十八大以来，党和政府重视历史的资政育人功能，强调历史是

① 中共中央文献研究室编：《十七大以来重要文献选编》（中），中央文献出版社2011年版，第790页。

② 本书编写组：《中国近现代史纲要（2008年修订版）》，高等教育出版社2008年修订版，第2页。

③ 教育部社会科学司组编：《普通高校思想政治理论课文献选编（1949—2008）》，中国人民大学出版社2008年版，第248—250页。

"最好的教科书"①，是"最好的老师"②，是"最好的清醒剂"③。马克思主义历史观在新时代更加科学。首先，强调唯物史观是共产党人认识把握历史的根本方法④，"要坚持用唯物史观来认识历史，坚持实事求是的思想路线，分清主流和支流，坚持真理，修正错误，发扬经验，吸取教训"⑤。其次，提出坚持正确党史观，要求坚持用"用具体历史的、客观全面的、联系发展"的观点来看待党的历史，"准确把握党的历史发展的主题主线、主流本质"⑥。"让正确党史观更深入、更广泛地树立起来，让正史成为全党全社会的共识，教育广大党员、干部和全体人民特别是广大青年坚定历史自信、筑牢历史记忆，满怀信心地向前进。"⑦再次，将大历史观视野作为新时代中国共产党历史叙事的特点，将"树立大历史观"与"坚持正确党史观"并列为认识党的百年历史的方法论⑧，提出中国共产党历史放在中华民族发展史、世界社会主义发展史、世界历史和人类文明进步史的宏大视野中来认识，"从历史长河、时代大潮、全球风云中分析演变机理、探究历史规律"⑨。"坚持唯物史观，坚持正确党史观，树立大历史观"的提出，为新时代加强历史观教育、反对历史虚无主义提供了理论指引。

（三）历史观教学内容逻辑的完备

实行"05方案"以来，高校思政课历史观在内容上更加完备，逻辑上越发清晰，主要体现在：

---

① 习近平：《习近平谈治国理政》，外文出版社2014年版，第405页。

② 习近平：《习近平谈治国理政》（第二卷），外文出版社2017年版，第508页。

③ 习近平：《习近平谈治国理政》（第四卷），外文出版社2022年版，第287页。

④ 习近平：《在党史学习教育动员大会上的讲话》，《求是》2021年第7期。

⑤ 习近平：《在党史学习教育动员大会上的讲话》，《求是》2021年第7期。

⑥《中共中央关于党的百年奋斗重大成就和历史经验的决议》，人民出版社2021年版，第79页。

⑦《弘扬伟大建党精神坚持党的百年奋斗历史经验增加历史自信增进团结统一增强斗争精神》，《人民日报》2021年12月29日第1、2版。

⑧ 宋俭、潘婷：《在"中国近现代史纲要"课教学中讲深讲透党百年奋斗的重大成就和历史经验》，《思想理论教育导刊》2022年第6期。

⑨ 习近平：《在党史学习教育动员大会上的讲话》，《求是》2021年第7期。

　　在历史主题方面明确了实现中华民族伟大复兴既是中国近现代史的历史主题和百年党史的历史主题，又是新中国史和改革开放史的历史主题，也是中国社会主义发展史的历史主题①。这也构成了实现中华民族伟大复兴这一历史主题在不同维度的具体展开。

　　在历史主线方面添加了中国特色社会主义进入新时代的全新内容，进一步扩展了课程的历史时限、具体内容和重大意义；体现了马克思主义基本原理同中国具体实际相结合、同中华优秀传统文化相结合②，马克思主义中国化时代化创新理论成果形成发展的社会历史条件和一脉相承、与时俱进、不断开拓创新的发展历程。"突出中国特色社会主义新时代这个重点，有利于引导全党进一步坚定信心，聚焦我们正在做的事情，以更加昂扬的姿态迈进新征程、建功新时代。"③

　　在历史趋势方面增加了新时代中国与世界关系的历史性变化，将中华民族历史放置在世界历史大背景下，阐明了近代以来中华民族由盛转衰再逐步走向伟大复兴的发展趋势④。通过"书写了中华民族几千年历史上最恢宏的史诗""谱写了世界社会主义历史发展的壮丽篇章""绘就了人类发展史上的壮美画卷"等层面说明党领导人民百年取得伟大成就。

　　在历史结论方面强调历史和人民选择了马克思主义，选择了中国共产党，选择了社会主义道路，选择了改革开放"四个选择"，增加了"中国共产党为什么能、马克思主义为什么行，中国特色社会主义为什么好"的历史结论⑤。两大历史任务（争取民族独立、人民解放和实现国家富强、人民富裕）、"四个选择"与民族复兴的紧密联系，系统阐述了不同历史时

---

　　① 周家彬：《新中国成立以来高校"历史与理论相结合"类思想政治理论课的历史沿革》，《思想教育研究》2022年第6期。

　　② 习近平：《在庆祝中国共产党成立100周年大会上的讲话》，《人民日报》2021年7月2日第2版。

　　③《中共中央关于党的百年奋斗重大成就和历史经验的决议》，人民出版社2021年版，第80页。

　　④ 周家彬：《新中国成立以来高校"历史与理论相结合"类思想政治理论课的历史沿革》，《思想教育研究》2022年第6期。

　　⑤《中国近现代史纲要（2023年版）》编写组：《中国近现代史纲要（2023年版）》，高等教育出版社2023年版，第11页。

期在民族复兴中的地位和作用，强化了历史主题与历史任务、历史主线、历史趋势、历史结论之间的逻辑联系，使得中国近现代史的历史逻辑更加系统完备①。

在历史精神层面整体融入中国共产党的精神谱系。"一百年来，中国共产党弘扬伟大建党精神，在长期奋斗中构建起中国共产党人的精神谱系，锤炼出鲜明的政治品格。"②展现了精神与社会发展的相互作用，强调从历史中学习正确的世界观、人生观和价值观。

实行"05方案"以来，高校思政课历史观教育内容逻辑的不断发展和完备，为大学生构筑科学、完备的历史理论框架和认知标准，总结出中国近现代历史和中国共产党历史的正确结论。

（四）教学方法的多样

实行"05方案"以来，在高校思政课教学方式上坚持改革创新。全国高校积极采用案例式教学、探究式教学、体验式教学、互动式教学、专题式教学、分众式教学、混合式教学等。其中，如根据教学中的重点、难点，社会关注的热点，学生思想的疑点和困惑点，进行专题式教学，在有限的教学时间内解决了社会历史重大问题，既增强了历史理论的科学性和可信性，又提升了思政课历史观教育的时代性、针对性。高校普遍重视实践教学，开展并加强实践教学，利用课下阅读、参观、演讲、辩论、电教等各种形式，使大学生在掌握马克思主义唯物史观基础上，对社会历史有更深刻的认识，在实践中学会做事、做人，从而达到全方位立德树人的目的。积极探索网络教学，运用信息化教学手段，大力推进思政课网络建设，延伸课堂教学"时空"，创造思政课全新的"打开方式"。利用多媒体、音视频等手段，拉近历史与现实、理论与实际、今天与明天的联系，以更生动的形式、更鲜活的案例，提高教学的趣味性和互动性。

---

① 周家彬：《新中国成立以来高校"历史与理论相结合"类思想政治理论课的历史沿革》，《思想教育研究》2022年第6期。

② 习近平：《在庆祝中国共产党成立100周年大会上的讲话》，《人民日报》2021年7月2日第2版。

此外，实行"05方案"以来，高校思政课历史观教育在"三全育人"理念指引下，突破课堂教学单一渠道和思政课教师单一主体，开始形成以高校思政课堂作为历史观教育的主渠道，专业课程和校园文化建设一体化的全方位教育模式，形成思政教师为主体，专业课教师、学工队伍和党团组织共同参与的育人群体。推动知识体系教育与思想政治教育有机融合，思政课程与课程思政同向同行，实现线上线下整合，虚拟与现实的衔接，校园内外一体化育人。

二、2005年以来高校思政课历史观教育存在的问题

2005年来高校思政课历史观教育取得了长足的进步，但思想认识、课程内容、教师队伍、相关制度等方面仍存在问题。

（一）思想认识与高校思政课历史观教育的重要性不匹配

党中央高度重视高校思政课作为主渠道进行历史观教育的重要作用，但是历史观教育落实到高校、思政课等层面仍存在差距。

一是部分高校对历史观教育的认识不到位。由于高校的校情、师资及专业的限制，导致部分高校对历史观教育的重要性缺乏深刻的认知，虽然重视思政课作为立德树人的关键性课程，但没有正确认识作为思政课重要内容的历史观教育在把握历史规律、构筑历史自信、强化政治认同等方面的重要作用，没有认识到历史观问题，既是学术问题更是意识形态问题，特别是在反对历史虚无主义思潮中的重要作用。

二是部分高校思政课对历史观教育的认识不到位。在实际的高校课程教学中，部分教师不同程度地认为历史观问题是不言自明的，所以导致"原理"课局限于唯物史观的理论介绍，"纲要"课重视历史知识传授，"概论"课侧重马克思主义中国化的理论讲解，"德法"课主要讨论具体思想、道德、法律问题。纯知识性的思政课教学致使历史观教育的理论性和价值性被稀释。

三是部分思政教师由于专业或兴趣，缺乏对课程教材内容的钻研和把握，难以把握知识性内容背后的唯物史观理论，难以将教学内容和历史观教育结合起来。通过在中国知网以四门思政课程名称加"历史观教育"或"历史唯物主义"或"唯物史观"等关键词进行检索，发现四门高校思政课中，以"纲要"课程对历史观教育和批判历史虚无主义的研究最多也较为深入，"原理"课次之，"概论""德法"课再次。部分思政课教师对历史观教育实践理论总结的薄弱，也在一定程度上反映出历史观教育的薄弱。

（二）高校思政课与历史观教育在内容方法上的融合衔接不到位

高校思政课的历史观教育目标与教学内容存在差异。一是高校思政课程目标内容分布比例失调。如"纲要"课由于有"科学的历史观教育研究"的教学目标要求，所以涉及教学内容众多；"原理"课虽然没有明确提出历史观教育要求，但是唯物史观本身就是科学历史观，所以教学上主要集中在唯物史观理论学习内容中，"概论"和"德法"课内容都贯穿唯物史观的指导，但没有明确的教学要求，所以教学内容上没有显示。二是高校思政课程间历史观教育衔接有待加强。高校思政课历史观教育内容各有侧重。比如，"原理"课有"唯物史观"的专门章节，"纲要"课历史观教育贯穿全过程，"概论"课呈现了百年马克思主义中国化理论逻辑历史逻辑的结合历程，"德法"课展现了思想、道德和法治的精神力量。这些课程历史观教育内容的重点是符合学科自身的价值导向的。但在教学实践中，课程之间、课程目标与内容之间，衔接略显不足。如有历史观教育内容的"原理"课在实际教学中倾向于就理论讲理论；既有历史观教育目标又有教育内容的"纲要"课则侧重历史的分析和讲述，理论解读不足，缺乏明确历史观教育目标；"概论"和"德法"课程中，在实际授课内容与"纲要"课有重合的内容，往往会简单处理，如"概论"课会缩减历史逻辑分析，"德法"课教材中的爱国主义和中国精神教育部分，因为怕重复也被删减。

高校思政课历史观教育，存在片面将"历史观教育"等同于理论教育的现象，未能细致考察唯物史观与历史教学之间的切合度，导致历史观教育走向形式化的误区，使历史观教育缺乏学理高度的逻辑建构，学生的碎片化知识难以转化为认识和分析问题的能力。

（三）高校思政课师资队伍的整体素养和历史观教育的实际需要不协调

"马克思主义理论体系和知识体系博大精深，涉及自然界、人类社会、人类思维各个领域，涉及历史、经济、政治、文化、社会、生态、科技、军事、党建等各个方面。"[①]要确实做到掌握真谛、融会贯通马克思主义理论体系和知识体系，对于现在从事思想政治理论课的教师队伍而言，存在着一定的难度。同时由于马克思主义中国化时代化的理论创新持续发展，高校思政课教材和授课内容与时俱进地调整和完善。自2007年出版统一教材以来，高校思政课教材进行了多次修订，课程内容不断与时俱进，对高校思政课教师提出了更高的要求。

高校思政课教师的学科背景和学习工作经历影响着历史观教育效果。一方面由于长期以来马克思主义分为马克思主义哲学、政治经济学和科学社会主义三部分进行分学科设置和研究，由此培养教师的知识结构存在一定局限。"纲要"课教师多出身于中共党史或中国近现代史专业，马克思主义理论基础稍弱。2008年马克思主义理论学科设立后，对培养和提升思政课教师理论素养确有帮助，但教师整体情况仍没有根本好转。由于教师相关知识结构和学理素养的缺失，对历史理论和理论历史的学理解读能力不足。另一方面，高校思政课教师长期处在高校象牙塔小圈子，缺乏对社会的了解，对社会热点关注和研究不够，对社会问题的历史原因分析不透，理论说服力和思想引领力不强。

（四）高校思政课历史观教育需求与实际支持机制不健全

随着"三全育人"理念的提出，以思政课为主渠道、全员全过程全方

---

① 习近平：《在哲学社会科学工作座谈会上的讲话》，人民出版社2016年版，第11页。

位的高校育人体系逐步完善。但具体到历史观教育的育人体制机制仍有待完善。

一是高校思政课历史观教育的教学缺乏有效领导、统筹协调机制。一方面，在高校思政课历史观教育的实施过程中，思政课程单打独斗的倾向依旧存在，实际上如何运用唯物史观的立场、观点、方法分析和解读每门思政课教材？如何在思政课堂教学中展现科学历史观的立场、观点、方法？如何寻找有效切入点，将历史观教育融入思政课堂教学？如何运用科学的历史观分析和解读社会热点？这些问题既需要高校思政课教师的钻研、实际和总结，更需要上级部门、相关机构和平台组织起来共同研究、解读和有效指导。另一方面，思政课程体系内各课程间缺乏合作，各自为政。如"纲要"和"概论"课在历史逻辑问题上如何协调，"纲要"和"德法"课在精神和人物问题如何配合等。

二是高校思政课历史观教育缺乏有效的激励、支持机制。历史观教育既是高校思政课教学的重要内容，也是意识形态斗争和教育的重要内容。要保证历史观教育落到实处，既需要激发思政课教师的积极性、主动性和创造性，也需要体制机制的支持。但当前高校思政课历史观教育主要依靠教师的自发钻研，缺乏外部制度的激励和支持，难以形成教学和科研的长效机制；由于高校条块分割的管理体系，学校各部门与思政课历史观教育的协同育人效应和协同环境尚未形成，影响思政课历史观教学的有效实施。

三、新时期高校思政课历史观教育提升策略

新时期高校思政课历史观教育要提质增效，需要针对存在的问题，从里到外，从上到下，进行提升与完善。

（一）强化政治意识，提升高校思政课历史观教育重要性认识

历史观是人们对历史的总的和根本的看法，是世界观的重要组成部

分。历史观教育具有凝聚历史共识、坚定历史自信、形成历史思维、把握历史发展规律和大势，掌握历史主动的重要作用，"如果历史观错误，不仅达不到学习教育的目的，反倒会南辕北辙、走入误区"①。进行马克思主义唯物史观教育，既是社会主义大学的标志，也是实现立德树人根本任务的要求。所以，要从意识形态领域安全的政治高度，提高对高校思政课历史观教育重要性的认识。

提升对新时期高校思政课历史观教育重要性认识，一是要组织常态化的理论学习，深入领会党和国家的政策和文件精神，深刻认识历史观教育的必要性和紧迫性，认清历史观教育是高校思想政治教育的重要内容和"真本领"。二是要加强历史和现实结合的实践学习，通过组织参观爱国主义教育基地、观看历史观问题的影视资料、了解历史虚无主义问题的各种案例等方式，提高高校各部门对思政课历史观教育是关乎国家前途和民族命运安全的重要性认识，实现上下同心，合力将历史观教育贯穿思政课教学全过程。

（二）强化融合意识，推进高校思政课历史观教学内容和方法的立体衔接

以历史观教育为牵引，构建高校思政课整体框架，组合高校思政课整体内容。深刻理解唯物史观作为科学思想和哲学方法的基础性作用，深入把握唯物史观的基本机理，将唯物史观的立场、观点、方法作为依据，辨析五门思政课程的基本内容，构建高校思政课的整体框架。立足高校立德树人教育目的，以历史观教育为切入点，研究高校思政课内容的内在结构，明晰每门思政课在思政课程体系中的地位和相互关系，如"原理"的理论教育是历史观教育的基础性内容，"概论"课的政治教育是历史观教育的导向性内容，"纲要"课的历史教育是历史观教育的前提性内容，"道法"课的道德和法治教育是历史观教育的精神和保障性内容。明确每门思政课的课程性质和教学目标，对教学目标进行知识素养、能力培养、价值

---

① 习近平：《在党史学习教育动员大会上的讲话》，《求是》2021 年第 7 期。

观等各个维度分层，遵循高等思想政治教育教学规律，依据高校学生的认知特点和接受意趣，将唯物史观具体转化为符合学生哲学认知、历史认知、政治认知、社会认知、易于学生接受的教育内容序列，转化为高校思想政治理论课历史观的理论基础、价值引领和教育内容。构建分层递进、各有侧重、整体衔接的历史观教育内容。

及时结合社会热点和国家重大节点，寻找历史观教育切入点。互联网普及、自媒体发达、信息多元，影响高校学生从学习生活方式、思维模式到行为的选择，学生对艰深的理论知识和厚重的历史知识缺乏兴趣，更易认同理论清晰、内容简洁的知识，如网络上那些以数据说明为主要内容的历史视频往往容易得到广泛的传播。传统高校思政课堂教学依靠统一规划＋教师自由发挥，已难以满足大学生的身心需求。思政教学要主动适应信息技术的迭代升级，要及时跟进思想政治热点，对题材、形式等进行细分，找到学生兴趣的支点，从中发掘历史观教育要素，根据思政课内容和特点，寻找历史观教育切入点和契合点。

善用实践教学、沉浸式教学等方法，增强对历史和历史观的体悟。积极推进"大思政课"建设，充分用好实践教育基地、爱国主义教育基地、文化场馆和地方特色资源等资源，推动理论与实际、历史与现实、学校"小课堂"和社会"大课堂"相结合，以翔实的数据、鲜活的事例，推动学生感悟，提升政治引领的实现。运用沉浸式教学，培养行为自觉。积极运用影音视频、虚拟场景等方式方法，创造沉浸式学习体验，增强历史观教育的交互性和趣味性，提升思政课历史观教育的有效性。

（三）强化主导意识，提高思政课教师历史观教育素养

思政课教师能力的提升是推进高校思政课历史观教育的关键。着力推进高校思政课教师队伍理论素养建设，解决教师历史观教育上"会不会""能不能"的问题。一是提升思政课教师马克思理论素养。科学历史观本身就是马克思主义理论的核心内容，要提升历史观教育能力，思政课教师必须通过主动学习，提升理论素养，夯实马克思主义理论功底。掌握马克

思主义唯物史观，才能对思政课教学内容进行科学地辨析，才能正确认识中国近现代历史、中国共产党历史，才能正确分辨政治历史的大是大非，才能认识历史虚无主义的本质和危害。扎实的马克思主义理论功底，才能让思政课教师做到心中有底气，教学时才会有硬气。

搭建资源平台，助力高校思政课教师历史观教育能力提升。充分利用教育部设立的各种平台，如全国高校思想政治理论课教师网络集体备课平台、"手拉手"集体备课中心、名师工作室、虚拟教研室等等，在共赢共享的理念指导下，突破时空界限，以教师的需求、学生的困惑、现实的问题，以内容和组织双驱动，梳理和细分思政课教材，确定历史观教育的重难点，寻找历史观教育的切入点，深化拓展研究教材的内容，教学方法创新研究，开展精彩系列评选，推进服务一线教师的历史观教育问题库、案例库等相关教学资源网站建设的建设，提高思政课教师历史观教育的能力。

（四）强化谋划意识，完善高校思政课历史观教育支持机制

以整体化的建设理念规划高校思政课建设和推进历史观教育。一是完善高校思政课历史观教育的领导机制。历史观教育虽然只是高校思政课教学内容的一部分，但由于其意识形态领域的重要地位，从领导层面加以重视。将历史观教育作为意识形态教育的重要指标，落实责任制和建设规划。由教育部、高校、马克思主义学院对高校思政课历史观教育进行系统谋划，通过整合高校教学资源，加强机构、课程的协同创新，完善高校思政课教学领导机构，以形成对高校思政课历史观教育的指导性机制。

二是要建立思政课历史观教育的协同机制。要打破思政课历史观教育只是思政课的问题，整体构建历史观教育的内容体系和实践体系，通过构建思政课程纵向衔接、课堂内外和网络横向贯通、学校家庭社会三位一体的联动机制，形成科学化、规范化和长效化的制度保障，逐步完善高校思政课历史观教育工作体系。同时，加强和完善思政课教师队伍与党团组织、学工队伍的合作机制，建立健全学生思想动态的把握预警机制，找准

学生思想困惑点，为历史观教育切入提供现实基础。

三是健全思政课历史观教育激励机制，激发教师持久的教学动力。一方面要在教学实践和科研课题申报上，支持思政课教师在历史观教育的教学和科研投入；另一方面在绩效核算、年度考核、职称评定等关涉教师切身利益方面给予倾斜性支持，以鼓励教师潜心教学的行动和精神。

总之，在实现中华民族伟大复兴的历史征程上，高校思政课历史观教育要想继续发挥在思想政治教育和意识形态领域的重要作用，必须结合实际持续改进。

第八章 新时代高校思政课
对历史虚无主义的抵制

2012 年，党的十八大以来，以习近平同志为核心的党中央高度重视高校思政课在"铸魂育人"、抵制历史虚无主义的重要作用，并取得系列成果。进入社会主义现代化国家新征程上，历史虚无主义利用互联网等向高校持续渗透，造成恶劣影响。习近平总书记在党史学习教育动员大会上的讲话中强调："要旗帜鲜明反对历史虚无主义，加强思想引导和理论辨析，澄清对党史上一些重大历史问题的模糊认识和片面理解，更好正本清源、固本培元。"①梳理十八大以来，高校思政课在抵制历史虚无主义斗争中的重要作用，总结存在的主要问题，有助于为高校思政课在抵制历史虚无主义中提供优化路径。

一、新时代高校思政课抵制历史虚无主义斗争的重要作用

新时代，以习近平同志为核心的党中央与历史虚无主义进行了坚决的斗争，充分认识高校思政课在铸魂育人中的关键地位，认识马克思主义作为高校思政课的灵魂作用，从而认清高校思政课抵制历史虚无主义的重要作用。

---

① 习近平：《在党史学习教育动员大会上的讲话》，人民出版社 2001 年版，第25页。

（一）抵制历史虚无主义是坚持马克思主义的必然要求

马克思主义是我们立党立国的根本指导思想。中国革命、建设和改革所取得的历史性成就，不仅证明了中国共产党为什么能，体现了中国特色社会主义为什么好，而且充分彰显了马克思主义为什么行。

一段时间以来，历史虚无主义在社会诸多领域甚嚣尘上，历史虚无主义虚无的是中国革命的历史、马克思列宁主义的指导、中国共产党的领导、社会主义制度和人民民主专政。历史虚无主义者认为人的主体性、理性以及自由意志才是社会历史发展的原动力，他们否认历史发展的必然性、否定历史规律的客观性，强调历史认识的相对性、历史选择的任意性和历史事件的不可预测性。历史虚无主义实质上就是唯心史观。历史虚无主义直接反对的是唯物史观，挑战的是马克思主义理论底线。历史虚无主义所谓"客观""公正"的外衣下，有着不可告人的政治目的。

历史虚无主义作为一种反马克思主义的思潮，解构国家意识形态安全，需要引起高度的重视。改革开放以来，历史虚无主义已经成为西方资本主义对中国进行意识形态渗透、"和平演变"的主要手段。在苏共亡党、苏联解体的过程中，历史虚无主义扮演了重要角色。习近平总书记警示全党：苏联解体、苏共垮台的重要原因就是"全面否定苏联历史、苏共历史，否定列宁，否定斯大林，搞历史虚无主义，思想搞乱了，各级党组织几乎没有任何作用了，军队都不在党的领导之下了。最后，苏联共产党偌大一个党就作鸟兽散了，苏联偌大一个社会主义国家就分崩离析了"[1]。"国内外敌对势力往往就是拿中国革命史、新中国历史来做文章，竭尽攻击、丑化、污蔑之能事，根本目的就是要搞乱人心，煽动推翻中国共产党的领导和我国社会主义制度。"[2]历史虚无主义在意识形态领域对我们党和

---

[1] 中共中央文献研究室编：《十八大以来重要文献选编》（上），中央文献出版社2014年版，第113页。

[2] 中共中央文献研究室编：《十八大以来重要文献选编》（上），中央文献出版社2014年版，第113页。

国家发动的政治进攻，就是意识形态领域里的阶级斗争。意识形态领域斗争会长期存在，不以人的意志为转移，只要国内不是清一色，只要国际上仍有敌对势力，意识形态领域斗争就不会停止。

高校是意识形态工作的前沿阵地。确保高校始终成为"坚持党的领导的坚强阵地"和"培养社会主义事业建设者和接班人的坚强阵地"[①]，关键在于牢牢掌握高校意识形态工作的领导权和主导权。社会主义大学培养的是社会主义建设事业的建设者和接班人，不是旁观者，更不是反对派和掘墓人，必须充分使用好高校思政课这一关键课程，发挥好思政课在"铸魂育人"的主渠道和主阵地作用，进行马克思主义的教育，抵制历史虚无主义。

（二）新时代高校思政课是落实立德树人根本任务的关键课程

培养什么人，是教育必须回答的首要问题。大学是社会的组成部分。有什么样的社会制度，就会形成什么样的大学制度。"古今中外，每个国家都是按照自己的政治要求来培养人的，世界一流大学都是在服务自己国家发展中成长起来的。"[②]鲜明的社会主义属性是中国大学的最大特色。社会主义高等教育的发展方向紧密联系着国家发展的现实目标和未来方向，就是"为人民服务，为中国共产党治国理政服务，为巩固和发展中国特色社会主义制度服务，为改革开放和社会主义现代化建设服务"[③]。社会主义高校的根本任务，是"必须培养一代又一代拥护中国共产党领导和我国社会主义制度、立志为中国特色社会主义事业奋斗终身的有用人才"[④]。高校学生是社会主义的建设者和接班人。高校学生教育最重要的是传授正确的思想，引导大学生为祖国建设和民族复兴的正确道路。高校思政课是巩固马克思主义在高校意识形态领域指导地位、坚持社会主义办学方向的

---

① 习近平：《习近平谈治国理政》（第二卷），外文出版社2017年版，第379页。

② 习近平：《在北京大学师生座谈会上的讲话》，人民出版社2018年版，第6页。

③ 习近平：《习近平谈治国理政》（第二卷），外文出版社2017年版，第376页。

④ 习近平：《思政课是落实立德树人根本任务的关键课程》，人民出版社2020年版，第5—6页。

重要阵地。办好思政课是培养社会主义建设者和接班人的内在要求。

办好思政课是党领导的教育事业发展的光荣传统。办好思政课是中国共产党领导在革命、建设和改革各阶段，党培养千百万无产阶级接班人，夺取一个又一个伟大斗争胜利的重要法宝。新时代，立德树人既是高校思政课始终的价值追求，也是新时代高校思政课的重要使命。思政课作为坚持社会主义办学方向的主阵地、主渠道、关键课程，最根本的教学目标就是为党和国家培养担当民族复兴大任的时代新人、培养德智体美劳全面发展的社会主义建设者和接班人。坚持社会主义办学方向，树立社会主义核心价值观，自觉做社会主义核心价值观的践行者，是中国特色社会主义大学最重要的使命所系、职责所在。

（三）用马克思主义教育武装学生是社会主义高校的根本任务

新时代，解决好培养什么人、怎样培养人、为谁培养人这个教育的根本问题比以往任何时候都更为重要和迫切。高校思政课是对大学生进行系统的马克思主义教育的主渠道和主阵地。马克思主义是被实践反复证明了的科学理论。在革命、建设、改革各个历史时期，中国共产党运用历史唯物主义，系统、具体、历史地分析中国社会运动及其发展规律[①]，把马克思主义基本原理同中国革命和建设、改革开放、新时代的具体实际结合起来，团结带领人民找到了中国革命、建设和改革的正确道路，实现了从站起来、富起来到强起来的三次伟大飞跃。中国革命、建设和改革取得伟大成就以铁一般的事实证明，马克思主义的科学性和真理性。

"在历史和人民的选择中，马克思主义成为我们立党立国的根本指导思想，也成为我国高校的鲜亮底色。"[②]高校是孕育思想、传播理论的地方。高校要把加强马克思主义学习研究宣传作为重要职责，巩固马克思主义在高校意识形态的主导地位，用科学理论培养人，用正确思想引导人，

---

① 习近平：《坚持历史唯物主义不断开辟当代中国马克思主义发展新境界》，《求是》2020年第2期。
② 中共中央文献研究室编：《习近平关于社会主义文化建设论述摘编》，中央文献出版社2017年版，第98页。

保证高校始终成为培养社会主义事业建设者和接班人的坚强阵地。

对高校思政课而言，铸牢马克思主义之"魂"，既是育人的根本要求也是学科属性的必然要求。要帮助学生掌握领会马克思主义的精髓要义，形成正确的世界观、人生观、价值观和方法论，培养科学的思维方式，增强分析问题和解决问题的能力，不断坚定马克思主义信仰、共产主义远大理想和中国特色社会主义共同理想。

二、新时代高校思政课抵制历史虚无主义面临的主要问题

十八大以来，在以习近平同志为核心的党中央坚强领导下，高校通过思政课主渠道，宣传科学历史观，引导大学生辨明历史是非、澄清思想疑惑，在抵御历史虚无主义的斗争中取得了一定效果。但由于以互联网为主要舆论场、新媒体为渠道、娱乐化为形式的历史虚无主义花样翻新，使高校思政课抵制历史虚无主义斗争面临诸多问题。

（一）新时代高校对抵制历史虚无主义斗争的重要性认识有待提高

党和政府高度重视和高校思想政治教育队伍认识之间的矛盾。党和政府将抵制历史虚无主义作为意识形态斗争的重要内容，将高校作为意识形态斗争的前沿，将"三全育人"作为抵制历史虚无主义的保障。但是由于主客观原因，高校抵制历史虚无主义的队伍存在问题。与党和政府的重视相比较，高校内各方力量对抵制历史虚无主义斗争的重要性认识不足。其中，专业课教师认为抵制历史虚无主义主要是思政课教师的责任，将抵制历史虚无主义的相关内容与专业课教学的结合充满随意性；学工队伍认为抵制历史虚无主义是理论问题，难以与学生日常思想政治教育和管理实现联系；党团组织认为抵制历史虚无主义需要系统呈现，党团组织无力承担。因此，抵制历史虚无主义的重任主要集中在高校思政课。

高校思政课重要任务和思政教师认识之间的矛盾。高校思政课是从理论和实践上对历史虚无主义进行抵制的主阵地，高校思政教师就是抵制历

史虚无主义的主阵地的主导者。但部分思政课教师对抵制历史虚无主义的重要性的认识不一。高校五门思政课中，唯有"中国近现代纲要"课因教学要求提出"抵制历史虚无主义"，任课教师将其视为教学的重难点内容进行讲授。其余"马克思主义基本原理""毛泽东思想和中国特色社会主义理论体系概论""思想道德与法治""习近平新时代中国特色社会主义思想概论"等课程均无明确教学要求。教学任务和要求是教师实施教学的基本依据和根本遵循。部分高校思政课教师在教学过程中，根据教学的实际需要，在可能的条件下，结合教学内容对历史虚无主义的现象问题进行剖析和批判，但由于缺乏明确的教学任务与要求，部分教师对历史虚无主义的重要性或因认识不到位，或困于授课时间有限，或担心内容重复，或理论素养不足，在抵制历史虚无主义问题上相对分散、随意。

（二）新时代历史虚无主义的新变化影响高校思政课教学

历史虚无主义范围的聚变增加了高校思政课教学的难度。历史虚无主义虚无范围涵盖整个中国近现代史。近年来，历史虚无主义的话题聚焦于与中国共产党高度相关的中共党史、新中国史和改革开放史，特别是在改革开放40周年、中华人民共和国成立70周年、中国共产党成立100周年等重大国家时间节点上，质疑"抗美援朝""土地改革运动"，故意放大"大跃进"和"文化大革命"曲折失误，用改革开放前后的两个历史阶段否定改革开放乃至否定中国共产党领导下的社会主义等。同时历史虚无主义与文化虚无主义交织，通过贬低中华文明独特的历史和中华民族共同的精神家园，全盘否定中华民族和中华文明的虚无倾向。历史虚无主义范围的聚变，导致高校思政课进行教学聚焦难度增加。

历史虚无主义对象的延伸提高了高校思政课教学的难度。近年来，党和政府加大了对网络历史虚无主义的治理，出台了《中华人民共和国英雄烈士保护法》，对肆意抹黑英雄人物的行为依法追究法律责任。历史虚无主义与网络民粹主义相勾结，以"社会正义"的名义，激发部分网民对仇官、仇富、反智的情绪，将个别现象与历史相比附，污名化政府官员、公务员、医生、教师等特定群体，妖魔化党和政府的整体形象，进而将个别的现象、事件上升到否定国家政治制度。如何引导学生认识某些表面"正义"背后的政治意图，是对高校思政课教师的理论视野和学术水准的考验。

历史虚无主义表现的隐蔽化提升了高校思政课教学的难度。如历史虚无主义利用文化消费主义恶搞化历史、妖魔化历史、解构化历史，随意裁剪拼贴宏大的历史叙事，通过低劣的"包袱笑料"、肤浅的"鸡汤软文"和庸俗的小视频，曲解历史、丑化英雄人物、混淆历史认知。隐蔽化的历史虚无主义进一步提升了高校思政课对历史虚无主义的识别难度。

（三）高校思政课教学方法滞后于网络历史虚无主义的发展

历史虚无主义通过网络挑战高校思政课教师教学的主导性作用。高校思政课教学方式仍以教师与学生的线下面授为主，课堂讲授有利于思政课教师对学生进行系统知识的讲授和深入的学理剖析。互联网在突破思政课教学方式的教学载体与教学时空限制的同时，也挑战了思政课堂教学的主导性。网络方便了知识的快速获取，消解了课堂知识获取的神圣感；网络使得碎片化阅读盛行，破坏知识整体性。历史虚无主义利用碎片化阅读，通过搞噱头、"借船出海"等方式，输出观点，影响学生，增加了高校思政课教学的复杂性，影响高校思政课堂的完整性、导向性。

历史虚无主义利用网络的便捷和互动影响大学生的主体性认知。"00"后大学生既有改革开放四十年赋予的个性，又有互联网赋予他们展现主体个性的基础和条件。网络扁平化的准入使学生主体性充分彰显，互联网随时随地提供大学生信息交流和讨论的平台。便捷的网络对传统高校思政课教师的主导性构成挑战，单向理论灌输的教学跟不上互联网时代学生多元化的学习要求，这就给予历史虚无主义更多的可乘之机，在互联网的互动交流中，历史虚无主义的政治意图隐晦表达分布在零散化、碎片化的网络讨论中，在非专业性的讨论、大众娱乐的话题、文化消费品之中。变得"柔软""隐蔽"的历史虚无主义，愈加难以辨识，也愈加让大学生在不知不觉中受到影响。

（四）新时代高校思政教师对历史虚无主义斗争的能力有待提升

高校思政课要讲好，教师是关键。由于各地各高校情况不同，思政课教师专业素养和教学能力有别，直接影响与历史虚无主义的斗争。主要有以下表现：第一是"不想讲"，认为相关内容与教学主题主旨无关，不愿为此进行专门钻研。第二是"不会讲"，思政课教师有强烈的斗争意识，但是无力将历史虚无主义的斗争议题结合到课程讲授的内容中，难以在保持教学内容完整性的同时，又通过对历史虚无主义的批判，进一步深化理论的讲解。第三是"不敢讲"，部分思政课教师对历史虚无主义的危害性有相当的认识，但由于个人水平有限，具体历史虚无主义问题的实质难以准确把握，对历史虚无主义议题的转换难以捕捉，对历史虚无主义问题的讲解难以深入等多方面的原因，导致思政课教师难以勇敢地对历史虚无主义进行坚决的斗争。第四是"不能讲"，由于部分教师理论水平和学术视野的局限，对纷繁复杂、花样翻新的历史虚无主义难以识别，难以透过各种"学术""正义""娱乐"外衣捕捉历史虚无主义的本质，难以结合相关理论，进行深入的批判。由于部分思政课教师素养的不高造成抵制历史虚无主义的斗争中批判性与建设性的不足。

三、新时代高校思政课抵御历史虚无主义的优化路径

培育新时代中国特色社会主义现代化建设的建设者和接班人，要在借鉴反对历史虚无主义的成功经验基础上，进一步强化高校思政课的主阵地意识，深化高校思政课教学内容研究，创新高校思政课教学方法，发挥高校思政课教师主导作用，优化全面立体贯通的历史虚无主义抵制路径。

（一）思政课堂教学主渠道与"三全育人"相结合，强化协同批判意识

坚持主渠道，筑牢理论根基。自"05方案"执行以来，高校本科阶段的思想政治理论课就形成了包括"马克思主义基本原理""中国近现代史纲要""毛泽东思想和中国特色社会主义理论体系概论""思想道德与法治""习近平新时代中国特色社会主义思想概论"的课程体系，虽然课程教材需要结合时代的发展、社会的进步和党的理论创新进行修订，但作为马克思主义理论研究和建设工作统编教材的思政课教材，指导思想、基本观点和内容相对规范稳定。"中国近现代纲要"课程"绪论"明确提出教学要求之一是通过学习中国近现代史，"警惕和反对历史虚无主义"①。其他三门思政课虽然没有明确提出抵制历史虚无主义的教学要求，但"马克思主义基本原理"课中唯物史观是重要的教学内容，"毛泽东思想和中国特色社会主义理论体系概论""习近平新时代中国特色社会主义思想概论"是在唯物史观指导下马克思主义中国化历史、理论和成就的总结，唯物史观的立场、观点、方法贯穿其中；"思想道德与法治"要求在树立正确三观基础上形成社会主义道德和法治意识。所以抵制历史虚无主义是高校思政课教学的题中应有之义。在党史学习教育和"四史"学习中，高校思政课堂充分发挥了学习主渠道作用，普及和巩固"四史"知识，从历史、从正面全面宣传中国共产党领导广大人民群众取得的辉煌成就，有力地回击历史虚无主义。新时代，历史虚无主义受网络舆情和社会思潮的推波助澜，更加错综复杂，坚持在高校思政课课堂主渠道、主阵地运用唯物史观、正确的党史观和大历史观分析历史问题的来龙去脉，剖析社会热点问题所反映的历史虚无主义的政治图谋，筑牢马克思主义理论根基，引领学生树立科学的历史观，是高校思政课抵制历史虚无主义的基本途径。

整合力量，形成协同效应。抵御历史虚无主义是长期、复杂、系统的

---

① 《中国近现代史纲要（2023年版）》编写组：《中国近现代史纲要（2023年版）》，高等教育出版社2023版，第13页。

工程。互联网时代的高校不是 "象牙塔"和"桃花源"，作为政治思潮的历史虚无主义，借助互联网平台、新媒体等网络手段，在反华势力的推波助澜下，形成全方面侵入态势。要突破过分依赖高校思政课堂抵制历史虚无主义的局限，需要坚持"大思政"理念，整合课内外、校内外各方力量，形成协同效应。一是进一步发挥高校思想政治工作整体优势，构建抵御历史虚无主义的校园环境。树立科学历史观、抵制历史虚无主义是所有社会主义大学教育工作者的根本任务，无论是高校思政课教师还是专业课教师，无论是高校党、团组织还是学工队伍，都要落实"守好一段渠，种好责任田"职责，关注学生的思想动态，在持续推进党史学习教育和"四史"学习活动过程中，将抵制历史虚无主义贯穿到学生的专业学习、校园活动和日常生活中。二是营造清正意识形态舆论环境。坚持用党的创新理论成果教育和武装全党和全国人民，坚持党对宣传工作部门、新闻媒体，尤其社会舆论场的政治领导和思想引领，确保牢牢掌握话语权，运用社会主义的法律和制度，充分调动各部门共同参与，覆盖舆论工作全领域。同时，激发民间力量的主动意识，提高辨析和抵制历史虚无主义的自觉性和能力，积极向历史虚无主义发声亮剑。近年来，整治历史虚无主义的清朗行动，对某些别有用心的历史类文艺类公众号、大 V 的处理，为抵制历史虚无主义画出红线的《中华人民共和国英雄烈士保护法》等，都是为抵制历史虚无主义，形成全社会全方位的协同效应而做出的努力。

（二）研究教材与时事热点相结合，深化精准批判内容

深化教材研究，形成教学合力。教学不能脱离教材基本体系和根本观点，对历史虚无主义的反击和抵制，要注意围绕教材、结合内容展开批判，在批判和点评中，将教材内容特别是教材的重要观点传达给学生，是完成高校思政课教学目的的基本途径。高校思政课教材是在马克思主义理论研究和建设工程咨询委员会的指导下，在高校编写领导小组领导下组织编写的，经中共中央政治局审定的全国普通高等学校通用的教材，课程教材内容和观点是体现马克思主义、毛泽东思想、邓小平理论、"三个代表"

重要思想、科学发展观和习近平新时代中国特色社会主义思想。新时代需要五门主课根据课程的内容和特点，创设本课程的教育内容，以实施历史虚无主义的精准打击。对每门课程涉及的历史虚无主义案例进行分类筛选，选择最有针对性的历史虚无主义视角，根据课程的相关知识点对实践教育的内容进行梳理。如"中国近现代史纲要"课中的历史人物无论是党的领袖、革命英雄、历史事件评价都涉及与历史虚无主义斗争的问题；"马克思主义基本原理"课中讲述科学社会主义的基本原则及在实践中探索现实社会主义的发展规律、资本主义意识形态的本质时，结合资本逻辑的批判论及；"毛泽东思想和中国特色社会主义理论体系概论""习近平新时代中国特色社会主义思想概论"课中对社会主义改造的评价、毛泽东的评价和改革开放两个历史阶段的评价等等；"思想道德与法治"课中讲述中国精神、社会主义核心价值观、做忠诚爱国者和共产党人精神谱系等内容。要准确把握教材总体的、各章节的逻辑结构，深化高校思政课教材的研究，深刻领会科学历史观的根本依据，创造性地探索基于教材内容体系的教学体系设计。这是高校思政课抵制历史虚无主义的基本要求。

结合现实问题，精准实施教学。教材体系转化为教学体系，教材理论观点转化成学生的信仰和价值，需要立足教材、研究教材，更需要结合大学生的思想困惑和认识盲区。随着手机、平板电脑等移动接收设备的普及，在网络信息海洋中成长的当代大学生，既有强烈的好奇心，又有多样的信息接收渠道；既有强烈的自我意识，又反感任何居高临下和盛气凌人的说教；既有伴随着中国经济社会发展巨大成就而产生的强烈民族自豪感和认同感，又有对现实发展中出现的问题的思考和疑惑；既有因互联网兴起更易获取历史知识，又有因算法加持陷入的信息茧房造成历史认知的浅薄。所以，一方面，要在课堂上对网络既存的历史虚无主义问题进行抵制，如2021年通过"中国网络诚信大会"发布的"正本清源、明理增信"涉党史辟谣榜，针对一段时间网上流传的歪曲抹黑党史谣言信息进行梳理盘点，并从革命领袖、英雄人物、历史事件三个层面，根据社会关注度、信息传播量、网民阅读量等指标，选出具有一定代表性、权威性和影响力的十大涉党史辟谣榜单。思政课堂以此为据对相关历史虚无主义问题进行分析和解读，是对大学生的有效教育和引导。另一方面，要关注网络热点，利用网络热点的即时性和现场感，以网络突发事件、关注焦点为切入点，选择高校大学生喜闻乐见的短视频、图片、符号等形式，围绕社会时事热点，用翔实的数据、生动的事实、深刻的理论，对歪曲、丑化伟大事业、伟大成就、伟大精神和伟大人民的历史虚无主义进行坚决的揭露，努力帮助学生从认识小事情到懂得大道理，增强政治引领实效。

（三）科学研判与引导艺术相结合，拓展创新批判方法

运用现代科技，做好提前研判。抵制历史虚无主义要运用科学的方式方法，掌握抵制历史虚无主义的主动权。在把握历史虚无主义的产生、发展、演变和传播规律的基础上，把握当前历史虚无主义网络化、隐蔽化、碎片化的传播特点，运用大数据、云计算、人工智能等现代科学技术，做好历史虚无主义的风险预警和研判，如在中华人民共和国成立70周年、五四运动100周年、中国人民志愿军抗美援朝出国作战70周年、抗日战争暨世界反法西斯战争胜利75周年、中国共产党成立100周年、辛亥革命爆发110周年等党和国家重要时间节点之际，历史虚无主义兴风作浪之时，增强对大学生群体思想动态的把握，结合思政课教学内容，找出问题和教学的结合点和着力点，引导认识学生从混乱的历史信息中发现历史虚无主义的真实图谋，提高学生辨明历史是非和解决问题的能力。

创新教学形式，加强思想引领。在抵制历史虚无主义中，依靠空喊口号、直接灌输、简单填鸭的教学方式，既不能从本质上说明问题错误，又难以被学生所接受。高校思政课创新教学形式，围绕社会关心、媒体关注、学生关切的热点问题，主动结合教学内容反对和抵制历史虚无主义。高校思政课教学从具体问题入手，艺术地运用间接、隐性的渠道、"滴灌"的方式、鲜活的事例、生动的视频，引导学生打开知识视野，立足唯物史观的立场、观点、方法，认清现象背后的政治意图，坚定价值自信。充分利用现代化信息技术，充分使用视频、动画、声音等多媒体信息，丰富教

学内容，活跃课堂气氛，使学生更加容易接受新知识。高校思政课借助VR（虚拟现实）、AR（增强现实）、MR（混合现实）等人工智能技术进行实践教学活动，通过身临其境的视频实现或参观或参与，直观形象驳斥错误的历史认知，剖析历史虚无主义现象背后的政治意图，提高学生的"思想抵抗力"。

（四）高校思政课教师理论素养提升与平台支持相结合，加强主导批判能力

提升师资素养，保证政治防线。一是提高校思政课教师的马克思主义理论素养。高校思政课教师在课堂教学中，对历史虚无主义问题的"不敢讲""不能讲"或"讲错讲偏"，根本的原因在于马克思主义素养不足。掌握马克思主义是高校思政课教师安身立命的看家本领，强化马克思主义理论的学习，深化习近平新时代中国特色社会主义思想的研究，是高校思政课教师在历史虚无主义等面前保持初心，从纷繁复杂的信息中辨别出历史虚无主义的本质，对历史虚无主义进行正确的分析和科学的批判的根本要求。二是转变高校思政课教师教学理念。高校思政课教师适应移动互联时代平等化特点，争取话语主动权，积极破除大学生的圈层壁垒，将主流意识形态引入群体内部，研究大学生的兴趣爱好、价值取向，科学设置课堂历史虚无主义批判的教学议题，引导历史虚无主义议题批判趋向正确；要用深刻的学理和详实的内容在历史虚无主义问题上争取话语优势，既要用"深入浅出"的学术话语讲清道理，又要用"旗帜鲜明"的政治话语辨明是非，还要用"接地气"的生活话语引领思想。

善用平台资源，扩大共建共享。为提高思政课教学质量，从教育部到各地方，陆续建立各种平台，其中既包括全国高校思想政治课教师网络集体备课平台、"手拉手"集体备课中心等思政课培训平台，又包括全国高校思想政治理论课教学展示活动、全国高校青年教师教学竞赛等，还有全国高校思政课名师工作室等骨干力量平台，以及高校思想政治理论课虚拟教研室等。通过资源平台，创新思政课教研活动，共建共享思政课教学资

源，能有效提升思政课教学质量。一是依托平台，加强高校思政课就历史虚无主义问题的集体备课。通过对历史虚无主义相关问题分课程分专题集体备课，确保每门思政课教材历史虚无主义问题的解读和设计不重复、不遗漏，实现不同思政课专题教学中既保持各自课程的内容独立性，又能保证五门思政课程间的思想贯通，为思政课教学提供参考资源；集中学生困惑点，结合社会时政热点，及时通过集体备课和专题教学讨论，确保思政课教师对热点历史虚无主义问题的准确解读。二是利用平台，加强高校思政抵制历史虚无主义的指导和示范。组织高水平专家解读马克思主义基本理论和党的创新理论，开阔教师思想视野，进一步夯实高校思政课教师的理论基础，为批判历史虚无主义进行理论指导；组织全国高校思想政治理论课教学展示活动，全国高校青年教师教学竞赛从具体课程和具体教学内容入手，进行教学展示和竞赛，为批判历史虚无主义提供教学示范，有效提升思政教学质量。

第九章　新中国成立以来高校思想政治课历史观教育的演进历程及基本经验

　　高校思想政治理论课承担着对大学生进行系统的科学历史观教育任务，是对大学生进行历史观教育的主渠道和主阵地。充分发挥高校思想政治理论课历史观教育的作用，培养拥护中国共产党领导和社会主义制度、为共产主义奋斗终身的建设者和接班人，是高校落实立德树人根本任务的基本要求，是党和国家长治久安的根本保证。党高度重视思政课历史观教育，新中国成立伊始，党中央在高校开设思想政治理论课，即以科学历史观教育为重点内容，开始进行寓历史观于其中的思想政治教育。之后在不同发展时期，为适应新形势变化，持续对高校思想政治理论课历史观教育的内容和形式进行适时调整，以确保各个阶段高校思想政治理论课历史观教育的目的一以贯之。即通过对高校学生进行马克思主义基本理论教育、马克思主义中国化创新理论教育、中国近现代历史教育、思想品德和法治教育、形势与政策教育，培养学生的科学历史观，培养学生通过科学历史观的理论教育实现"政治认同、思想认同、理论认同、情感认同"①，培

---

　　① 2021年2月1日，习近平总书记在同党外人士共迎新春时提出，要不断增进全社会对中国共产党和中国特色社会主义的政治认同、思想认同、理论认同、情感认同。2021年5月25日中共中央办公厅印发的《关于在全社会开展党史、新中国史、改革开放史、社会主义发展史宣传教育的通知》中亦明确提出，要以学习宣传贯彻习近平新时代中国特色社会主义思想为主线，准确把握这一重要思想的理论逻辑、历史逻辑、实践逻辑，深入领会这一重要思想的历史地位和重大意义，不断增进政治认同、思想认同、理论认同、情感认同。

养合格的社会主义建设者和接班人。

一、新中国成立以来高校思想政治理论课历史观教育的演进历程

新中国成立以来不同历史时期高校思想政治理论课历史观教育产生的背景和原因既是考察历史观教育的起点，也是开展历史观教育的现实依据。梳理新中国成立以来高校思想政治理论课历史观教育的历史全过程，客观分析评价其中的得失，厘清在历史观教育上的混乱认识，是总结新中国成立以来高校思想政治理论课历史观教育基本经验与基本规律的前提。

（一）服务社会主义革命和建设时期的高校思想政治理论课历史观教育

中华人民共和国成立标志着我国新民主主义革命取得了基本的胜利，但民主革命的任务尚未彻底完成。党领导人民继续完成新民主主义革命任务，为向社会主义过渡创造条件。具有宪法性质的《中国人民政治协商会议共同纲领》规定新民主主义教育主要任务，"以提高人民文化水平，培养国家建设人才，肃清封建的、买办的、法西斯主义的思想，发展为人民服务的思想"①。新中国成立初期高校政治理论课的历史观教育是围绕新中国高等教育的主要任务和目标而进行。1949年华北人民政府高等教育委员会规定华北专科以上学校把"辩证唯物论与历史唯物论"（包括社会发展史）、"新民主主义论"（包括近代中国革命运动史）作为大学必修课，"政治经济学"作为文、法、教育（或师范）学院毕业班学生必修课，作为1949年过渡时期的公共必修课②。华北区的实施方案经完善后推广至全

---

① 教育部社会科学司组编：《普通高校思想政治理论课文献选编(1949—2008)》，中国人民大学出版社2008年版，第1页。

② 教育部社会科学司组编：《普通高校思想政治理论课文献选编(1949—2008)》，中国人民大学出版社2008年版，第2页。

国。当时高校政治理论课重视历史观教育在思想改造方面的重要作用，所以主要通过学习"社会发展史"，掌握社会发展规律，树立劳动观点、群众观点和阶级观点，肃清封建的、买办的、法西斯主义的思想，树立为人民服务的思想①。学习"新民主主义论"，认识中国革命历程和规律，深入了解马列主义普遍真理与中国革命具体实践相结合的毛泽东思想②。学习"政治经济学"，认识了资本主义社会经济发展的规律，认识了帝国主义的本质，认识了促使它崩溃的各种矛盾及其发展，加强他们的仇美、蔑美、鄙美的思想感情。教学以自学为主，集体讨论为辅，教员从旁协助推动为原则，同时一般地以启发报告、自学、讨论、解答问题几个步骤来推动学习③，在政治课教师十分缺乏的情况下，政治课教学以定期的、有组织的大课为主。新中国成立初期的高校政治理论课教学之所以特别强调以唯物史观教育为重点，是因为唯物史观是观察和指导中国革命的有效工具，把理论学习作为改造思想的武器，把改造思想作为理论学习的直接目的，教育学生运用唯物主义的基本观点改造思想。新中国成立初期的高校政治理论课历史观教育，起到了普及唯物史观基本理论观点，肃清旧思想，使学生认同中国革命的历史必然性，认可中国共产党的领导。

1953 年，中共中央正式提出党在过渡时期的总路线，中国进入向社会主义社会过渡时期。此时，鼓励大学生把握社会发展规律、激励他们为过渡时期总路线、总任务服务是时代的要求。由于受"冷战"的国际背景影响，借鉴与学习苏联工业化建设经验，成为中国工业发展道路的唯一选择，有必要让大学生学习人类社会发展规律和社会主义建设规律，全面了解苏联社会主义工业化发展历史，以认清中国社会主义发展方向。1952 年，教育部颁布首个全国高校政治理论课程方案，规定各类型高校开设"新民主主义论""辩证唯物论与历史唯物论""政治经济学"三门课程，

---

① 高等教育部办公厅：《高等教育文献法令汇编（1949 年—1952 年）》，1958 年印行，第 75 页。

② 胡建华：《现代中国大学制度的原点：50 年代初期的大学改革》，南京师范大学出版社 2001 年版，第 132 页。

③ 段忠桥主编：《建国以来普遍高校马克思主义理论课和思想品德课课程设置及教学内容历史沿革资料汇编（上编）》，高等教育出版社 2004 年版，第 65 页。

1953 年开设"马克思列宁主义基础"①。由于学习苏联教育教学模式，高校政治理论课的历史观教育开始强调系统性，如"辩证唯物论与历史唯物论"要求从唯物辩证法开始教学，以帮助学生深刻认识历史唯物主义的理论来源；"政治经济学"以苏联经验为基础，增加社会主义阶段内容教学。"52 方案"历史观教育变化主要集中在两门课程中，一是新增"马克思列宁主义基础"课即苏共党史课。高等教育部要求，有条件的高校自 1953 年度起在二年级开设"马克思列宁主义基础"②。对部分教学有困难的工、农、医专修科，要求 1954 年开设"社会主义经济建设"课，以"联共（布）党史简明教程"九至十二章为中心内容，目的是"使学生较系统地了解苏联社会主义国家工业化、农业合作化和完成社会主义建设的基本规律，较深入地了解我国过渡时期总路线总任务；以提高学生的社会主义觉悟，以加强学习苏联、学习政治理论、学习时事政策的自觉性"③。简而言之，学习苏联经验，提高社会主义觉悟，提高为过渡时期总路线服务的自觉性。二是"52 方案"中突出了"新民主主义论"的核心地位，要求将其作为不同层次院校一年级的必修课。1953 年高教部将"新民主主义论"改为"中国革命史"④。通过"中国革命史"的教学，系统地讲授毛泽东思想的基础知识，"使学生认识中国政治的发展规律""树立和巩固革命的人生观，为自觉地积极参加祖国建设做好思想准备"，说明"新民主主义社会的过渡性，其前途必然是社会主义和共产主义"⑤。由于"52 方案"课程体系主要学习苏联教育教学模式，重视理论教学，提倡全方位向苏联

---

① 段忠桥主编：《建国以来普通高校马克思主义理论课和思想品德课课程设置及教学内容历史沿革资料汇编》（上编），高等教育出版社 2004 年版，第 6—8 页。

② 教育部社会科学司组编：《普通高校思想政治理论课文献选编（1949—2008）》，中国人民大学出版社 2008 年版，第 15 页。

③ 教育部社会科学司组编：《普通高校思想政治理论课文献选编（1949—2008）》，中国人民大学出版社 2008 年版，第 18 页。

④ 段忠桥主编：《建国以来普通高校马克思主义理论课和思想品德课课程设置及教学内容历史沿革资料汇编》（上编），高等教育出版社 2004 年版，第 9 页。

⑤ 教育部社会科学司组编：《普通高校思想政治理论课文献选编（1949—2008）》，中国人民大学出版社 2008 年版，第 16—17 页。

学习，其中"马克思列宁主义基础"和"中国革命史"两门课程目的和内容的设置，显示出高校政治理论课程体系中，此类史论结合、以史寓历、论从史出的课程绝非"历史课"而是"理论课"，其重要作用就是通过历史教育进行历史观教育，以教育大学生在科学历史观指导下，认识中国和苏联的社会历史进程、把握历史规律、坚定走社会主义道路的决心。

1956年"三大改造"基本完成后，国家的中心任务开始转入全面社会主义建设。为巩固刚建立的社会主义制度，党要求在坚持经济战线上的社会主义革命的同时，"必须在政治战线和思想战线上，进行经常的、艰苦的社会主义革命斗争和社会主义教育"[1]。当时在国际上，苏共二十大对斯大林的全盘否定引发国际共产主义运动和社会主义国家内部的剧烈动荡。国内，区分和正确处理人民内部矛盾成为国家政治生活主题。反右斗争中，出现对"国家由谁领导"和"走什么道路"等大是大非问题的争论，使党深刻认识到维护社会主义制度，争取和教育中间派，必须加强科学的历史观教育，必须用工人阶级思想批判资产阶级思想、小资产阶级思想，用马列主义的立场、观点、方法克服非马列主义的立场、观点、方法，改造思想、提高社会主义觉悟的目的[2]。1957年全国高等学校取消原有的四门政治课，各年级设"社会主义教育"课程，以《关于正确处理人民内部矛盾的问题》为中心教材[3]。1958年9月19日，根据《中共中央、国务院关于教育工作的指示》，高校直接将劳动教育作为"主课"，师生将课堂搬到人民公社，搬到农村，"体验"阶级斗争。1964年10月11日，根据《中央宣传部、高教部党组、教育部临时党组关于改进高等学校、中等学校政治理论课的意见》，规定高校师生必须参加社会主义教育运动[4]。党

① 中共中央文献研究室编：《毛泽东文集》（第七卷），人民出版社1999年版，第268页。

②《帮助大学生进行思想改造　首都高等学校政治课教师讨论教课方针》，《人民日报》1957年9月12日第1版。

③ 教育部社会科学司组编：《普通高校思想政治理论课文献选编（1949—2008）》，中国人民大学出版社2008年版，第31页。

④ 教育部社会科学司组编：《普通高校思想政治理论课文献选编（1949—2008）》，中国人民大学出版社2008年版，第50页。

开始系统纠正工作中的"左"倾错误，但由于国际共产主义运动动荡，为加强对大学生的防修、反修教育，坚定大学生的社会主义信念，教育部提出"高等学校、中等学校政治理论课的根本任务，是用马克思列宁主义、毛泽东思想武装青年，向他们进行无产阶级的阶级教育，培养坚强的革命接班人；是配合学校中各项思想政治工作，反对修正主义，同资产阶级争夺青年一代"①，决定在高校政治理论课开设"中共党史""哲学""政治经济学""形势与任务"。"'中共党史'：以党的历史为线索，以党内两条路线斗争为中心，学习毛主席著作，使学生初步领会毛泽东同志如何把马克思列宁主义普遍真理和革命的具体实际相结合从而发展了马克思列宁主义，并且认识中国共产党是光荣的、伟大的、正确的，使学生更加热爱党、热爱毛主席。……'政治经济学'：社会主义部分，可以讲几个专题，帮助学生认识社会主义制度的优越性、建设社会主义的长期性和过渡时期的阶级斗争，了解党的社会主义革命和社会主义建设总路线和基本政策，使学生懂得反对修正主义、防止修正主义斗争的必要性"②。教学方法上坚持启发式、废止注入式，重点是提高学生的认识水平。总的来说，全面建设社会主义时期，高校政治理论课历史观教育注重与社会主义建设的结合，重在引导学生对社会主义发展道路的历史规律性认识，提倡坚持马克思主义的世界观和方法论，以坚持毛泽东思想为正确方针，强调坚持中国共产党的领导和中国式社会主义道路，强调以阶级斗争观点思考和分析问题。

（二）适应改革开放和社会主义现代化建设新时期的高校思想政治理论课历史观教育

"文化大革命"结束后，党和国家将工作重心转移到经济建设上来，

---

① 教育部社会科学司组编：《普通高校思想政治理论课文献选编（1949—2008）》，中国人民大学出版社2008年版，第50页。

② 教育部社会科学司组编：《普通高校思想政治理论课文献选编（1949—2008）》，中国人民大学出版社2008年版，第51页。

强调"四个现代化建设是当前最大的政治","学校的思想政治工作必须紧密结合为'四化'培养人材这个中心来进行"①。党认识到高校政治理论课历史观教育在培养学生学习、掌握和运用科学的历史观方法论,正确认识党内外和国内外历史和形势,把握历史发展规律,坚持党的领导和社会主义方向的重要价值,所以恢复高校政治理论课,开展科学的历史观教育势在必行。1978 年"中共党史""政治经济学""辩证唯物主义与历史唯物主义"和"国际共产主义运动史"(文科开设)等四门政治理论课恢复开设,强调围绕社会主义工作方向,要求通过系统的马克思列宁主义、毛泽东思想基本原理的教育、革命理想教育、共产主义道德品质教育,"培养学生运用马列主义的立场、观点、方法分析问题和解决问题的能力,逐步树立辩证唯物主义和历史唯物主义的世界观"②,最终"自觉地为社会主义现代化建设服务,为人民服务"③。高校政治理论课历史观教育得到重新恢复。

改革开放新时期,为了适应社会主义现代化建设的需要,适应科学技术的高速发展和现代经济政治的巨大变化,需要引导大学生把开创社会主义建设新局面的伟大任务与自身肩负的历史使命联系起来。但此时,在对"文化大革命"的历史教训反思和改革开放后的中外对比中,部分大学生中出现了对新民主主义革命、党的领导和社会主义方向正确性的思想疑惑甚至错误认识。这些问题,需要运用马克思主义的立场、观点和方法进行理论指导,结合中国革命和建设历史的客观分析。1985 年 8 月 1 日,中共中央发布《关于改革学校思想品德和政治理论课程教学的通知》,大学要"进行以中国革命史为中心的历史教育,使学生了解具有悠久的历史文化传统的中国,是怎样根据历史的必然走上以共产党为领导力量的社会主义道路

---

① 教育部社会科学司组编:《普通高校思想政治理论课文献选编(1949—2008)》,中国人民大学出版社 2008 年版,第 79 页。

② 教育部社会科学司组编:《普通高校思想政治理论课文献选编(1949—2008)》,中国人民大学出版社 2008 年版,第 80 页。

③ 教育部社会科学司组编:《普通高校思想政治理论课文献选编(1949—2008)》,中国人民大学出版社 2008 年版,第 86 页。

的；进行马克思主义基本理论的教育，使学生了解马克思主义的哲学、历史学、经济学、政治学和科学社会主义等基本理论观点的历史渊源、主要内容和现代发展（包括在中国运用和发展）；同时有分析有比较地介绍当代其他各种社会思潮，对错误的思潮要有分析地进行充分说理的批评，培养学生运用马克思主义对这些思潮进行鉴别和分析的能力；进行中国社会主义建设和改革的理论、政策和实际知识的教育，使学生了解我国党和人民正在进行的有世界意义的伟大事业和青年一代的密切关系及崇高责任。……还应向学生介绍当代世界政治经济的基本状况、国际关系的基础知识，帮助学生开阔视野，使他们在对外开放的环境下有坚定的立场和较强的适应能力"①。这既为高校马克思主义理论课内容规定了方向，同时确定了历史观教育的主要内容和要求。马克思主义理论课过渡到"新四门"即"中国革命史""中国社会主义建设""马克思主义原理""世界政治经济与国际关系"。其中"马克思主义原理"整合了哲学、政治经济学、科学社会主义成为一个整体，历史观教育的基本理论仍是通过"马克思主义原理"。其余课程的历史观教育的新变化体现在：一是"中共党史"课改为"中国革命史"课，时间纵贯1840—1949年，内容包括旧民主主义革命的历史和新民主主义革命的历史，更加丰富的内容有利于深化学生对近代以来中国的历史发展及其规律、中国共产党领导和社会主义道路的历史必然性的认识和把握。二是由于社会主义建设实践和理论的创新发展，需要对1978年前后社会主义理论和实践的区别和联系进行解释，1987年各高校开设"社会主义经济建设"。三是开设"世界政治经济与国际关系"力求使历史观教育更紧密地结合世界和中国的实际，以便更好地发挥历史观教育在培养"四有"新人方面的作用。1991年8月3日，国家教委发布《关于加强和改进高等学校马克思主义理论教育的若干意见》明确高校马克思主义理论课历史观教育的重点，"关键在于加强理论联系实际，把理论教育同国内外现实实际和学生的思想实际紧密地结合起来。特别要引导学生树立马克思主义

---

① 教育部社会科学司组编：《普通高校思想政治理论课文献选编(1949—2008)》，中国人民大学出版社2008年版，第107页。

的群众观点、阶级观点、劳动观点、辩证唯物主义和历史唯物主义观点；要结合历史经验和现实斗争，进行反对国际敌对势力侵略、干涉、渗透、和平演变的教育，增强学生识别、抵制和批判资产阶级意识形态的能力；要加强坚定社会主义信念和为人民服务的教育，激发学生为实现社会主义现代化奋发进取、建功立业的精神"①。通过历史观教育，实现"各门课程都应从不同的理论侧面和不同的逻辑体系，去阐明四项基本原则是中国革命和建设不可动摇的历史逻辑和政治结论，去回答学生所存在的带倾向性的深层思想认识问题。要坚持马克思主义理论的纯洁性，发扬马克思主义的革命批判精神，要同资产阶级自由化的理论观点、民主社会主义的理论观点和其他一切非马克思主义的理论观点划清界限"②。这是首次明确提出各门高校思想政治理论课应从不同理论侧面和逻辑体系去进行历史观教育的中央文件。

　　1995年10月24日，国家教委印发《关于高校马克思主义理论课和思想品德课教学改革的若干意见》的通知，提出"两课"教学根本目标：要引导和帮助学生"确立为建设有中国特色社会主义而奋斗的政治方向"，强调要增强抵制错误思潮和腐朽思想侵蚀的能力③。1998年6月10日，中宣部、教育部印发《关于普通高等学校"两课"课程设置的规定及其实施工作的意见》的通知，规定高校"两课"包括："马克思主义哲学原理""马克思主义政治经济学原理""毛泽东思想概论""邓小平理论概论""当代世界经济与政治""思想道德修养""法律基础""形势与政策" 8 门课的课程体系④。"98 方案"中，历史观教育任务承担分别是"马克思主义哲

---

①　教育部社会科学司组编：《普通高校思想政治理论课文献选编（1949—2008）》，中国人民大学出版社 2008 年版，第 139 页。

②　教育部社会科学司组编：《普通高校思想政治理论课文献选编（1949—2008）》，中国人民大学出版社 2008 年版，第 139 页。

③　教育部社会科学司组编：《普通高校思想政治理论课文献选编（1949—2008）》，中国人民大学出版社 2008 年版，第 158 页。

④　教育部社会科学司组编：《普通高校思想政治理论课文献选编（1949—2008）》，中国人民大学出版社 2008 年版，第 184—185 页。

学原理"和"马克思主义政治经济学原理",是进行科学的世界观、历史观教育的基本内容,也是大学生学习和掌握马克思主义中国化的历史与现实的理论基础。"毛泽东思想概论"和"邓小平理论概论",是掌握毛泽东思想基本原理的内容和活灵魂,增强对邓小平理论作为当代中国的马克思主义的科学内涵和精神实质的认识深度。"当代世界经济与政治""思想道德修养"和"法律基础"以运用马克思主义立场、观点和方法认识客观世界和改造主观世界,树立正确的世界观、人生观和价值观为主题的课程设置。其中历史观教育的新变化主要集中"毛泽东思想概论"取代"中国革命史","邓小平理论概论"取代"中国社会主义建设",加强了对马克思主义中国化理论成果的教育,体现出史论结合、以论为先"理论课"的特点。总的来说,"两课"历史观教育,"着眼于引导和帮助学生掌握马克思主义的立场、观点、方法,树立正确的世界观、人生观和价值观,确立建设有中国特色社会主义的共同理想,为他们坚持党的基本理论和基本路线不动摇,打下坚实的思想理论基础。要以邓小平理论为中心内容,比较系统地进行马克思主义基本原理和爱国主义、集体主义、社会主义的教育"①。

　　进入新世纪,新的形势对高等学校思想政治理论课教育教学提出了新的任务和要求。从国际上看,世界多极化和经济全球化的趋势在曲折中发展,综合国力竞争日趋激烈,各种思想文化相互激荡,西方敌对势力加紧对我国实施西化、分化的政治图谋。从国内来看,改革开放进一步深入,社会经济关系和分配方式日益多样化。如何引导大学生正确认识错综复杂的世界形势和人类社会的发展趋势;如何引导大学生正确认识国情和社会主义建设的客观规律,引导大学生正确认识肩负的历史使命;如何培养德智体美劳全面发展的中国特色社会主义事业的建设者和接班人,是必须认真研究解决的重大而紧迫的课题。党和国家从"培养什么人、如何培养人"的战略高度,调整高校思想政治理论课体系安排,历史观教育也相应

---

　　① 教育部社会科学司组编:《普通高校思想政治理论课文献选编(1949—2008)》,中国人民大学出版社2008年版,第182—183页。

发生变化。2005年2月，中共中央宣传部、教育部发布《关于进一步加强和改进高等学校思想政治理论课的意见》，通过设置"马克思主义基本原理""毛泽东思想、邓小平理论和'三个代表'重要思想概论"课程，对大学生进行系统的马克思主义及其中国化的理论教育，帮助学生系统掌握马克思主义理论包括中国化的马克思主义理论的科学体系和基本观点，引导学生运用马克思主义世界观和方法论认识和分析问题。通过设置"思想道德修养与法律基础"课，对大学生进行马克思主义人生观、价值观、道德观和法制观的教育，引导学生树立高尚的理想情操和养成良好的道德品质，树立体现中华民族优秀传统和时代精神的价值标准和行为规范。通过设置"中国近现代史纲要"，对大学生进行中国近现代史的教育，帮助学生了解国史、国情，深刻领会历史和人民是怎么样选择了马克思主义、选择了中国共产党、选择了社会主义道路。通过设置"形势与政策"课，对大学生进行党的路线、方针和政策的教育，帮助学生正确认识国内外形势[①]。"05方案"的历史观教育突出特点体现"毛泽东思想、邓小平理论和'三个代表'重要思想概论"的开设和"中国近现代史纲要"的增设上。"毛泽东思想、邓小平理论和'三个代表'重要思想概论"将马克思主义中国化的理论成果融入思想政治理论课教学，丰富历史观教育的内容。"中国近现代史纲要"课程不但将时间囊括整个1840年以来的中国近现代史，更重要的是通过争取民族独立、人民解放和实现国家富强、人民富裕两大历史任务，理清了近代以来从旧民主主义革命、新民主主义革命到社会主义革命和建设再到改革开放的历史主线，最终将中国近现代的历史进程引向"三个选择"，充分体现了唯物史观指导下中国近现代历史的逻辑。"05方案"显示出高校思想政治理论课因时而变，因势而动的现实逻辑，历史观教育体系的理论逻辑、历史逻辑和实践逻辑的有机统一。

---

① 教育部社会科学司组编：《普通高校思想政治理论课文献选编（1949—2008）》，中国人民大学出版社2008年版，第219页。

（三）发展中国特色社会主义新时代时期的高校思想政治理论课历史观教育

"中国特色社会主义进入了新时代，这是我国社会发展新的历史方位。"[①]新时代带来中华民族伟大复兴新征程上的新使命，也更为大学生提供了立志成才、奉献社会、报效祖国的广阔舞台。党的十八大以来，高等教育的发展方向紧密联系着国家发展的现实目标和未来方向，紧紧围绕"培养什么人、怎样培养人、为谁培养人"[②]这一教育根本问题，明确将高等教育定位在"为人民服务，为中国共产党治国理政服务，为巩固和发展中国特色社会主义制度服务，为改革开放和社会主义现代化建设服务。"[③]社会主义高校的根本任务，是"必须培养一代又一代拥护中国共产党领导和我国社会主义制度、立志为中国特色社会主义事业奋斗终身的有用人才"[④]，"而不是旁观者和反对派"[⑤]。

党的十八大以来，在"05"方案四门思想政治理论课必修课加"形势与政策"和"当代世界经济与政治"等选修课的基础上，高校思想政治理论课程体系继续向前发展，拓展了历史观教育的途径。一方面，高校思想政治理论课程设置紧跟马克思主义中国化最新发展，及时将马克思主义中国化时代化的创新理论成果融入思政课程体系。"习近平新时代中国特色社会主义思想概论"课于2022年正式纳入全国各高校教学计划并开始实施教学，课程旨在帮助大学生深入学习领会习近平新时代中国特色社会主义思想的核心要义、精神实质、丰富内涵、实践要求，进一步增强"四个意识"、坚定"四个自信"、做到"两个维护"。另一方面，持续推进党史、新中国史、改革开放史和社会主义发展史的"四史"教育，以加强历史观

① 习近平：《决胜全面建成小康社会　夺取新时代中国特色社会主义伟大胜利———在中国共产党第十九次全国代表大会上的报告》，人民出版社2017年版，第10页。

② 习近平：《思政课是落实立德树人根本任务的关键课程》，人民出版社2020年版，第9页。

③ 习近平：《习近平谈治国理政》（第二卷），外文出版社2017年版，第377页。

④ 习近平：《思政课是落实立德树人根本任务的关键课程》，人民出版社2020年版，第5—6页。

⑤ 教育部课题组：《深入学习习近平关于教育的重要论述》，人民出版社2019年版，第72页。

教育。根据"把党史作为各级各类学校思想政治课的重要内容"的要求①，教育部办公厅在《关于思政课中加强以党史教育为重点的"四史"教育的通知》中，提出全国重点马克思主义学院至少开设1门"四史"类思政课选择性必修课，具有马克思主义理论学科点的高校面向本学科学生开设"四史"类必修课等要求，目的是"教育引导学生弄清楚当今中国所处的历史方位和自己所应担负的历史责任，深刻理解中华民族从站起来、富起来到强起来的历史逻辑、理论逻辑和实践逻辑，增强听党话、跟党走的思想和行动自觉，牢固树立中国特色社会主义的道路自信、理论自信、制度自信、文化自信"。正式形成以"纲要"（中心）+"四史"的高校思政课历史观教育"历史与理论相结合"的课程体系。

党的十八大以来，高校思想政治理论课历史观教育体系的发展，是与党和国家重视唯物史观的科学理论和方法论作用有着密切联系。党中央强调唯物史观是我们共产党人认识把握历史的根本方法②，"要坚持用唯物史观来认识历史，坚持实事求是的思想路线，分清主流和支流，坚持真理，修正错误，发扬经验，吸取教训"③。重视发挥历史的资政育人功能，坚持正确党史观，要求坚持用"用具体历史的、客观全面的、联系发展"的观点来看待党的历史，"准确把握党的历史发展的主题主线、主流本质"④，"让正确党史观更深入、更广泛地树立起来，让正史成为全党全社会的共识，教育广大党员、干部和全体人民特别是广大青年坚定历史自信、筑牢历史记忆，满怀信心地向前进"⑤。树立大历史观，提出要在中华民族发展史、世界社会主义发展史、世界历史和人类文明进步史的宏大视野中来认识中国近现代史、中国共产党历史，"从历史长河、时代大潮、

① 中共中央文献研究室编：《十七大以来重要文献选编》（中），中央文献出版社2011年版，第790页。

② 习近平：《在党史学习教育动员大会上的讲话》，《求是》2021年第7期。

③ 习近平：《在党史学习教育动员大会上的讲话》，《求是》2021年第7期。

④《中共中央关于党的百年奋斗重大成就和历史经验的决议》，人民出版社2021年版，第79页。

⑤《弘扬伟大建党精神坚持党的百年奋斗历史经验增加历史自信增进团结统一增强斗争精神》，《人民日报》2021年12月29日第1版。

全球风云中分析演变机理、探究历史规律"①。

党的十八大以来，高校思政课历史观教育内容更加完备，逻辑越发清晰，主要体现在：明确了实现中华民族伟大复兴是中国近现代史、百年党史、新中国史、改革开放史、中国社会主义发展史的历史主题；添加了中国特色社会主义进入新时代的全新内容，进一步扩展了课程的历史时限、具体内容和重大意义；体现了马克思主义基本原理同中国具体实际相结合、同中华优秀传统文化相结合②；增加了新时代中国与世界关系的历史性变化，将中华民族历史放置在世界历史大背景下，阐明了近代以来中华民族由盛转衰再逐步走向伟大复兴的发展趋势。通过从中华民族几千年历史、世界社会主义历史发展和人类发展史等层面说明党领导人民百年取得伟大成就。将两大历史任务、"四个选择"与民族复兴的紧密联系，系统阐述了不同历史时期在民族复兴中的地位和作用，强化了历史主题与历史任务、历史主线、历史趋势、历史结论之间的逻辑联系，使得中国近现代史的历史逻辑更加系统完备③。整体融入中国共产党的精神谱系。展现了精神与社会发展的相互作用，强调从历史中学习正确的世界观、人生观和价值观。十八大以来，在高校思政课历史观教育方式上坚持守正创新。在"用好课堂教学这个主渠道"④的同时，积极探索网络教学沉浸式体验教学，运用信息化、数字化教学手段，拉近历史与现实、理论与实践、当下与未来的联系，以更生动的形式、更鲜活的案例，"讲活"历史观教育。十八大以来，高校思政课历史观教育目标更为明确。旗帜鲜明引导高校大学生立足世界百年未有之大变局和中华民族伟大复兴的战略全局"讲政治"。深刻把握历史大势，更加自觉地深化对共产党执政规律、社会主义建设规律、人类社会发展规律的认识，坚定不移地坚持中国特色社会主义的历史自信、现实自信与未来自信，自信自立地肩负起强国建设、民族复

---

① 习近平：《在党史学习教育动员大会上的讲话》，《求是》2021年第7期。

② 习近平：《在庆祝中国共产党成立100周年大会上的讲话》，《人民日报》2021年7月2日第2版。

③ 周家彬：《新中国成立以来高校"历史与理论相结合"类思想政治理论课的历史沿革》，《思想教育研究》2022年第6期。

④ 习近平：《习近平谈治国理政》（第二卷），外文出版社2017年版，第378页。

兴的历史责任，凸显思政课"大学阶段重在增强学生的使命担当"，增强大学生对"中国共产党为什么能，中国特色社会主义为什么好，归根到底是马克思主义行，是中国化时代化的马克思主义行"①的高度认同。

总的来说，新中国成立以来，通过高校思想政治理论课历史观的教育，帮助大学生深刻理解党和人民事业发展的领导力量、道路选择和指导思想的极端重要性，尤其要深刻领会党运用马克思主义基本原理指导实践，把握历史主动，顺应时代潮流，推动中国发展进步的内在逻辑，从而真正做到坚持马克思主义、坚持党的全面领导、坚持中国特色社会主义不动摇。这既是高校思想政治理论课历史观教育的题中应有之义，是培养堪当民族复兴重任的时代新人的关键要素，也是马克思主义中国化时代化和中国特色社会主义发展的本质要求，更是以中国式现代化全面推进中华民族伟大复兴的重要思想武器。

二、新中国成立以来高校思想政治理论课历史观教育的基本经验

善于总结历史经验是我们党的优良传统。贯通地把握高校思想政治理论课历史观教育的历史、现在与未来，统合历史观教育之变、把握历史观教育的发展趋势，更加自觉地深化对历史观教育的规律的认识，对发挥高校思想政治理论课历史观教育在引导大学生坚持中国特色社会主义的历史自信、现实自信与未来自信，自信自立地肩负起社会主义现代化强国建设和实现中华民族伟大复兴的历史责任具有极其重要的意义。

（一）坚持党的领导是确保高校思想政治理论课历史观教育持续开展的关键

"坚持党的领导"②是党领导人民进行伟大奋斗，在长期实践中积累的

---

① 习近平：《习近平著作选读》（第一卷），人民出版社2023年版，第14页。

②《中共中央关于党的百年奋斗重大成就和历史经验的决议》，人民出版社2021年版，第65页。

宝贵经验。坚持党的领导事关马克思主义指导地位，事关社会主义的办学方向，事关立德树人的根本任务，是开展高校思想政治理论课历史观的根本保障。新中国成立后，用无产阶级的世界观、历史观占领思想阵地，是实现无产阶级领导的题中应有之义。高校思想政治理论课是社会主义大学的根本标志，是在高校实现党的领导，贯彻党的精神，执行党的教育方针，进行系统革命政治教育的重要阵地。

高校开展历史观教育必须坚持中国共产党的领导才能确保科学的历史观教育真正贯彻落实。在加强政治思想教育中，党高度重视通过开展马克思主义的科学世界观和历史观教育，引导全体师生把握历史发展规律，确保中国高等学校的社会主义性质。从1949年华北高校政治理论课实施办法设置"辩证唯物论与历史唯物论""新民主主义论"和"政治经济学"等三门政治理论课，马克思主义基本理论教育和历史教育这两个重要的高校历史观教育的课程主渠道和主阵地开始形成，此后虽有调整有分合，但没有动摇。同时党领导人民进行革命、建设和改革创造的马克思主义中国化的理论成果，贯穿马克思主义立场观点方法的理论成果，纳入高校思想政治理论课，成为高校历史观教育的主要内容。思想道德和法律基础，进行思想、道德、法律等上层建筑的历史观教育。最终形成了以马克思主义基本立场、基本观点和基本方法为指导，教学内容逐渐完善的历史观教育体系。党根据形势和教学的需要，适应党和政府社会主义革命和建设、改革开放和社会主义现代化建设、中国特色社会主义新时代等不同历史时期的方针和任务，结合高校学生的思想困惑，确定历史观教学的方针和重点，引领历史观教育的正确方向。党还坚决与各种反动的利益、思想作斗争，通过高校政治理论课，肃清封建的、买办的、法西斯主义的思想，进行反修防修的斗争。改革开放后，反对资产阶级自由化思想、反对历史虚无主义等错误思潮。党的具体的指导和规定，为高校规范高校政治教学、开展相应的历史观教育指明了方向。有利于切实保证和提高马克思列宁主义理论教育的教学质量，有利于把握历史观教育的正确方向。

坚持和加强党对高校思想政治理论课的组织领导是保证历史观教育的

组织基础。新中国成立之初，党中央就对高校政治理论课建设提出要求，明确各中央局、分局及有关的地方党委要加强对各个地区培养政治理论师资和学校政治教育工作的领导，并且指定各级党委的宣传部部长或副部长经常领导这一方面的工作；并应选派政治理论水平较高的干部到马克思列宁主义研究班及政治教育系或政治教育专修科教课（专任或兼任），领导政治助教的政治理论学习①。规定高校实行党委领导下的以校长为首的校务委员会负责制，明确高校党委会作为中国共产党在高校基层组织的地位，强调高校党委对学校工作的领导核心作用，从而在制度上确立了党委在校内教学和科学研究上的绝对领导，保证了党对高等教育的领导，保证了高校的社会主义办学方向。改革开放后，在复杂的思想和社会环境下，强调"加强学生的思想政治工作，关键是坚持和改善党的领导，提高党的战斗力，发挥党组织的战斗堡垒作用和党员的先锋模范作用"②。进入新时代，党对高校思想政治理论课的领导全面加强，习近平强调："办好我国高等教育，必须坚持党的领导，牢牢掌握党对高校工作的领导权，使高校成为坚持党的领导的坚强阵地"，同时要求"党委要保证高校正确办学方向，掌握高校思想政治工作主导权，保证高校始终成为培养社会主义事业建设者和接班人的坚强阵地"③。"党中央对教育工作高度重视，对思想政治工作、意识形态工作高度重视，始终坚持马克思主义指导地位，大力推进中国特色社会主义学科体系建设，为思政课建设提供了根本保证。"④

---

① 中共中央文献研究室编：《建国以来重要文献选编》（第三册），中央文献出版社1992年版，第319页。

② 教育部社会科学司组编：《普通高校思想政治理论课文献选编（1949—2008）》，中国人民大学出版社2008年版，第83页。

③《习近平在全国高校思想政治工作会议上强调：把思想政治工作贯穿教育教学全过程　开创我国高等教育事业发展新局面》，《人民日报》2016年12月9日第1版。

④ 习近平：《思政课是落实立德树人根本任务的关键课程》，人民出版社2020年版，第8页。

同时，制定颁布"高等学校思想政治理论课建设标准"①"普通高等学校马克思主义学院建设标准"②，对思政课的组织领导与管理作出明确要求。"学校党委书记、校长要带头走进课堂，带头推动思政课建设，带头联系思政课教师。"③将党对高校思想政治理论课的全面领导推到新的历史高度。历史证明，只有坚持和加强党的全面领导，才能让高校思想政治理论课改革创新始终保持正确方向，才能克服各方面的阻力和障碍，实现思政课建设的顺利推进。

新中国70多年的历史表明，坚持和加强党对高校思政课历史观教育的领导，才能保证历史观教育不弱化、不虚化、不淡化、不边缘化。

（二）坚持政治性和学理性相统一是高校思政课历史观教育的基本要求

理论性和政治性相统一是高校思想政治理论课历史观教育的基本特

---

① 2011年1月19日，为进一步加强宏观指导，规范高校思想政治理论课的组织管理、教学管理、队伍管理和学科建设，教育部研制了《高等学校思想政治理论课建设标准（暂行）》。2015年9月16日，为进一步加强高校思想政治理论课的宏观指导，规范组织管理、教学管理、队伍管理和学科建设，教育部对2011年印发的《高等学校思想政治理论课建设标准（暂行）》进行了修订，颁布《高等学校思想政治理论课建设标准》。2021年12月2日，教育部对2015年颁布的《高等学校思想政治理论课建设标准（暂行）》（教社科〔2015〕3号）进行了修订，印发《高等学校思想政治理论课建设标准（2021年本）》，原《高等学校思想政治理论课建设标准（暂行）》（教社科〔2015〕3号）同时废止。

② 教育部于2014年委托北京大学等几所高校研究制定《高等学校马克思主义学院建设标准》，就马克思主义学院建设中的组织管理、学科建设、教育教学、人才队伍建设、硬件建设、社会服务等提出规范性标准和评价指标。2017年9月15日，为深入贯彻落实全国高校思想政治工作会议和中共中央、国务院《关于加强和改进新形势下高校思想政治工作的意见》精神，进一步建强建好高校马克思主义学院，不断提升马克思主义学院建设的科学化、规范化、现代化水平，打造马克思主义理论教学、研究、宣传和人才培养的坚强阵地，使之成为办好高校思想政治理论课的坚强战斗堡垒，教育部研制了《高等学校马克思主义学院建设标准（2017年本）》。2019年9月2日，教育部实施《"新时代高校思想政治理论课创优行动"工作方案》，指出要提升高校马克思主义学院建设水平，贯彻落实《普通高等学校马克思主义学院建设标准（2019年本）》；适时开展全国重点马克思主义学院建设督察，推动有关高校落实全国重点马克思主义学院建设方案；系统开展高校马克思主义学院对口支援建设专项工作，选派一批高水平的思政课教学科研管理骨干到相对薄弱的马克思主义学院挂职锻炼；全力推动有关部门共建高校马克思主义学院。

③ 习近平：《习近平谈治国理政》（第三卷），外文出版社2020年版，第331页。

征。唯物史观是马克思主义科学体系的核心内容，是马克思主义对人类社会一般规律的认识，在唯物史观指导下对资本主义从产生、发展到灭亡的发展规律的研究创立的马克思主义政治经济学、在唯物史观指导下对人类未来社会的科学预测创立的科学社会主义。所以唯物史观如同一条红线，将整个马克思主义理论体系联系起来。学习马克思主义必须首先学习唯物史观。唯物史观对于认识和研究人类历史的重要性，"同能量转化定律对于自然科学具有同样的意义"①。要正确认识人类社会主义发展的一般规律和发展趋势，必然要深入学习马克思主义历史观的基本理论。历史观教育的目标是教育、引导人们树立和形成系统、完整的社会历史价值观体系，为人们提供实践活动中的思想导向和精神动力。正确的社会政治理想和信念的确立是以关于社会历史发展必然规律的科学历史观为前提和基础的。马克思主义历史观是科学的历史观，学习、掌握和运用科学的历史观方法论，才能具有敏锐的政治洞察，善于从政治上看问题，在大是大非面前保持政治清醒，才能有政治上的坚定。

马克思主义自十月革命后在中国广为传播，成为中国无产阶级政党——中国共产党的指导思想，具有强大革命精神和实践品质的唯物史观成为中国共产党领导中国人民正确认识分析中国社会和历史、寻找国家出路、取得新民主主义革命胜利的思想武器。新中国成立后，党总结革命斗争的实践经验，深刻认识唯物史观的客观真理性，肯定历史观教育在认识和改造世界中的巨大作用，强调"思想教育的目的主要在于培养学生的唯物主义的世界观和历史观。因为只有在唯物主义的世界观和历史观的科学基础上，才可能使我们建立革命的人生观，掌握科学的思想方法；才可能正确地指导我们的一切实际斗争和学术研究，引导所有自然科学和社会科学的一切知识部门的健全发展。……人类历史上最科学最进步的世界观和历史观，就是马克思、恩格斯所建立，列宁、斯大林所发展的辩证唯物主义和历史唯物主义。这个伟大的理论，不但已经指导中国革命取得了伟大

---

① 中共中央马克思恩格斯列宁斯大林著作编译局编译：《马克思恩格斯选集》（第一卷），人民出版社1995年版，第667页。

胜利……它还要帮助我们克服过去历史上遗留下来的贫困和落后，使中国走向新的经济建设和文化建设的高峰"①。正是深刻认识到历史观教育突出的理论性和政治性特点，新中国成立初期，为巩固新政权和加速政治认同，中国共产党"把理论学习作为改造思想的武器，把改造思想作为理论教育的直接目的"，高校思想政治理论课从大学生基本的社会历史问题的认识开始，从世界观和历史观的教育开始，积极开展以唯物史观教育为中心的政治理论课程，从马克思主义基本立场观点方法开始，从中国革命的历史过程、基本规律和经验开始，根据唯物史观的基本原理对社会的急剧变革与转型做出令人信服的解释，巩固了中国共产党的执政，确立了马克思主义在意识形态领域的指导地位，转变了高校学生的思想，提高了高校学生为建设社会主义社会而奋斗的觉悟。

"文化大革命"结束，高校政治理论课恢复之时，党中央就提出"马列主义毛泽东思想的基本原理是亘古常新的科学，是我们实现社会主义现代化建设的指针"，高校政治理论课的任务就是，使学生逐步完整地准确地学习和掌握马列主义毛泽东思想的基本原理，树立无产阶级的科学的世界观和方法论，提高用马列主义毛泽东思想的基本原理研究新情况，解决新问题的能力②。重新实现了高校思想政治理论课历史观教育学理性和政治性相统一。改革开放新时期，强调通过思想政治理论课学习"马列主义、毛泽东思想的基本原理是经过实践检验的普遍真理"，坚持思想政治理论课的开设，从中国的实际出发，把握历史主动，推动了马克思主义中国化的理论学习，"实现社会主义的现代化建设，必须坚持四项基本原则，即坚持社会主义道路，坚持无产阶级专政，坚持党的领导，坚持马列主义、毛泽东思想。只有加强马列主义、毛泽东思想的基本理论教育，才能使学生自觉地坚持四项基本原则，端正学习目的，掌握正确的学习方法，为实现四个现

---

① 中国高等教育学会、清华大学编:《蒋南翔文集》(上卷),清华大学出版社1998年版,第356—357页。

② 教育部社会科学司组编:《普通高校思想政治理论课文献选编(1949—2008)》,中国人民大学出版社2008年版,第76页。

代化而学好专业。所以，马列主义课在实现社会主义现代化建设的新时期中只能加强，不能削弱"①。强调要以马克思主义唯物史观的立场、观点方法去看待解放生产力带来的经济的飞速发展、生产关系带来社会的急剧变化，正确看待开放带来的思想变化，抵制反动、错误思潮的侵蚀。要保持清醒的头脑，坚定不移地坚持社会主义方向，所以坚持用马克思主义教育人，"把加强高校的马克思主义理论教育作为反对'和平演变'和培养社会主义事业可靠接班人的一项战略任务"②。"使学生热爱社会主义祖国，拥护党的领导和党的基本路线，确立献身于中国特色社会主义事业的政治方向。"③"98方案"和"05方案"也都明确规定将坚持正确的政治方向放在首位。"98方案"指出："'两课'课程设置必须着眼于引导和帮助学生掌握马克思主义的立场、观点、方法，树立正确的世界观、人生观和价值观，确立建设有中国特色社会主义的共同理想。"④为更好地应对世界多极化和经济全球化趋势深入发展给高校思想政治教育带来的严峻挑战，"05方案"也明确提出，加强和改进高等学校思想政治理论课，必须"坚持用发展着的马克思主义武装大学生，始终保持教育教学的正确方向"⑤。

党的十八大以来，对思想政治理论课的政治属性和科学属性有了更进一步的认识与明确。2019年3月18日召开的学校思想政治理论课教师座谈会指出："思想政治理论课是落实立德树人根本任务的关键课程。"⑥就新时代思政课的建设明确提出"六个相统一"的建设标准，并将"要坚持政

---

① 教育部社会科学司组编：《普通高校思想政治理论课文献选编（1949—2008）》，中国人民大学出版社2008年版，第86。

② 教育部社会科学司组编：《普通高校思想政治理论课文献选编（1949—2008）》，中国人民大学出版社2008年版，第138页。

③ 教育部社会科学司组编：《普通高校思想政治理论课文献选编（1949—2008）》，中国人民大学出版社2008年版，第163页。

④ 教育部社会科学司组编：《普通高校思想政治理论课文献选编（1949—2008）》，中国人民大学出版社2008年版，第182—183页。

⑤ 教育部社会科学司组编：《普通高校思想政治理论课文献选编（1949—2008）》，中国人民大学出版社2008年版，第214页。

⑥ 习近平：《习近平谈治国理政》（第三卷），外文出版社2020年版，第329页。

治性和学理性相统一，以透彻的学理分析回应学生，以彻底的思想理论说服学生，用真理的强大力量引导学生"①放在首位。2020年1月16日，教育部颁布第46号令，实施《新时代高等学校思想政治理论课教师队伍建设规定》，其中指出在评价思想政治理论课教师时应"突出思政课的政治性、思想性、学术性、专业性、实效性"。以学术讲政治，以理论讲政治正式进入到国家对思政课教师的评价机制中。2020年12月18日，中共中央宣传部、教育部印发《新时代学校思想政治理论课改革创新实施方案》，明确指出要"按照循序渐进、螺旋上升的原则，立足于思政课的政治性属性，对大中小学思政课课程目标进行一体化设计"。可见，坚持正确的政治方向，是高校思想政治理论课历史观教育改革和建设的前提。古今中外，每个国家都在按照自己的政治要求培养人，教育也总是在服务自己国家需要中发展壮大。马克思主义是社会主义中国的根本指导思想，这决定了中国高校思想政治理论课的历史观教育必须坚持以马克思主义为指导的政治方向。马克思主义是真理，马克思主义理论教育的目的是培养大学生成为社会主义的建设者和接班人。大学生处在世界观、人生观、价值观形成的关键阶段，在大学生心中埋下真善美的种子，为其成长奠定科学的思想基础，需要教育和引导。只有坚持通过高校思想政治理论课的主阵地和主渠道，才能帮助学生系统掌握马克思主义基本理论。伴随中国高等教育迈向高质量内涵式发展阶段，高校思政教学进入提质增效发展阶段。"推动思想政治理论课改革创新，要不断增强思政课的思想性、理论性和亲和力、针对性。"②高校思政课改革成效的显现，需要牢牢把握"思政课的本质是讲道理，要注重方式方法，把道理讲深、讲透、讲活"。思政课历史观的教育概莫能外。只有坚持高校思想政治理论课历史观教育的真理性和政治性的统一，才能真正说明："中国共产党为什么能，中国特色社会主义为什么好，归根到底是马克思主义行，是中国化时代化的马克思主

① 习近平:《习近平谈治国理政》(第三卷),外文出版社2020年版,第330页。
② 习近平:《习近平谈治国理政》(第三卷),外文出版社2020年版,第330页。

义行。"①

（三）科学设置思想政治理论课课程体系是推进高校实施科学历史观教育的有力抓手

马克思主义理论体系是马克思主义者对自然界和人类社会客观发展规律进行研究和探索科学研究成果的系统集成。高校政治理论课是引导中国大学生树立辩证唯物历史观和科学社会主义的重要途径，是引领大学生顺应历史潮流，把握正确政治方向的关键一环。把马克思主义的科学理论体系转化为科学的课程体系和教学体系是高校政治理论课程建设面临的任务和开展历史观教育的基本依据，是历史观教育的基本教学目标和重要教学原则，是实现历史观教育由教材体系向教学内容体系转化，教学内容体系向学生认知信仰体系转化的前提。

新中国成立以来，高校思想政治理论课经历了多次改革、调整和变化，从"52方案""56方案""61方案""85方案""98方案""05方案"再到《新时代学校思想政治理论课改革创新实施方案》，不变的是高校思想政治理论课历史观教育的实质内容保持了相对稳定。一是马克思主义基本原理，即马克思主义哲学、政治经济学、科学社会主义，从1949年华北地区的实施方案开始，"辩证唯物论与历史唯物论"课程主要讲授"社会发展史"进行马克思主义历史观教育的重要课程，"离开了唯物史观的学说，离开了对中国社会的阶级分析，我们在新民主主义革命阶段中的各项政策和对国内外时局的说明，就成了没有依据的东西"②。此后课程名次有变化，内容有分合，如"05方案"将哲学、政治经济学、科学社会主义整合设置为"马克思主义基本原理概论"③，但是，唯物史观始终作为重要教学内容位居其中，作为马克思主义理论的核心内容，教导大学生正确

---

① 习近平：《习近平著作选读》（第一卷），人民出版社2023年版，第14页。

②《进行唯物史观的教育是当前职工教育中的首要政治任务》，《人民日报》1949年5月1日第5版。

③ "05方案"中设置的"马克思主义基本原理概论"在《新时代学校思想政治理论课改革创新实施方案》中课程名称调整为"马克思主义基本原理"。

把握人类社会发展的基本理论和科学方法。

二是适时调整开设马克思主义中国化的实践成果即中国近现代史类课程。新中国成立伊始，第二门政治理论课"新民主主义论"即包括了第一、二章中国革命的历史特点、中国新民主主义革命的历史，目的使大学生了解中国社会发展规律来认识中国革命发展的历程和规律，初步了解毛泽东思想和新中国方针政策，特别是新民主主义理论，增强对祖国、人民、中国共产党、革命领袖的热爱及对国内外敌人的仇恨。1953年，为了加强从历史学习中把握历史规律，同时解决与高中政治课"共同纲领"和高校的"政治经济学"重复的问题，"新民主主义论"改为"中国革命史"，由此开始高校思想政治理论课程体系历史类教育课程从中国革命史及中共党史的角度进行历史观教育。1958年停开四门政治理论课，只开一门"社会主义教育"，主要就是以毛泽东著作为重点，学习毛泽东思想为主。1964年由于强调"反对修正主义，同资产阶级争夺下一代"，"中共党史"由于强调"党内两条路线斗争为中心"①，此时的历史观教育越来越以阶级斗争为中心。改革开放后，"85方案"将"中共党史"改为"中国革命史"，主要进行"以中国革命史为中心的历史教育，使学生了解具有悠久的历史文化传统的中国，是怎样根据历史的必然走上以共产党为领导力量的社会主义道路的"②。"85方案"的提出，使"感性认识与理论学习的结合更加合理，也更加符合日益开放的中国社会及现代化建设的需求"③。"98方案"虽然取消了"中国革命史"，但中国革命史与1956年后的社会主义建设史融入"毛泽东思想概论""邓小平理论概论"这两门课中。由于历史教育进行历史观教育的重要性，"05方案"增设"中国近现代史纲要"，教学目的中明确提到"进行科学的历史观教育"，新时代重视

---

① 教育部社会科学司组编：《普通高校思想政治理论课文献选编（1949—2008）》，中国人民大学出版社2008年版，第51页。

② 国家教育委员会政策法规司编：《十一届三中全会以来重要教育文献选编》，教育科学出版社1992年版，第197页。

③ 姬丽萍：《新中国成立后高校思想政治理论课程体系内中国近现代史教育的演进》，《中共党史研究》2010年第11期。

历史观教育，"四史"增加大学生的选修课。

三是与时俱进调整开设马克思主义中国化的理论创新成果类课程。1949年设置的"新民主主义论"课的部分内容是毛泽东思想特别是新民主主义理论。改革开放后，由于"中国革命史"不涉及改革开放后的理论创新，1987年设"中国社会主义建设"课，以说明改革开放新时期中国在社会主义建设理论与实践上的突破。"98方案"设置的"毛泽东思想""邓小平理论"课，"05方案"设置的"毛泽东思想和中国特色社会主义理论体系概论"课（简称"概论"课），帮助学生系统掌握毛泽东思想和中国特色社会主义理论体系的基本原理及其对当代中国发展的重大意义，坚定在中国共产党的领导下走中国特色社会主义道路的理想信念，增强在党的领导下加快推进社会主义现代化进程的自觉性和坚定性。2020年12月22日，教育部印发《新时代学校思想政治理论课改革创新实施方案》，要求"在全国重点马克思主义学院率先全面开设'习近平新时代中国特色社会主义思想概论'课"。2022年8月10日颁布的《全面推进"大思政课"建设的工作方案》进一步要求"各高校全面开设'习近平新时代中国特色社会主义思想概论'课"。"习近平新时代中国特色社会主义思想概论"课的开设对于切实推进高校用习近平新时代中国特色社会主义思想铸魂育人具有重要意义。

总之，新中国成立以来高校思想政治理论课设置的调整变化，带来了历史观教育的不断发展完善。高校思想政治理论课历史观教育的"因事而化、因时而进、因势而新"①，整体上把握历史观教育的"事""时""势"，是不断提升高校大学生历史观教育针对性和实效性的根本遵循。

（四）坚持理论性和实践性相统一是高校思想政治理论课历史观教育的重要原则

马克思主义经典作家强调，"如果没有严格的科学思想和正确的学说

---

① 习近平：《习近平谈治国理政》(第二卷)，外文出版社2017年版，第378页。

来号召工人，那就等于玩弄空洞虚伪的传教把戏"①，"没有革命的理论，就不会有革命的运动"②。马克思主义经典作家一直重视理论灌输的极端重要性，是因为作为意识形态层面思想理论的马克思主义，难以自发地转化为人民群众的自觉意识和行动，必须通过灌输理论内化于思想、外化为自觉追求与行动，而科学理论的武装是无产阶级政治上的自觉和信仰上的坚定的依据。

中国共产党人非常重视加强马克思主义历史观理论的灌输，在实践中逐步探寻出一条中国特色的有效途径——高校思想政治理论课的理论讲授。高校思想政治理论课的历史观教育，对维护我国社会发展的正确政治方向、抵制资产阶级思想侵蚀、确保马克思主义理论指导地位等方面起到了决定性作用。只有通过马克思主义历史观的理论学习，才能对社会历史现象的认识提高到理论的高度。新中国成立后，毛泽东一再强调："对知识分子，要办各种训练班，办军政大学、革命大学，要使用他们，同时对他们进行教育和改造。要让他们学社会发展史、历史唯物论等几门课程。"③新中国成立初期，开设"辩证唯物论与历史唯物论"，重点是学习历史唯物论（社会发展史），通过课堂教学，学习掌握马克思主义的立场、观点、方法，来观察、分析和处理历史和社会问题。"中国革命史"要求"在讲授过程中，必须多从革命运动，对敌斗争、革命建设的历史实际来说明毛泽东思想，必须着重正面的系统理论的讲授，同时结合学生认识水平，解决学生的政治思想和思想方法上所存在的有关重要问题。"④进入改革开放和社会主义现代化建设新时期，党提出要"以科学的理论武装人"，高校思想政治理论课历史观教育必须坚持的课堂讲授作为正面教育的重中

① 中共中央马克思恩格斯列宁斯大林著作编译局编译：《人间的普罗米修斯 回忆马克思恩格斯》（Ⅲ），人民出版社1983年版，第45页。

② 中共中央马克思恩格斯列宁斯大林著作编译局编译：《列宁选集》（第一卷），人民出版社1995年版，第153页。

③ 中共中央文献研究室编：《毛泽东文集》（第六卷），人民出版社1999年版，第74页。

④ 教育部社会科学司组编：《普通高校思想政治理论课文献选编（1949—2008）》，中国人民大学出版社2008年版，第16页。

之重，有组织、有计划、系统性地向广大学生灌输马克思主义基本原理和马克思主义中国化的最新理论成果，牢牢占领社会主义意识形态的主阵地。密切结合新中国革命、建设和改革的具体实践，用生动鲜活、富有时代气息和创新精神的内容而非空洞抽象的理论教条向大学生理论讲授；积极探索行之有效的灌输形式和灌输渠道，如通过运用启发式、答疑式、研讨式、互动式等教育方式，通过抢占电视、多媒体、网络视频等传媒渠道的灌输主动权，切实增强历史观教育的主动性和灵活性，使历史观理论通过多种渠道通俗、生动、直观地作用于人民大众。新中国成立以来，正是在党中央这些重要思想的指导下，理论讲授这种灌输教育始终是我国马克思主义历史观教育的首选路径和最优路径，切实有效地推动了马克思主义历史观理论在学生头脑中的植根与固化。

苏联教育家苏霍姆林斯基曾深刻指出，教育者的教育意图越隐蔽，就越能为教育的对象所接受，就越能转化成教育对象自己的内心要求。在坚持历史观教育的课堂理论讲授作为直接的、外显的、系统的、有目的性和计划性的教育方式的同时，实践教育作为一种间接的、无意识的、内隐的教育方式，在历史观教育中起到不可替代的作用。实践观点是马克思主义首要的和基本的观点，这一基本观点体现在马克思主义全部思想内容之中。实践是认识社会的最好途径，是唯物史观的理论品格。实践对大学生的认识起着决定性作用，是大学生认识的来源，是大学生认知发展的动力，是大学生认识的目的，是检验大学生认知的唯一标准。新中国成立以来，在党的领导下，高校通过组织有目的的社会实践，使大学生把课堂灌输中得到的理论知识与现实的社会生活联系起来，加深对理论的理解和把握，正确认识了社会，树立了正确的社会斗争目标，站稳正确的政治立场。

例如社会主义革命和建设时期，高校思想政治理论课历史观教育围绕培养社会主义合格建设者和接班人的目标，紧密结合土地改革、抗美援朝、镇压反革命、"三反""五反"、社会主义教育运动等一系列政治运动，根据实际情况制定高校历史观主题，对大学生进行社会主义、国际主义、爱国主义、集体主义等方面的教育，坚持将灌输马克思主义历史观、宣传党的路线方针政策与参加各种政治运动结合起来，注重理论教育与社会实践互动结合，使大学生在社会实践中接受深刻而生动的马克思主义历史观教育。改革开放新时期，高校思想政治理论课坚持历史观理论教育的同时，提出"积极引导学生参加社会实践。青年学生只有在学习科学文化知识的同时积极参加社会实践，更多地了解国情，了解社会主义建设和改革的实际，了解人民群众的思想感情，才能树立起为建设社会主义祖国而献身的信念，逐步锻炼成为有用人才。要使学生懂得，我国还处于社会主义的初级阶段，为了建设一个高度民主、高度文明的社会主义现代化国家，必须依靠全体人民的长期艰苦奋斗。青年学生要虚心地向实践学习、向群众学习，并用自己所学的知识为群众和社会服务。只有理论与实际相结合、脑力劳动与体力劳动相结合、知识分子与人民群众相结合，才是青年知识分子成长的唯一正确道路"[1]。在新时代，中共中央、国务院印发《关于加强和改进新形势下高校思想政治工作的意见》提出：高校思想政治工作要注重理论教育和实践活动相结合，重点将实践育人贯穿于教育教学的全过程和各环节，"要强化社会实践育人，提高实践教学比重，组织师生参加社会实践活动"[2]。当前高校马克思主义信仰培育应坚持贴近学生、贴近思想、贴近生活的原则，注重引导大学生读"无字之书"，深入基层、深入群众、深入实际，围绕党和国家的中心任务在社会实践中确立马克思主义历史观教育的主题及内容，深刻把握社会实践活动与高校历史观的内在关联性，积极结合国内外重大政治事件和社会焦点问题开展富有特色和吸引力强的历史观教育实践活动，让大学生在社会实践中接受教育、磨炼意志，培育对中国共产党的信任、中国特色社会主义道路的自信和马克思主义的信仰，以提高高校历史观教育的针对性和实效性。此后，理论和社会实践相结合，是掌握和运用科学历史观理论、观点和方法认识

---

① 教育部社会科学司组编：《普通高校思想政治理论课文献选编（1949—2008）》，中国人民大学出版社 2008 年版，第 124 页。

② 《关于加强和改进新形势下高校思想政治工作的意见》，《人民日报》2017 年 2 月 28 日第 1 版。

社会成为高校思想政治理论课的重要原则，纳入新时代高校思想政治理论课建设"六个相统一"①的根本遵循中。在教育实践中，高校在历史观教育的课堂教学外，不断对传统灌输性教育中各种填鸭式、命令式、封闭僵化的灌输方法进行完善和创新。通过组织多种形式的社会实践使学生受到生动和深刻的科学历史观教育，实现了生动的隐性教育和自我教育的结合。

课堂教学是理论教育的主渠道。马克思主义是实践的理论。实践性是马克思主义理论的显著特征。高校思想政治理论课历史观教育，之所以取得一定的成效，就在于坚持学思用贯通与立足知信行有机统一。马克思主义是科学性与革命性的相统一。自觉将马克思主义理论同中国特色社会主义实践有机结合起来，通过理论联系实际的教学，才能让学生领会到"运用马克思主义观察时代、解读时代、引领时代"②的科学理论的实践价值。

（五）坚持批判错误思想是高校思想政治理论课历史观教育的重要组成部分

马克思曾说过，"如果我们的任务不是构想未来并使它适合于任何时候，我们便会更明确地知道，我们现在应该做些什么，我指的就是要对现存的一切进行无情的批判，所谓无情，就是说，这种批判既不怕自己所作的结论，也不怕同现有各种势力发生冲突"③。马克思主义历史观是在与唯心史观斗争的过程中建立和完善起来的。坚持与唯心史观的斗争，坚持对错误思想的斗争，是宣传马克思主义历史观，有针对性地进行历史观教

---

① 2019年3月18日，习近平主持召开学校思想政治理论课教师座谈会，会上习近平总书记提出推动思想政治理论课改革创新"要坚持政治性和学理性相统一""要坚持价值性和知识性相统一""要坚持建设性和批判性相统一""要坚持理论性和实践性相统一""要坚持统一性和多样性相统一""要坚持主导性和主体性相统一""要坚持灌输性和启发性相统一""要坚持显性教育和隐性教育相统一"的"六个相统一"根本遵循。

② 习近平：《习近平谈治国理政》（第二卷），外文出版社2017年版，第66页。

③ 中共中央马克思恩格斯列宁斯大林著作编译局编译：《马克思恩格斯文集》（第十卷），人民出版社2009年版，第7页。

育的重要途径。马克思主义历史观直接关系到中国社会的性质、发展方向和目标的认识，历史观领域的斗争是意识形态领域的重要内容。不同的历史时期，我国受各种错误思潮的影响不尽相同。从新中国成立之初，高校思想政治理论课历史观教育的重要内容和重要任务，就是结合社会形势和社会思想演化动态，因时制宜，对反动、落后、错误的思想展开批判，并取得显著成效。新中国成立之初，《中国人民政治协商会议共同纲领》确立的新民主主义教育总方针在建立"中华人民共和国的文化教育为新民主主义的，即民族的、科学的、大众的文化教育"的同时，明确要"肃清封建的、买办的、法西斯主义的思想"[1]。通过高校思想政治理论课讲授社会发展史、历史唯物论，讲授新民主主义论，针对部分大学生思想中的亲美崇美、超阶级超政治观念、个人主义、改良主义、教条主义等反动、落后思想，进行理论批判，结合各种政治运动进行思想改造，推动了"肃清封建买办法西斯思想、批判资产阶级思想"[2]。社会主义改造完成之后，剥削阶级作为一个完整的阶级已经不复存在，马克思主义为指导地位的意识形态得以确立，但是封建统治阶级的残余思想、资产阶级思想和小资产阶级思想依然存在，为了巩固刚刚建立的社会主义制度，坚持经济战线上的社会主义革命的同时，"必须在政治战线和思想战线上，进行经常的、艰苦的社会主义革命斗争和社会主义教育"[3]。全面建设社会主义时期，面对西方"和平演变"和国际共产主义运动动荡，"向学生进行理论和实践统一的马克思列宁主义教育"，向学生进行科学历史观教育，帮助他们"不断地同现代修正主义、资产阶级思想和其他反动思想的影响进行斗争"[4]。在反对修正主义的斗争中，广大学生的马克思主义历史观得到

---

[1] 中共中央文献研究室编：《建国以来重要文献选编》（第一册），中央文献出版社1992年版，第11页。

[2] 中共中央文献研究室编：《建国以来重要文献选编》（第三册），中央文献出版社1992年版，第318页。

[3] 中共中央文献研究室编：《毛泽东文集》（第七卷），人民出版社1999年版，第268页。

[4] 教育部社会科学司组编：《普通高校思想政治理论课文献选编（1949—2008）》，中国人民大学出版社2008年版，第41页。

巩固。

改革开放后，随着市场经济的发展和西方资产阶级思想的渗透，高校思想政治理论课在进行历史观教育的同时，"有分析有比较地介绍当代其他各种社会思潮，对错误的思潮要有分析地进行充分说理的批评，培养学生运用马克思主义对这些思潮进行鉴别和分析的能力"[①]。特别是党中央就多次强调要集中批判资产阶级自由化思潮，必须加强马克思主义历史观教育对错误思潮的批判。"把理论教育同国内外现实实际和学生的思想实际紧密地结合起来。特别要引导学生树立马克思主义的群众观点、阶级观点、劳动观点、辩证唯物主义和历史唯物主义观点；要结合历史经验和现实斗争，进行反对国际敌对势力侵略、干涉、渗透、颠覆、和平演变的教育，增强学生识别、抵制和批判资产阶级意识形态的能力；要加强坚定社会主义信念和为人民服务的教育，激发学生为实现社会主义现代化奋发进取、建功立业的精神"，"马克思主义理论教育的各门课程都应从不同的理论侧面和不同的逻辑体系，去阐明四项基本原则是中国革命和建设不可动摇的历史逻辑和政治结论，去回答学生所存在的带倾向性的深层思想认识问题。要坚持马克思主义理论的纯洁性，发扬马克思主义的革命批判精神，要同资产阶级自由化的理论观点、民主社会主义的理论观点和其他一切非马克思主义的理论观点划清界限"[②]。进入新时代，习近平强调广大青年要"自觉抵制拜金主义、享乐主义、极端个人主义、历史虚无主义等错误思想"[③]。并强调将批判错误思想和学习马克思主义结合起来，提出，只有真正弄懂和掌握科学的历史观方法论，"才能在揭示共产党执政规律、社会主义建设规律、人类社会发展规律上不断有所发现、有所创造，才能更好识别各种唯心主义观点、更好抵御各种历史虚无主义谬论"[④]。"思政

① 教育部社会科学司组编：《普通高校思想政治理论课文献选编（1949—2008）》，中国人民大学出版社2008年版，第107页。

② 教育部社会科学司组编：《普通高校思想政治理论课文献选编（1949—2008）》，中国人民大学出版社2008年版，第139页。

③ 习近平：《在纪念五四运动100周年大会上的讲话》，人民出版社2019年版，第12页。

④ 习近平：《在哲学社会科学工作座谈会上的讲话》，人民出版社2016年版，第11页。

课要在传播马克思主义立场、观点、方法的基础上用好批判的武器，直面各种错误观点和思潮，旗帜鲜明进行剖析和批判。"①高校思政课必须发挥立德树人主阵地和主渠道作用，讲深、讲透、讲活马克思主义历史观，旗帜鲜明地反对各种错误思想。

马克思曾指出："理论只要彻底，就能说服人。"②党领导全党全国人民对错误思想特别是反马克思主义、反社会主义思潮始终保持警惕态度并对之进行有力批判，将批判当前的错误思想和高校思政课马克思主义历史观教育结合起来，在对错误思想的批判中宣传马克思主义历史观，有针对性地进行思想政治教育。这对于防止各种错误、反动思想和观点是非常必要的。将党中央重点批判的历史虚无主义等意识形态领域的错误思潮等相关内容加入高校思想政治理论课课堂，才能更彻底地彰显马克思主义的科学价值，进而才能培育学生与错误思潮作斗争的思想与能力。因此，也正是从这一意义上说，坚持批判错误思想是提升思想政治理论课实效性的重要手段。

（六）提高高校思政课教师素养是发挥教师对历史观教育引领作用的关键

习近平总书记强调，"办好思想政治理论课关键在教师"③，而高校思政课教师素养的提升是实现其在历史观教育中引领作用的关键。马克思主义理论教育是一门关乎"灵魂工程"的科学，其中，历史观教育是其核心内容。进行科学历史观教育不仅是无产阶级政党的重要任务，也是高校思政课教师肩负的职责。他们作为马克思主义历史观教育的主要传播者和核心力量，承担着推广马克思主义历史观理论和巩固社会主义意识形态阵地的重任。高校思政课教师的政治素养、理论素养、道德素养和数字素养，

---

① 习近平：《思政课是落实立德树人根本任务的关键课程》，人民出版社2020年版，第19页。

② 中共中央马克思恩格斯列宁斯大林著作编译局编译：《马克思恩格斯文集》（第一卷），人民出版社2009年版，第11页。

③ 习近平：《习近平谈治国理政》（第三卷），外文出版社2020年版，第330页。

很大程度上决定了高校思政课历史观教育的路径选择和最终成效。新中国成立以来的经验表明，一支具有政治素养、理论素养、道德素养和数字素养的高校思政课教师队伍在促进大学生新旧历史观的转化，树立为人民服务的思想，坚定社会主义方向，抵御资产阶级自由化思想、历史虚无主义等错误社会思潮，引导坚定"四个自信"，投身民族复兴伟业的过程中，都起到不可或缺的作用，是实现高校政治理论课历史观教育效果的关键，是基本指导学生正确政治方向不可缺少的保证。

　　高校思政教师的政治素养是保证高校思政课历史观教育方向的根本前提。新中国成立初期，为肃清封建的、买办的、法西斯主义的思想，树立为人民的思想，为革命输送人才，高校思政课教师需要学习马克思列宁主义的理论基础——辩证唯物主义和历史唯物主义，改造思想，"逐步地建立革命的人生观"[1]。马克思列宁主义研究班培训的教师，除要求系统学习马克思列宁主义理论，强调具有正确的政治方向、坚定的政治立场，发扬理论联系实际的学风。在高校选拔思政课助教的第一要求是必须由高年级学生中优秀的党员担任。改革开放和社会主义现代化建设时期，把高校思政课教师的社会主义政治方向放在首位，1991年8月3日，国家教委《关于加强和改进高等学校马克思主义理论教育的若干意见》明确提出对思政课教师政治素质的要求："马克思主义理论课教师必须与党中央保持高度一致，坚持四项基本原则，旗帜鲜明地反对资产阶级自由化；在思想上坚信马克思主义，具有全心全意为社会主义教育事业服务的精神。"[2]在事关政治原则、政治立场和政治方向问题上不能与党中央保持一致的，不得从事大学生思想政治教育工作[3]。党的十八大以来，进一步明确了立德树人的根本任务，对高校思政课教师的政治素质要求也提到了前所未有的

---

　　[1] 教育部社会科学司组编：《普通高校思想政治理论课文献选编（1949—2008）》，中国人民大学出版社2008年版，第4页。

　　[2] 教育部社会科学司组编：《普通高校思想政治理论课文献选编（1949—2008）》，中国人民大学出版社2008年版，第141页。

　　[3] 教育部社会科学司组编：《普通高校思想政治理论课文献选编（1949—2008）》，中国人民大学出版社2008年版，第207页。

高度。2019年3月18日，习近平总书记在学校思政课教师座谈会上提出，"政治要强"是全国思政课教师素质的第一位，要求思政课教师要具有坚定的马克思主义信念，要讲马列信马列，在大是大非面前保持政治清醒，用习近平新时代中国特色社会主义思想铸魂育人。思政课教师只有自己信仰坚定，对所讲内容高度认同，做学习和实践马克思主义的典范，才能讲得有底气，讲深讲透，才能有效引导学生真学、真懂、真信、真用[①]。

高校思政课教师的理论素养是保证教学效果的坚实基础。把提高思政课教师的马克思主义理论教学水平作为推进高校思政课马克思主义历史观教育的基础内容。新中国成立伊始，党和政府就把提高思政课教师的理论水平作为学校思想建设工作的中心环节，教育部举办政治理论课教学研讨会、暑期讲习班和教师学习会等培训提高教师的教学水平，指导教师的具体思政课教学和历史观教育。改革开放新时期，为应对队伍老化、后继乏人、知识水平不适应等问题，采用加强教师培训、拓宽补充师资渠道等措施提高思政课教师的理论素养。要求思政课教师是一支"坚持党的路线、有马克思主义觉悟和理论修养、有比较丰富的社会科学文史知识和必要的自然科学知识、热心于青少年思想理论教育工作"[②]的队伍。新时代，提升教师的理论能力作为教师队伍中的重中之重，2019年3月18日，习近平总书记在全国思政课教师座谈会上，在思维要新和视野要广两个方面谈到了教师的业务素质，要求教师掌握辩证唯物主义和历史唯物主义的思维方法，不断创新课堂教学，同时要有宽广的视野，把思政课所要传递的道理讲清楚、说明白。思政课教师要有知识视野，除了具有马克思主义理论功底之外，还要广泛涉猎其他哲学社会科学以及自然科学的知识[③]。

高校思政课教师的道德素养是保证思政课历史观教育效果的重要保障。新中国成立初期，党要求思政课教师要树立教师对学生全面负责的思

---

① 习近平：《思政课是落实立德树人根本任务的关键课程》，人民出版社2020年版，第12页。
② 教育部社会科学司组编：《普通高校思想政治理论课文献选编（1949—2008）》，中国人民大学出版社2008年版，第108页。
③ 习近平：《思政课是落实立德树人根本任务的关键课程》，人民出版社2020年版，第14—15页。

想，教师应该起到表率作用。改革开放新时期，明确提出高校思政课教师
要具备良好的思想品德，实行教师资格准入制度，注重道德修养，做教书
育人的典范。教师要提高师德和业务水平，爱岗敬业，教书育人，为人师
表，以良好的思想政治素质和道德风范影响和教育学生。新时代以来，习
近平总书记高度重视师德建设，对思政课教师一系列的指示，如在全国高
校思想政治工作会议上，提出要求"加强师德师风建设，坚持教书和育人
相统一，坚持言传和身教相统一，坚持潜心问道和关注社会相统一，坚持
学术自由和学术规范相统一"①。思政课教师要有堂堂正正的人格，用高
尚的人格感染学生、赢得学生。要有学识魅力，用真理的力量感召学生，
以深厚的理论功底赢得学生。思想要有境界，语言也要有魅力，从教师的
话语中，学生能够感受到教师的人格和学识。要自觉做到修身修为，做让
学生喜爱的人②。

　　高校思政课教师的数字素养是保证思政课历史观教育效果的有力支
撑。思政课教师，要给学生心灵埋下真善美的种子，引导学生扣好人生第
一粒扣子。不仅政治要强，情怀要深，视野要广，自律要严，人格要正，
而且思维要新，才能创新课堂教学③。随着人类社会步入数字时代，网络
技术和数字产品的更新迭代为推动教育改革和教育创新提供重要驱动力。
教育数字化转型不仅上升为国家发展战略，也是推进教育创新的有力举
措。2018年《中共中央、国务院关于全面深化新时代教师队伍建设改革的
意见》要求"教师主动适应信息化、人工智能等新技术变革，积极有效开
展教育教学"④。国务院印发《新一代人工智能发展规划》，明确要求利用
智能技术加快推动人才培养模式、教学方法改革。因此，高校思想政治理
论课教师与时俱进提升数字素养内涵于专业发展之中，是提升高校思想政
治理论课历史观教育时代感和实效性的应有之义。新时代教育现代化的发

---

① 习近平：《习近平谈治国理政》（第二卷），外文出版社2017年版，第379页。
② 习近平：《思政课是落实立德树人根本任务的关键课程》，人民出版社2020年版，第16页。
③ 习近平：《习近平谈治国理政》（第三卷），外文出版社2020年版，第330页。
④《中共中央、国务院关于全面深化新时代教师队伍建设改革的意见》，人民出版社2018年版，第
6页。

高校思政课历史观教育的演进历程及基本经验

展，高校思想政治理论课历史观教育与数字技术人工智能的融合创新尤为必要。"数字＋教育""人工智能＋教育"为历史观教育的数字化转型提供了发展机遇，历史观教育数字化是新时代历史观教育的未来形态。历史观教育需要与数字技术人工智能网络场景协调适用，积极将数字技术和人工智能技术植入历史观教育的运行逻辑，实现数字技术与人工智能对历史观教育的融合创新。高校思想政治理论课教师唯有直面历史观教育教学与科学技术融合创新的深度、广度、力度不断提升的现实挑战，不断提升数字素养，紧跟教育技术现代化发展步伐，熟练、掌握和运用最新的数智化教育技术工具，才能助力高校思想政治理论课历史观教育教学质量的提升。

总之，高校思政课教师素养的提升是其发挥历史观教育引领作用的关键。在新中国成立以来的不同时期，高校思政课教师的政治素养、理论素养、道德素养和数字素养得到了不断地强化和提升，为高校思政课历史观教育的路径选择和最终成效提供了有力保障。

结　语

习近平总书记强调："历史、现实、未来是相通的。历史是过去的现实，现实是未来的历史。"[1]结合中国社会、政治、思想的变迁和中国共产党政治思想工作任务的转变，梳理和总结新中国成立以来不同历史时期高校思想政治理论课历史观的演进历程和基本经验；对比和总结改革开放前后两个三十年高校思想政治理论课历史观教育演进历程和基本经验；探讨其对当今高校思想政治理论课教学中进行历史观教育的启示，对新时代新征程上的高校思想政治理论课教学建设具有重要的理论与现实意义。

善于总结历史经验是我们党的优良传统，对新中国成立以来不同历史时期高校思想政治理论课历史观教育进程的认识越全面，对历史观教育规律的把握越深刻，对引领社会思潮就越主动，对坚定历史自信就越有利。自信自立地把握中国特色社会主义发展的历史必然和展望共产主义崇高社

---

① 习近平:《习近平谈治国理政》(第一卷),外文出版社2018年版,第67页。

·　244　·

会理想的实现，就应以唯物史观为指引，科学认识党史、新中国史、改革开放史、社会主义发展史。列宁曾说："过去在历史观和政治观方面占支配地位的那种混乱和随意性，被一种极其完整严密的科学理论所代替。"①这一"极其完整严密的科学理论"指的就是马克思主义唯物史观。高校思想政治理论课历史观教育首要引导学生科学把握社会历史发展规律，将唯物史观的立场观点和方法转化为清醒的理论自觉、坚定的政治信念、科学的思维方法。

历史是一个从昨天走到今天再走向明天的过程，科学地把握历史与现实，旨在创造美好的未来。新时代新征程，世界百年未有之大变局加速演进，世界之变、时代之变、历史之变的特征更加明显。科学把握高校思想政治理论课历史观教育的未来样态，一要一以贯之地坚持党的领导。办好中国的事情，关键在党。中国共产党是最高政治领导力量，这是最大的国情，是"国之大者"。为确保高校思想政治理论课历史观教育方向不变、道路不偏，就必须一以贯之地坚持党的领导这一重要历史观教育历史经验。二要分析世情、国情、党情的变与不变，精准研判新时代伟大实践的机遇与挑战，充分彰显历史观教育的实践指向。三要以"六个相统一"为基本遵循，创新思想政治理论课历史观教育，不断提升历史观教育的时代感、实效性和感染力。四要强化保障，确保历史观教育的顺利开展。

---

① 中共中央马克思恩格斯列宁斯大林著作编译局编译:《列宁选集》(第二卷),人民出版社2012年版,第311页。